Bestimmungsfaktoren kurzfristiger Wechselkursbewegungen

Europäische Hochschulschriften

Publications Universitaires Européennes
European University Studies

Reihe V
Volks- und Betriebswirtschaft

Série V Series V
Sciences économiques, gestion d'entreprise
Economics and Management

Bd./Vol. 3280

PETER LANG
Frankfurt am Main · Berlin · Bern · Bruxelles · New York · Oxford · Wien

Gerald Csipek

Bestimmungsfaktoren kurzfristiger Wechselkursbewegungen

PETER LANG
Internationaler Verlag der Wissenschaften

Bibliografische Information der Deutschen Nationalbibliothek
Die Deutsche Nationalbibliothek verzeichnet diese Publikation in der Deutschen Nationalbibliografie; detaillierte bibliografische Daten sind im Internet über <http://www.d-nb.de> abrufbar.

Zugl.: Göttingen, Univ., Diss., 2007

D 7
ISSN 0531-7339
ISBN 978-3-631-56521-6

www.peterlang.de

Vorwort

Die vorliegende Arbeit entstand während meiner Tätigkeit als wissenschaftlicher Mitarbeiter an der Universität Passau. Sie wurde im Mai 2007 von der Wirtschaftswissenschaftlichen Fakultät der Universität Göttingen als Dissertation angenommen.

Mein herzlicher Dank gilt allen, die zum Gelingen dieser Arbeit beigetragen haben. Insbesondere danke ich meinem Doktorvater, Herrn Professor Dr. Gerhard Rübel, für die zielführende und unkomplizierte Betreuung. Er hat mir stets geholfen, dem Vorhaben die richtige Richtung zu geben. Ich möchte mich auch bei Frau Professor Dr. Renate Ohr für die bereitwillige Übernahme der Zweitkorrektur bedanken.

Zum erfolgreichen Abschluss dieser Arbeit hat in nicht minderer Weise die angenehme und fruchtbare Arbeitsatmosphäre am Lehrstuhl für Volkswirtschaftslehre mit Schwerpunkt Außenwirtschaft und Internationale Ökonomik beigetragen. Der Lehrstuhlinhaber, Herr Professor Dr. Michael Pflüger, hat stets dafür gesorgt, dass ich auch Teile meiner Arbeitszeit am Lehrstuhl für meine Forschungen verwenden konnte, obwohl ich Doktorand an der Universität Göttingen war. Dafür gilt ihm mein Dank. Bei meinen Kolleginnen und Kollegen während der vergangenen fünf Jahre, Professor Dr. Carsten Eckel, Ute Gohla, Olaf Münster, Stephan Russek, Dr. Sebastian Wanke und Katharina Wolf sowie bei der Sekretärin des Lehrstuhls, Frau Elisabeth Riesinger, bedanke ich mich für die freundschaftliche Zusammenarbeit.

Mein besonderer Dank gilt meinen Eltern, Hermine und Leopold Csipek, für die Unterstützung vor allem während meines Studiums. Bei meiner Schwester, Christina Csipek, bedanke ich mich für so manche moralische Unterstützung während der Promotion.

Gerald Csipek

Inhaltsverzeichnis

Abbildungsverzeichnis

Tabellenverzeichnis

Abkürzungs- und Symbolverzeichnis

⊗K	keine Kaskade
a, b	beliebige benachbarte Kursniveaus
akt	aktuelles Kursniveau
Anm. d. Verf.	Anmerkung des Verfassers
B	Allgemeines Kaufsignal; privates Kaufsignal
B_i	Öffentliches, beobachtbares Kaufsignal des i. Marktteilnehmers in der Rangfolge der sequentiell handelnden Marktteilnehmer
BIS	Bank für Internationalen Zahlungsausgleich
bzw.	beziehungsweise
c, α	Variablen
C	Kosten einer Wertpapiertransaktion
°C	Grad Celsius
c.p.	ceteris paribus
const.	konstant
d	Umweltzustand allgemein
D	Anzahl aller Umweltzustände einer Entscheidungssituation
DAX	Deutscher Aktienindex
DEM	ISO 4217 - Abkürzung für die Deutsche Mark
d.h.	das heißt
E	Erwartungswert einer Zufallsvariablen
etc.	et cetera
EUR	ISO 4217 - Abkürzung für den Euro
f.	sowie die folgende Seite
FA	Fundamentale Analyse
g	Konstante
G	Gewinnereignis; Ausprägung des Gewinnereignisses
GBP	ISO 4217 - Abkürzung für das Britische Pfund

ggf.	gegebenenfalls
h	Handlungsalternative allgemein
Hrsg.	Herausgeber
i, j	Laufvariablen
i_I	inländischer Zinssatz
i_A	ausländischer Zinssatz
ISO 4217	Normung für Währungs-Abkürzungen, die von der *Internationalen Organisation für Standardisierung* (ISO) festgelegt wurde
JPY	ISO 4217 - Abkürzung für den Japanischen Yen
k	Anzahl der durchgeführten Käufe
KK	Kaufkaskade
M_i	Marktteilnehmer an der i. Stelle in der Rangfolge der sequentiell handelnden Marktteilnehmer
m	Anzahl der Unterlassenssignale, über die M_n verfügt (in den Modellen der Kapitel 6 und 7); Anzahl der Verkaufsignale, über die M_n verfügt (in den Modellen der Kapitel 8 und 9)
Mio.	Millionen
Mrd.	Milliarden
MSCI	Morgan Stanley Capital International
n	Rangzahl in der Rangfolge der sequentiell handelnden Marktteilnehmer; Anzahl der Signale, über die M_n verfügt; Anzahl von Entscheidern allgemein
$n - m$	Anzahl der Kaufsignale, über die M_n verfügt
N	Allgemeines Unterlassenssignal; privates Unterlassenssignal
N_i	Öffentliches, beobachtbares Kaufsignal des i. Marktteilnehmers in der Rangfolge der sequentiell handelnden Marktteilnehmer
OTC	over-the-counter
OZ	oberes Kursziel
p	Grad der Informationstransparenz
q_i	Wechselkurs auf dem diskreten Kursniveau i

$\tilde{r}$	Zufallsvariable, welche die Konsequenz eines Kaufs in den Modellen der Kapitel 6 und 7 angibt.
s	Swapsatz der gesicherten Zinsparität
S	Allgemeines Verkaufsignal; privates Verkaufsignal
S_i	Öffentliches Verkaufsignal des i. Marktteilnehmers in der Rangfolge der sequentiell handelnden Marktteilnehmer
S.	Seite
$	US-Dollar
t	zum Entscheidungszeitpunkt von M_i herrschendes, diskretes Kursniveau
TA	Technische Analyse
u.a.	und andere
$u(\cdot)$	Nutzenfunktion
UK	Unterlassenskaskade
USA	Vereinigte Staaten von Amerika
USD	ISO 4217 - Abkürzung für den US-Dollar
usw.	und so weiter
UZ	unteres Kursziel
v.	von
vs.	versus
V	Verlustereignis; Ausprägung des Verlustereignisses
Vgl.	Vergleiche
VK	Verkaufkaskade
w	Wahrscheinlichkeit
w_K	Kassawechselkurs
w_{Mi}	Wahrscheinlichkeit, dass sich durch die Entscheidung von M_i bei M_{i+1} keine Kaskade, eine Kaufkaskade oder eine Unterlassenskaskade bildet.
w_T	Terminwechselkurs
WK	Wechselkurs
x	Kursdifferenz zwischen jeweils dem oberen und unteren Kursziel und q_0

y	Ergebnis eines Zufallsprozesses im Rahmen der Prospect Theory
Y	Ergebnis eines Zufallsprozesses allgemein
z.b.	zum Beispiel
$\tilde{Z}$	Zufallsvariable allgemein
Zür.	Zürich
$\pi(\cdot)$	Funktion zur Gewichtung von Wahrscheinlichkeiten
$\upsilon(\cdot)$	Funktion zur Gewichtung von Ereignissen
$\tilde{\phi}$	Zufallsvariable, welche die Konsequenz eines Kaufs in den Modellen der Kapitel 8 und 9 angibt.
$\tilde{\psi}$	Zufallsvariable, welche die Konsequenz eines Verkaufs in den Modellen der Kapitel 8 und 9 angibt.

1 Einleitung

Der Devisenmarkt ist der größte Finanzmarkt der Welt. Nach einer Erhebung der *Bank für Internationalen Zahlungsausgleich* (BIS) betrug im Jahr 2004 der durchschnittliche tägliche Umsatz 1911 Mrd. USD.[1] Eine Reihe von Umfragen unter Devisenmarktteilnehmern zeigt, dass die meisten Marktteilnehmer[2] Anlagehorizonte von maximal wenigen Wochen besitzen.[3] Das bedeutet, dass sie Wechselkurserwartungen auch nur über diese kurzen Zeiträume bilden. In erster Linie ist für diese Marktteilnehmer also die kurzfristige Entwicklung des Wechselkurses eines Währungspaares relevant.

Inwiefern kann nun die Volkswirtschaftslehre diesen Marktteilnehmern bei ihrer Erwartungsbildung im Rahmen eines Regimes flexibler Wechselkurse eine Hilfestellung leisten? Insbesondere in der zweiten Hälfte des 20. Jahrhunderts wurde eine Vielzahl von makroökonomischen Modellen entwickelt, welche einen Zusammenhang zwischen bestimmten makroökonomischen Eckdaten der beiden beteiligten Währungsräume, so genannten *Fundamentaldaten*, und dem Wechselkurs herstellen.[4] Zu den bedeutendsten Ansätzen gehören die Kaufkraftparitätentheorie, die Zinsparitätentheorie sowie monetäre Ansätze der Wechselkursbestimmung wie das Portfolio-Modell, das Realzins-Modell oder das monetaristische Wechselkursmodell. Nach herrschender Meinung besitzen Fundamentaldaten durchaus eine Erklärungskraft in Bezug auf den Wechselkurs.[5] Eine große Anzahl empirischer Arbeiten zeigt jedoch, dass die Prognosekraft dieser traditionellen makroökonomischen Wechselkursmodelle vor allem hinsichtlich kurzfristiger Wechselkursbewegungen sehr gering ist. Herauszuheben ist hier die Veröffentlichung von MEESE / ROGOFF (1983), welche im Wesentlichen den Beginn der systematischen empirischen Überprüfung der traditionellen Wechselkursmodelle markiert.

---

[1] Vgl. BIS (2005), Tab. B.1 und C.2. Diese täglichen Durchschnittsdaten wurden ebenso wie alle folgenden aus der Quelle BIS (2005) zitierten Daten im April 2004 erhoben.

[2] Der Begriff "Marktteilnehmer" wird hier und im Folgenden geschlechtsneutral verwendet. Selbstverständlich sind damit regelmäßig sowohl weibliche als auch männliche Marktteilnehmer gemeint.

[3] Diese Umfragen werden in Kapitel 3 ausführlich dargestellt. Eine Analyse der Anlagehorizonte wird in Kapitel 3.2.1 vorgenommen.

[4] Aufgrund der Postulierung eines unmittelbaren Zusammenhangs zwischen den Fundamentaldaten und dem Wechselkurs werden diese Modelle im Folgenden *traditionelle* Wechselkursmodelle genannt.

[5] Vgl. RÜBEL (2002), S. 63 – 80

Dabei fassten die Autoren ihre Ergebnisse folgendermaßen zusammen: "We find that a random walk model performs as well as an estimated model at one to twelve months horizons for the dollar/pound, dollar/mark, dollar/yen and trade-weighted dollar exchange rate."[6] FRANKEL / ROSE (1995) stellten im Rahmen eines Überblicks über empirische Arbeiten zu den traditionellen Wechselkursmodellen fest, dass sich an den negativen empirischen Ergebnissen für diese Modelle auch bis 1995 nichts geändert hat: " (...) a state of affairs that continues through the present day."[7] ROGOFF (2002) selbst resümierte knapp 20 Jahre nach seiner Veröffentlichung: "To make a long story short not only have a subsequent twenty years of data and research failed to overturn the Meese-Rogoff result, they have cemented it (...)"[8]

Angesichts der großen Bedeutung des Devisenmarkts im Allgemeinen und der Erwartungsbildung über kurze Zeiträume im Speziellen ist die Prognosekraft der traditionellen Wechselkursmodelle unbefriedigend. Es stellt sich die Frage, was der Grund für diese mangelnde Prognosekraft ist. Wie bereits festgestellt wurde ist anzunehmen, dass bestimmte Fundamentaldaten einen Einfluss auf den Wechselkurs besitzen. Jedoch ist zu beachten, dass die makroökonomischen Variablen den Wechselkurs nicht direkt, sondern allenfalls indirekt bewegen. Direkt wird der Wechselkurs ausschließlich von Devisenmarktteilnehmern durch ihr Angebot und ihre Nachfrage beeinflusst. Eine Reihe von Umfragen unter Devisenmarktteilnehmern zeigt,[9] dass diese Marktteilnehmer neben den Fundamentaldaten auch andere Faktoren für relevant halten. Ferner hat die verhaltenswissenschaftliche Forschung in den letzten Jahrzehnten ergeben, dass das menschliche Entscheidungsverhalten von systematischen Entscheidungsfehlern geprägt ist.

Das Ziel der vorliegenden Arbeit besteht darin, die mikroökonomische Ebene des Entscheidungsverhaltens der Devisenmarktteilnehmer eingehend zu beleuchten. Dazu wird zunächst der Devisenmarkt charakterisiert, bevor in Form einer Übersicht und Analyse von durchgeführten Devisenmarktumfragen das tatsächliche Entscheidungsverhalten der Marktteilnehmer dargestellt wird. Wollen die Devisenmarktteilnehmer ihre Ziele bestmöglich erreichen, dann muss ihr Handeln im Einklang mit der Erwartungsnutzentheorie stehen. Was dies für das Entscheidungsverhalten bedeutet, wird in Kapitel 4 dargestellt. Darauf aufbauend werden in Kapitel 5 die theoretischen Grundlagen sys-

[6] MEESE / ROGOFF (1983), S. 3
[7] FRANKEL / ROSE (1995), S. 1690
[8] ROGOFF (2002), S. 1
[9] Vgl. Kapitel 3

tematischer Entscheidungsanomalien[10] vorgestellt. Unter diesen Anomalien ist das Herdenverhalten insofern herauszustellen, als nach der deskriptiven Analyse der Devisenmarktumfragen Grund zur Annahme besteht, dass das Herdenverhalten die bedeutendste Entscheidungsanomalie auf dem Devisenmarkt ist. Daher wird in den folgenden Kapiteln das Herdenverhalten weiter verfolgt und modelltheoretisch untersucht. Dazu wird zunächst in Kapitel 6 ein von BIKHCHANDANI / HIRSHLEIFER / WELCH (1992) veröffentlichtes allgemeines Modell zum Herdenverhalten vorgestellt. Um jedoch feststellen zu können, welche Aussagen das Modell für den Devisenmarkt im Allgemeinen und den Wechselkursverlauf im Speziellen trifft, ist eine Anpassung des Modellrahmens an die Gegebenheiten des Devisenmarkts notwendig. In den Kapiteln 7, 8 und 9 werden derartige Adaptionen des Modells von BIKHCHANDANI / HIRSHLEIFER / WELCH (1992) durchgeführt und die resultierenden Modellvarianten ausführlich dargestellt. Schließlich können Aussagen darüber abgeleitet werden, welche Auswirkungen sich durch ein Herdenverhalten der Devisenmarktteilnehmer auf den Wechselkursverlauf ergeben. Kapitel 10 enthält einige abschließende Bemerkungen.

[10] Die Verwendung des Begriffs *Anomalie* erfordert die Definition eines „normalen“ Verhaltens. Dies ist ein Entscheidungsverhalten, welches im Einklang mit der Erwartungsnutzentheorie steht. Das tatsächliche, in Kapitel 3 aufgearbeitete, Entscheidungsverhalten der Devisenmarktteilnehmer zeigt Entscheidungsmuster, die mit der Erwartungsnutzentheorie nicht im Einklang stehen. Daher werden diese Entscheidungsmuster als Anomalien bezeichnet. Die wichtigsten Anomalien werden in Kapitel 5 ausführlich theoretisch charakterisiert.

2 Charakterisierung des Devisenmarkts

Nach den regelmäßigen Erhebungen der BIS betrug der durchschnittliche tägliche Umsatz auf dem Devisenmarkt Im Jahr 1995 1182 Mrd. USD. Der Umsatz stieg 1998 auf 1527 Mrd. USD an, bevor ein Rückgang auf 1241 Mrd. USD im Jahr 2001 zu verzeichnen war. 2004 stieg der Umsatz dagegen wieder deutlich an, und zwar auf 1911 Mrd. USD.[11]

Der Devisenmarkt kann hinsichtlich mehrerer Kriterien in verschiedene Segmente eingeteilt werden. Hinsichtlich der zeitlichen Dimension der Transaktionen lässt sich der Markt in einen Kassamarkt und einen Terminmarkt einteilen. Eine Devisentransaktion findet dann auf dem Kassamarkt statt, wenn zwischen Vertragsabschluss und Erfüllung nicht mehr als zwei Werktage liegen.[12] Alle anderen Transaktionen, bei denen ein längerer Zeitraum zwischen Vereinbarung und Erfüllung liegt, werden dem Terminmarkt zugerechnet. Übliche Zeiträume sind hierbei 30, 60 oder 90 Tage.[13]

Die BIS teilt den Devisenmarkt in einen „traditionellen" Devisenmarkt und in einen Markt für *OTC-Derivate*[14] ein. Der traditionelle Devisenmarkt besteht aus dem Kassamarkt sowie aus dem Handel in *Forwards* und *Swaps*.[15] Der Umsatz des traditionellen Devisenmarkts betrug 1995 1137 Mrd. USD und stieg im Jahr 1998 auf 1430 Mrd. USD.[16]

---

[11] Vgl. BIS (2005), Tab. B.1 und C.2. Diese Zahlen umfassen nach der Einteilung der BIS den „traditionellen" Devisenmarkt sowie Währungsoptionen und Devisenswaps aus dem Segment der *OTC-Derivate*. Die Zinsinstrumente, welche die BIS auch dem Markt für OTC-Derivate zurechnet, wurden ausgeklammert. Die von der BIS vermuteten Lücken in der Berichterstattung der berichtenden Händler sind nicht berücksichtigt. Die Umsatzdaten basieren auf einer Einfachzählung, es werden also nicht die Umsatzdaten von Käufer und Verkäufer addiert.

[12] Vgl. RÜBEL (2002), S. 56f.

[13] Vgl. RÜBEL (2002), S. 57

[14] Derivate oder *derivative Finanzinstrumente* ist der Oberbegriff für die in Kapitel 2.2 dargestellten Instrumente Forward, Future, Option und Swap. Im Allgemeinen werden derivative Finanzinstrumente von Kassapapieren, z.B. Aktien abgeleitet. Derivate des Devisenmarkts beinhalten dagegen Vereinbarungen über den Kauf und Verkauf von Devisen. Der Zusatz *OTC* bedeutet, dass diese Instrumente *over-the-counter*, also nicht über eine Börse, gehandelt werden. Vgl. GABLER (1997), S. 880

[15] Diese Instrumente werden in Kapitel 2.2 näher erläutert.

[16] Auch in den Zahlen zum traditionellen Devisenmarkt sind die von der BIS vermuteten Lücken in der Berichterstattung nicht enthalten.

2001 folgte ein Rückgang auf 1174 Mrd. USD, bevor der Umsatz auf dem traditionellen Devisenmarkt auf 1773 Mrd. USD im Jahr 2004 anstieg. Der Markt für OTC-Derivate umfasst ebenfalls den Handel in Forwards und Swaps, so dass es hier zu einer Überschneidung mit dem Segment des traditionellen Devisenmarkts kommt. Zudem werden zu den OTC-Derivaten noch Optionen und andere nicht näher aufgeschlüsselte Instrumente[17] gezählt.[18] Der Umsatz auf diesem Markt für devisenmarktbezogene OTC-Derivate stieg von 688 Mrd. USD im Jahr 1995 auf 959 Mrd. USD im Jahr 1998. Nach einem Rückgang auf 853 Mrd. USD 2001 stieg auch hier der Umsatz stark auf 1292 Mrd. USD an.[19]

2.1 Transaktionstypen

Je nachdem, welche Motivation einer Devisenmarkttransaktion zugrunde liegt und welche Ziele die beteiligten Marktteilnehmer mit der Transaktion verfolgen, lassen sich fünf Typen von Devisenmarkttransaktionen unterscheiden:

2.1.1 Market Making

Charakteristisch für die Tätigkeit des *market making* ist, dass der betreffende Marktteilnehmer jederzeit bereit ist, die Währung sowohl zu kaufen als auch zu verkaufen.[20] Dies ist für die anderen Marktteilnehmer insofern ersichtlich, als der Market Maker jederzeit sowohl einen Ankaufkurs als auch

[17] Dazu zählen Instrumente, die Eigenschaften mehrerer der „reinen", so genannten *plain vanilla*-Instrumente wie Forward, Future, Option oder Swap vereinen und nicht in sinnvoller Weise in diese plain vanilla-Instrumente zerlegt werden können. Diese Instrumente haben aber mit einem jährlichen Umsatz von etwa 2 Mrd. USD nur eine geringe Bedeutung. Vgl. BIS (2005), S. 33

[18] Darüber hinaus zählt die BIS zu diesem Segment auch Zinsderivate hinzu, so dass der gesamte OTC-Markt nicht nur den Devisenmarkt abbildet. In den folgenden Zahlen zum Gesamtumsatz auf dem OTC-Markt sind diese Zinsderivate daher auch herausgerechnet.

[19] Die Summe der Umsätze des traditionellen Devisenmarkts und des OTC-Markts sind regelmäßig höher als die Summe der Umsätze von Kassa- und Terminmarkt, weil erstere zusätzlich die vermuteten Lücken in der Erhebung berücksichtigen. Die Umsätze des gesamten Devisenmarkts, die am Beginn des Kapitels angegeben sind, setzen sich aus dem Werten des traditionellen Devisenmarkts und des OTC-Markts zusammen und berücksichtigen daher diese vermuteten Lücken. Vgl. BIS (2005), S. 5 und 16

[20] Vgl. WOLGAST (1997), S. 49

einen Verkaufkurs veröffentlicht.[21] Im Falle des Handels zwischen EUR und USD beispielsweise ist er jederzeit bereit, unter den von ihm festgelegten Konditionen USD gegen EUR sowohl zu kaufen als auch zu verkaufen.

Durch das market making erzielt der Marktteilnehmer einen systematischen Gewinn, welcher auf der Geld-Brief-Spanne basiert.[22] Damit wird die Differenz zwischen Ankauf- und Verkaufkurs bezeichnet. Beispielsweise ist ein Market Maker bereit, Euro zu einem Kurs von 1,0510 USD/EUR zu kaufen und zu 1,0515 zu verkaufen. In diesem Beispiel profitiert er von einer Geld-Brief-Spanne von 0,0005 USD/EUR.[23] Da die Geld-Brief-Spanne in erster Linie eine Kompensation für das *Wechselkursrisiko*[24] darstellt,[25] ist sie auch von der Höhe des Risikos abhängig. Die Market Maker werden die Differenz zwischen Geld- und Briefkurs umso größer ansetzen, je höher die *Volatilität*[26] eines Wechselkurses ist[27] und je geringer die Breite und Tiefe des Handels in einem Währungspaar ist, da dies die Glattstellung offener Positionen erschwert.

---

[21] Der Ankaufkurs ist jener Kurs, zu dem der Market Maker das Gut kauft. Dieser Kurs wird auch als *Geldkurs* oder *bid-price* bezeichnet. Der Verkaufkurs ist jener Kurs, zu dem der Market Maker das Gut verkauft. Dieser Kurs wird auch als *Briefkurs* oder *ask-price* bezeichnet.

[22] Die Geld-Brief-Spanne wird auch als *bid-ask-Spread* oder nur als *Spread* bezeichnet.

[23] Da der USD/EUR-Kurs regelmäßig mit vier Nachkommastellen angegeben wird, ist die kleinstmögliche Kursänderung 0,0001 USD/EUR. Die kleinstmögliche Kursänderung wird als *Tick* oder *Pip* bezeichnet.

[24] Unter einem Wechselkursrisiko ist „die Unsicherheit über Richtung und Ausmaß der zeitlichen Veränderung des Austauschverhältnisses zwischen der inländischen und der ausländischen Währung“ zu verstehen. RÜBEL (2002), S. 60. Ein Marktteilnehmer ist diesem Wechselkursrisiko ausgesetzt, sobald er eine *offene Devisenposition* hält. Eine offene Devisenposition ist eine nicht abgesicherte Forderung oder Verbindlicheit in Einheiten einer Währung gegenüber einer anderen Währung. Neben diesem direkten Wechselkursrisiko unterscheidet RÜBEL (2002) zudem ein indirektes Wechselkursrisiko. Diesem sind Unternehmen ausgesetzt, wenn sich durch eine Wechselkursänderung ihre wirtschaftliche Situation verschlechtert. Vgl. RÜBEL (2002), S. 60f. Unter dem Begriff Währungsrisiko wird neben dem Wechselkursrisiko auch das Konvertierungs- und das Transferrisiko subsumiert. Das ist jenes Risiko, dass die offene Position durch staatliche Eingriffe in mindestens einem der beiden beteiligten Währungsräume nicht mehr oder nur unter Verlusten glattgestellt werden kann. Vgl. RÜBEL (2002), S. 59f.

[25] Neben dem Wechselkursrisiko entstehen einer Bank natürlich auch andere Kosten aus dem market making, z.B. Personalkosten. Vgl. WOLGAST (1997), S. 49

[26] Unter Volatilität versteht man die Schwankungsbreite und -häufigkeit eines Wechselkurses. Vgl. RÜBEL (2002), S. 56

[27] Vgl. RÜBEL (2002), S. 56

Der Wettbewerb zwischen den market making betreibenden Marktteilnehmern um Aufträge führt dazu, dass sie die Geld-Brief-Spanne nicht beliebig groß ansetzen können: Ein Marktteilnehmer, der im Segment USD/EUR mit einer Spanne von 1,0510-18[28] auftritt, wird im Wettbewerb mit einem Marktteilnehmer, der eine Spanne von 1,0512-16 bietet, unter sonst gleichen Bedingungen keine Aufträge erhalten. Kunden erhalten beim zweiten Marktteilnehmer einen höheren Kurs für die verkauften EUR, gleichzeitig können sie zu einem niedrigeren Kurs EUR ankaufen. Die Wettbewerbssituation führt außerdem dazu, dass sich die Wechselkurse der Market Maker untereinander auch in ihrer absoluten Höhe angleichen. Falls ein Marktteilnehmer Kurse von 1,0540-44 USD/EUR stellt, ein anderer Marktteilnehmer aber zu 1,0543-47 handelt, werden die Kunden ihre EUR-Käufe bzw. USD-Verkäufe mit dem ersten Marktteilnehmer zu 1,0544 abschließen, die EUR-Verkäufe bzw. USD-Käufe aber mit dem zweiten zu einem Kurs von 1,0543 USD/EUR. Dieser mangelnde Ausgleich der Geschäfte führt bei beiden Marktteilnehmern zu einem starken Anstieg der offenen Position und damit des Wechselkursrisikos, was erhöhte Kosten der Glattstellung nach sich zieht. Somit ist jeder Marktteilnehmer, der market making betreibt, gezwungen, sich an den Wechselkursen der Mitbewerber zu orientieren.

Während die Marktteilnehmer durch die oben angesprochenen Risiken des market making sowie durch die eigene Gewinnerzielungsabsicht einen Anreiz zu einer Ausdehnung der Spanne verspüren, wirkt die Wettbewerbssituation auf eine Eindämmung der Spanne sowie auf eine Angleichung des Wechselkurses hin. Somit wird sich unter den market making betreibenden Marktteilnehmern ein nahezu einheitlicher Wechselkurs mit einem gleichgewichtigen Spread im Spannungsfeld zwischen Risiko- und Wettbewerbssituation etablieren.

Der sich auf diese Weise bildende Wechselkurs eines Währungspaares wird *interbank exchange rate* genannt. Der durch market making bestimmte Handel wird entsprechend als *Interbankenhandel* bezeichnet.[29]

---

[28] Diese Kurzschreibweise gibt sowohl Geld- als auch Briefkurs an: Die Bank ist in diesem Beispiel bereit, Euro zu 1,0510 USD/EUR zu kaufen und zu 1,0518 USD/EUR zu verkaufen. Vgl. z.B. FISCHER-ERLACH (1995), S. 25.

[29] Es besteht der Bezug zu Banken in den beiden Begriffen, da fast ausschließlich Banken die Rolle der Market Maker übernehmen. Vgl. WOLGAST (1997), S. 47

2.1.2 Spekulation

Ein weiterer Transaktionstyp ist die Devisenspekulation. Im Gegensatz zum market making erfordert die Devisenspekulation die Bildung einer Wechselkurserwartung über einen bestimmten Zeithorizont. Auch in der Art der Gewinnerzielung unterscheidet sich die Devisenspekulation vom market making. Während beim market making aufgrund des spreads ein systematischer, regelmäßig positiver Gewinn erwirtschaftet wird, wird bei der Devisenspekulation auf einen reinen Kursgewinn abgezielt. Daraus kann jedoch auch, wenn sich die Erwartungen nicht erfüllen, ein Verlust resultieren. Der Spekulant geht also gezielt ein Währungsrisiko in Form einer offenen Position ein.

Bei der einfachsten Form einer Devisenspekulation wird der Marktteilnehmer ausschließlich auf dem Kassamarkt aktiv.[30] Zunächst wird eine Erwartung hinsichtlich des zukünftigen Verlaufs eines Wechselkurses gebildet. Angenommen der aktuelle Kassakurs des Euro beträgt 1,10 USD/EUR und eine Bank erwartet bis zu einem bestimmten Zeithorizont einen Rückgang auf 1,05 USD/EUR.[31] In diesem Fall wird sie EUR gegen USD verkaufen, um am Ende des Anlagehorizonts den USD-Betrag wieder in EUR zu wechseln. Erfüllt sich die Erwartung, wird ein Gewinn von 0,05 USD pro EUR Handelsvolumen realisiert.

Eine zweite Variante der Devisenspekulation bezieht den Terminmarkt mit ein.[32] Auch hier wird eine Erwartung hinsichtlich des Kassakurses eines zukünftigen Zeitpunkts gebildet. Ist beispielsweise der erwartete Kassakurs des EUR gegenüber dem USD höher als der herrschende fristenkongruente Terminkurs, dann wird der Spekulant auf dem Terminmarkt EUR gegen USD kaufen. Im Gegensatz zur Kassamarktspekulation ist hier während der Laufzeit des Geschäfts kein Kapital gebunden:[33] Der Spekulant muss die USD erst am Ende der Laufzeit liefern, die erworbenen EUR erhält er auch erst zu diesem Zeitpunkt. Zum Erfüllungstermin wird er die erworbenen EUR auf dem Kassamarkt gegen USD tauschen und kann damit seine Verpflichtung aus dem Termingeschäft erfüllen. Hat sich der Kassakurs gemäß seinen Erwartungen entwickelt, erzielt er einen USD-Gewinn in Höhe der Differenz zwischen dem erwarteten Kassakurs und dem zum Zeitpunkt des Abschlusses des Termingeschäfts herrschenden Terminkurs pro EUR Handelsvolumen. Durch

[30] Vgl. RÜBEL (2002), S. 73f.
[31] Der Einfachheit halber wird in diesem Beispiel keine Geld-Brief-Spanne berücksichtigt.
[32] Vgl. RÜBEL (2002), S. 74
[33] Vgl. RÜBEL (2002), S. 73

diese Tätigkeit wird sich der Terminkurs an den erwarteten Wechselkurs angleichen.[34] Der Terminkurs kann daher als gewichteter Durchschnitt der Erwartungen der Marktteilnehmer interpretiert werden.

2.1.3 Arbitrage

Das Ausnutzen von Kursdifferenzen eines homogenen Gutes auf dem Markt wird als *Arbitrage* bezeichnet.[35] Auf einem *vollkommenen Markt*[36] ist Arbitrage risikolos und daher unbegrenzt, so dass Arbitragefreiheit herrscht.[37] Auf dem Devisenmarkt sind verschiedene Varianten von Arbitragegeschäften denkbar.

Auf dem Kassamarkt versteht man unter Arbitrage die „gewinnbringende Ausnutzung von Kursunterschieden für Kassadevisen an ein oder mehreren Devisenmärkten."[38] Eine Möglichkeit zur Arbitrage eröffnet sich beispielsweise bei folgenden bilateralen Wechselkursen: 1,10 USD/EUR; 130 JPY/EUR; 115 JPY/USD[39]. Durch einen Verkauf von EUR gegen JPY und einem gleichzeitigen Verkauf der JPY gegen USD erhält der Arbitrageur über den Umweg des JPY für einen EUR ca. 1,13 USD. Über den bilateralen direkten Wechselkurs kann er einen EUR aber gleichzeitig für 1,10 USD erwerben. In diesem Fall erzielt der Arbitrageur einen Gewinn von 0,03 USD pro EUR Handelsvolumen. Dieser Gewinn unterliegt keinem Wechselkursrisiko, sofern alle Transaktionen gleichzeitig stattfinden. Aufgrund der Risikolosigkeit des

[34] Vgl. RÜBEL (2002), S. 62

[35] Vgl. RÜBEL (2002), S. 55

[36] Es liegt ein vollkommener Markt vor, wenn die folgenden beiden Bedingungen erfüllt sind: „1) Die Marktteilnehmer verhalten sich rational im Sinne der Nutzenmaximierung. 2) Es gibt keinerlei Transaktionskosten" NEUS (2001), S. 90. NEUS (2001) weist jedoch an gleicher Stelle auch darauf hin, dass sich in der Literatur viele verschiedene Definitionen eines vollkommenen Marktes etabliert haben. FEESS (1997) beispielsweise definiert den vollkommenen Markt als einen Markt, auf dem jegliche persönliche, räumliche und zeitliche Präferenzen bei den Marktteilnehmern fehlen. Zudem sind die Güter homogen. Vgl. FEESS (1997), S. 256. Auf einem vollkommenen Markt kann es für das entsprechende Gut nur einen Preis geben.

[37] Insbesondere in Kapitel 3.1 wird jedoch deutlich werden, dass selbst auf dem Devisenmarkt für Arbitrageure bedeutende Risiken herrschen und Arbitrage deshalb nicht unbegrenzt ist.

[38] FISCHER-ERLACH (1995), S. 40

[39] Der Einfachheit halber wird im Beispiel auf Transaktionskosten und Geld-Brief-Spannen verzichtet.

Arbitragegeschäfts wird der Wert einer Währung ausgedrückt in jeder anderen Währung im Idealfall identisch sein.[40]

Im Rahmen einer zweiten Variante von Arbitragegeschäften werden zusätzlich Zinssätze berücksichtigt. Somit kann es auch durch Renditeunterschiede zwischen zwei Ländern zu Transaktionen im entsprechenden Währungspaar kommen, die durch Arbitrageüberlegungen motiviert sind. Bestehen keine Renditeunterschiede zwischen zwei Ländern, hier als In- und Ausland bezeichnet, dann ist die *gesicherte Zinsparität*[41] erfüllt:

$$i_I = i_A + \frac{w_T - w_K}{w_K} \qquad \text{mit} \qquad \frac{w_T - w_K}{w_K} \equiv s$$

Bei einer Anlage im Ausland ist für die erzielte Rendite nicht nur der ausländische Zinssatz, sondern auch die Entwicklung des Wechselkurses bis zum Anlagehorizont maßgeblich. Diese Wechselkursentwicklung, die der Arbitrageur in sein Kalkül mit einbezieht, kommt im *Swapsatz* zum Ausdruck. Der Swapsatz gibt an, wie stark der Terminwechselkurs prozentual vom Kassawechselkurs abweicht. Beträgt der Swapsatz beispielsweise 0,03, d.h. ist der Terminkurs um 3% höher als der aktuelle Kassakurs, dann ist die Auslandsanlage rentabler, wenn die beiden Zinssätze identisch sind. In diesem Fall werden die Arbitrageure auf dem Kassamarkt Devisen nachfragen, um im Ausland investieren zu können.[42] Das führt c.p. zu einem Anstieg des Devisenkassakurses und damit zu einer Senkung des Swapsatzes.[43] Die Transaktionen der Zinsarbitrageure wirken tendenziell zu einem Verschwinden der Renditedifferenzen und damit der Arbitragemöglichkeiten hin.

---

[40] Vgl. RÜBEL (2002), S. 55. In Kapitel 3 wird deutlich werden, dass der Devisenmarkt Unvollkommenheiten birgt, so dass Arbitrageschäfte dauerhaft ein praxisrelevanter Transaktionstyp sind. Jedoch dürfte die hier beschriebene Variante der Arbitrage auf dem Devisenmarkt nur noch eine untergeordnete Rolle spielen, da ein beliebiger Währungstausch meist über die Numérarie-Währung USD abgewickelt wird und der Markt für USD-*cross rates* aufgrund der grundsätzlich hohen Liquidität einen relativ hohen Vollkommenheitsgrad aufweist. Vgl. FISCHER-ERLACH (1995), S. 40

[41] Vgl. RÜBEL (2002), S. 78

[42] Vgl. RÜBEL (2002), S. 117

[43] Zudem kann unter bestimmten Annahmen der Kapitalfluss vom Inland ins Ausland zu sinkenden ausländischen und steigenden inländischen Zinsen führen. Vgl. RÜBEL (2002), S. 78

2.1.4 Hedging

Risikoaverse Wirtschaftssubjekte können bestrebt sein, ein bestehendes oder in absehbarer Zeit entstehendes Wechselkursrisiko zu eliminieren bzw. zu vermeiden.[44] Offene Fremdwährungspositionen, die ein Wechselkursrisiko begründen, entstehen beispielsweise bei Außenhandelsgeschäften.[45] Die Wirtschaftssubjekte gehen hier nicht wie etwa bei der Spekulation in Gewinnerzielungsabsicht gezielt Wechselkursrisiken ein, sondern wollen derartige Risiken vermeiden. Eine derartige Absicherung von Wechselkursrisiken können diese Wirtschaftssubjekte mit einer zweiten, der offenen Position entgegen gerichteten, Transaktion erreichen. Benötigt beispielsweise ein inländisches Unternehmen für einen Vorleistungsimport in drei Monaten einen bereits jetzt feststehenden Betrag in USD, so hat das Unternehmen zum jetzigen Zeitpunkt insofern keine genaue Kalkulationsbasis, als das Importvolumen in EUR nicht bekannt ist. Dieses Risiko kann das Unternehmen ausschalten, indem es auf dem Terminmarkt die Vereinbarung schließt, in drei Monaten zu einem bereits jetzt fixierten Wechselkurs den benötigten USD-Betrag gegen die Heimatwährung zu kaufen.

2.1.5 Transaktionen aufgrund von Außenhandelsgeschäften

International tätige Unternehmen wirken mit einem Angebot bzw. einer Nachfrage aus Außenhandelsgeschäften auf den Devisenmarkt.[46] Zum einen kaufen diese Unternehmen Vorleistungen im Ausland, zum anderen versuchen sie ihre Produkte im Ausland abzusetzen. Wer von den Handelspartnern nun den Devisenmarkt in Anspruch nimmt, hängt von der Währung ab, die für die Abwicklung festgelegt wurde.[47] Wird für einen Vorleistungseinkauf im Ausland beispielsweise der USD festgelegt, so wird das inländische Unternehmen USD auf dem Devisenmarkt nachfragen.

Im weiteren Sinne ist zu diesem Transaktionstyp auch der Devisenbedarf von privaten Haushalten und von Regierungen zu zählen. Ein Devisenbedarf entsteht bei privaten Haushalten durch eine Inanspruchnahme von ausländischen Dienstleistungen, beispielsweise im Rahmen eines Urlaubs, oder durch Auslandsüberweisungen von im Inland tätigen Gastarbeitern. Regierungen

---

[44] Die Tätigkeit der Absicherung von bestehenden Risiken wird als *Hedging* bezeichnet.
[45] Vgl. RÜBEL (2002), S. 61f.
[46] Vgl. RÜBEL (2002), S. 63f.
[47] Vgl. RÜBEL (2002), S. 63f.

benötigen Devisen beispielsweise, um internationalen Zahlungsverpflichtungen nachzukommen.

2.2 Handelsformen und Instrumente

Die Marktteilnehmer haben zum einen die Möglichkeit, einen der obigen Transaktionstypen in Form einer direkten Kassamarkttransaktion durchzuführen. Hierbei wird zwischen zwei Marktteilnehmern vereinbart, eine bestimmte Menge zweier Währungen zum Kassakurs zu tauschen. Innerhalb von zwei Tagen nach Vertragsabschluss wird das Geschäft erfüllt, d.h. innerhalb dieser Frist werden die Währungen von beiden Marktteilnehmern tatsächlich geliefert.[48] Der durchschnittliche tägliche Umsatz auf dem Kassamarkt stieg von 1995 mit 494 Mrd. USD bis auf 568 Mrd. USD im Jahr 1998 an. 2001 war ein Rückgang auf 387 Mrd. USD zu verzeichnen, bevor der Umsatz wieder deutlich auf 621 Mrd. USD im Jahr 2004 anstieg.[49] Der Anteil des Kassamarkts am Gesamtumsatz des Devisenmarkts nimmt seit 1995 mit einer Ausnahme stetig ab. Lag dieser Anteil 1995 noch bei 41,79 %, so betrug er 1998 nur noch 37,20 % und 2001 31,18 %. Lediglich die Zahlen von 2004 zeigen einen geringen Anstieg auf 32,50 %.

Zum anderen haben Marktteilnehmer die Möglichkeit, mit Hilfe verschiedener Instrumente Terminmarkttransaktionen oder eine Kombination aus Kassa- und Termintransaktionen durchzuführen. Während mit Hilfe von Devisenforwards, Währungsfutures und Devisenoptionen Terminmarkttransaktionen durchgeführt werden, sind Devisenswaps und Währungsswaps Kombinationen aus Termin- und Kassatransaktionen. Die Summe der Umsätze mit diesen Instrumenten betrug im Jahr 1995 durchschnittlich 688 Mrd. USD pro Tag. Dieser Wert stieg 1998 auf 959 Mrd. USD an. Im Jahr 2001 wurde mit durchschnittlich 854 Mrd. USD etwas weniger umgesetzt. 2004 war ein Anstieg auf 1290 Mrd. USD zu beobachten.[50] Der Anteil des Terminmarkts am Gesamtumsatz des Devisenmarkts betrug im Jahr 1995 58,21 % und stieg 1998 auf 62,80 % an. Im Jahr 2001 war ein weiterer Anstieg auf 68,82 % zu verzeichnen. 2004 folgte ein geringfügiger Rückgang auf 67,50 %.

---

[48] Vgl. BIS (2005), S. 32
[49] Vgl. BIS (2005), S. 5
[50] Vgl. BIS (2005), S. 5 und 16

2.2.1 Devisenforwards

Bei einem Forward-Geschäft vereinbaren die beiden Parteien zu einem festgelegten zukünftigen Zeitpunkt zwei bestimmte Währungen zu tauschen.[51] Dabei werden Menge und Wechselkurs ebenfalls bereits im Zeitpunkt des Vertragsabschlusses festgelegt.[52] Man spricht dann von einem Devisenforward, wenn der Vertrag erst mehr als zwei Tage nach Vertragsabschluss erfüllt wird. Ist dieser Zeitraum kürzer, wird die Transaktion den Kassamarkttransaktionen zugerechnet.[53] Die beiden Parteien besitzen zwischen Vertragsabschluss und Geschäftserfüllung eine offene Position. Wenn sie keine entsprechenden Absicherungsmaßnahmen ergriffen haben, sind sie während dieses Zeitraums einem Währungsrisiko ausgesetzt.

Es ist ein stetiger Anstieg des Transaktionsvolumens von Forwards zu beobachten. Lag der Umsatz 1995 noch bei durchschnittlich 97 Mrd. USD pro Tag, so stieg er 1998 auf 128 Mrd. USD, 2001 auf 131 Mrd. USD und erreichte im Jahr 2004 einen Wert von 208 Mrd. USD.[54] Auch der Anteil der Forwards am gesamten Umsatzvolumen des Devisenmarkts steigt stetig. Er betrug 1995 durchschnittlich 8,21 %, 1998 8,38 %, 2001 10,56 % und 2004 10,88 %.

2.2.2 Währungsfutures

Auch bei einem Währungsfuture werden bereits zum Zeitpunkt des Vertragsabschlusses die beiden Währungen, die getauschten Mengen, der Wechselkurs sowie der Zeitpunkt der Geschäftserfüllung festgelegt.[55] In der Praxis kommt es jedoch selten zu einem tatsächlichen Austausch der Währungen zum Erfüllungszeitpunkt. Stattdessen wird die offene Position zumeist mittels eines entgegengesetzten Kontrakts „glattgestellt".[56] Ein Future ist ein standardisiertes und börsengehandeltes Instrument, während die Vertragsparteien eines Forwards die Konditionen individuell aushandeln können. Durch die Standardisierung ist dieses Instrument zwar weniger flexibel als ein For-

---

[51] Vgl. BIS (2005), S. 33

[52] Ein Forward wird im Gegensatz zu einer Option auch als *unbedingtes Termingeschäft* bezeichnet, da keine Partei ein Wahlrecht bezüglich der Erfüllung des Geschäfts hat. Das Geschäft muss vielmehr unbedingt ausgeführt werden.

[53] Vgl. BIS (2005), S. 33

[54] Vgl. BIS (2005), S. 5

[55] Vgl. RÜBEL (2002), S. 63

[56] Vgl. RÜBEL (2002), S. 63

ward. Dadurch weist ein Future jedoch grundsätzlich niedrigere Transaktionskosten auf, so dass Marktteilnehmer, die geringe Umsätze tätigen, oft einem Future gegenüber einem Forward den Vorzug geben.[57]

2.2.3 Devisenoptionen

Ähnlich wie bei einem Forward und einem Future werden auch bei einer Option bereits zum Zeitpunkt des Geschäftsabschlusses die zu tauschenden Währungen, die entsprechende Menge sowie der Wechselkurs festgelegt. Der Inhaber einer Devisenoption besitzt jedoch das Recht, nicht aber die Pflicht, die Option während der Laufzeit auszuüben, d.h. das Geschäft zu erfüllen.[58] Für dieses Recht zahlt der Inhaber dem Emittenten der Option, dem so genannten *Stillhalter*, eine Prämie.

Mit Devisenoptionen wurden im Jahr 1995 durchschnittlich 41 Mrd. USD pro Tag umgesetzt. Der Umsatz stieg 1998 auf 87 Mrd. USD an, bevor 2001 ein Rückgang auf 60 Mrd. USD folgte. 2004 kam es zu einem erneuten Anstieg auf 117 Mrd. USD.[59] Dies entspricht im Jahr 1995 einem Anteil von 3,47 % am gesamten Devisenmarkt. 1998 waren Optionen bereits für 5,70 % des Umsatzes auf dem Devisenmarkt verantwortlich. 2001 folgte ein leichter Rückgang auf 4,83 %, bevor der Anteil 2004 auf 6,12 % anstieg.

Die drei Instrumente Forward, Future und Option sind die gängigsten Instrumente für eine Spekulation. Eine Devisenspekulation ist zwar auch durch direkte Käufe und Verkäufe auf dem Kassamarkt möglich, Terminmarkttransaktionen mit Hilfe der genannten drei Instrumente haben aber den Vorteil, dass kaum oder keine Liquidität gebunden ist. Daneben können diese Instrumente auch verwendet werden, um Risiken abzusichern. In diesem Fall werden diese Instrumente eingesetzt, um eine der originären offenen Position genau entgegengesetzte offene Position zu schaffen, so dass ein vollkommenes Hedging der originären Position erreicht wird.

---

[57] Währungsfutures werden in den Statistiken der BIS nicht als selbständiges Instrument geführt. Vielmehr werden sie den sehr ähnlichen Devisenforwards zugerechnet. Daher existieren zu den Futures auch keine eigenen Umsatzdaten.

[58] Vgl. RÜBEL (2002), S. 62f. Diese Variante nennt man auch *amerikanische Option*. Bei einer zweiten Variante, der *europäischen Option*, besitzt der Inhaber lediglich zu einem Zeitpunkt, nämlich am Ende der beim Geschäftsabschluss festgelegten Laufzeit der Option, das Recht zur Ausübung.

[59] Vgl. BIS (2005), S. 16

2.2.4 Devisenswaps

Ein Devisenswapgeschäft ist eine Handelsform, welche aus zwei entgegengesetzten Einzeltransaktionen besteht.[60] Im Zeitpunkt der Vereinbarung werden zwischen den beiden Vertragsparteien Termine, Menge der Währungen und die Wechselkurse für beide Transaktionen festgelegt. Im für die erste Transaktion vorgesehenen Zeitpunkt werden die Währungen gemäß den vereinbarten Konditionen übertragen. Zu einem späteren Zeitpunkt schließlich werden dieselben Mengen der beiden beteiligten Währungen zurückgetauscht. Die im Vorfeld für die beiden Transaktionen vereinbarten Wechselkurse sind nicht notwendigerweise gleich.

Es werden zwei Varianten von Devisenswaps unterschieden, *spot / forward swaps* und *forward / forward swaps*.[61] Bei der ersten Variante findet die erste Einzeltransaktion innerhalb von zwei Tagen nach Vertragsabschluss statt, damit ist diese Transaktion eine Kassamarkttransaktion. Die zweite Transaktion ist eine Terminmarkttransaktion. Bei der zweiten Variante liegt auch die erste Transaktion außerhalb der Zeitspanne von zwei Tagen, so dass beide Einzeltransaktionen Terminmarkttransaktionen sind.

Die Kosten eines derartigen Geschäfts entsprechen der Zinsdifferenz der beiden beteiligten Währungen bezogen auf den Zeitraum zwischen erster und zweiter Transaktion. Diese Zinsdifferenz ist der Swapsatz s im Rahmen der bereits in Kapitel 2.1.3 dargestellten Zinsparität:

$$s = i_I - i_A$$

Beispielsweise vereinbart ein Marktteilnehmer 1 Million USD (Fremdwährung) gegen EUR (Inlandswährung) zu kaufen und die USD ein Jahr später wieder gegen EUR zu verkaufen. Angenommen die Fremdwährung kann zu $i_A = 0{,}06$, die Inlandswährung aber nur zu $i_I = 0{,}04$ angelegt werden, da in den USA ein höheres Zinsniveau herrscht als im Euroraum. In diesem Fall tauscht der Marktteilnehmer für ein Jahr seine niedriger verzinste Währung gegen eine höher verzinste Währung. Er profitiert also ein Jahr lang von den höheren Zinsen des USD, der Swapsatz s beträgt aus Inlandssicht bei Gültigkeit der gesicherten Zinsparität $-0{,}02$. Diesen Zinsvorteil muss der Marktteilnehmer seinem Transaktionspartner vergüten, welcher ja ein Jahr lang eine

[60] Vgl. BIS (2005), S. 33
[61] Vgl. BIS (2005), S. 33

niedriger verzinste Währung hält. Diese Vergütung erfolgt über die Anpassung des Wechselkurses für die zweite Transaktion:

$$\frac{w_T - w_K}{w_K} \equiv s$$

Im Beispiel sei für die erste Transaktion des spot / forward swaps ein Kassakurs von 0,80 EUR/USD zugrunde gelegt. Die Zinsdifferenz zwischen dem Euroraum und den USA beträgt −0,02, damit ergibt sich für die zweite Transaktion ein Terminkurs von 0,784 EUR/USD. Das bedeutet, dass der betrachtete Marktteilnehmer bei der zweiten Transaktion für den Rücktausch der Million USD einen geringeren EUR-Betrag bekommt, als er bei der ersten Transaktion aufgewendet hat. Die Differenz vereinnahmt der Transaktionspartner als Kompensation für die niedriger verzinsten EUR.[62] Somit bedeutet bei Gültigkeit der gesicherten Zinsparität ein höheres Zinsniveau im Ausland einen niedrigeren Terminkurs im Vergleich zum Kassakurs.

Devisenswaps werden zum einen eingesetzt, um Zahlungsströme zeitlich zu verschieben. Wenn ein Marktteilnehmer zum Beispiel aufgrund eines Termingeschäfts zu einem zukünftigen Zeitpunkt eine bestimmte Menge einer Fremdwährung erhält, so kann er durch einen Devisenswap den Zahlungseingang der Fremdwährung vorverlegen. Dies gelingt ihm, indem er im Rahmen eines spot / forward swaps die gleiche Menge der Fremdwährung sofort kauft und zum Zeitpunkt der Erfüllung des ursprünglichen Kontrakts per Termin verkauft. So kann er bereits jetzt über die Devisen verfügen, während sich die beiden Termingeschäfte gegenseitig aufheben. In analoger Weise lässt sich eine Devisenforderung in die Zukunft verschieben sowie der Zahlungszeitpunkt einer Devisenverbindlichkeit variieren.

Zum anderen kann ein Swap zur Absicherung einer offenen Währungsposition verwendet werden. Ist einem Unternehmen beispielsweise bekannt, dass es zu einem bestimmten zukünftigen Zeitpunkt einen Monat lang eine bestimmte Menge einer Fremdwährung besitzen wird, so kann in Form eines forward / forward swaps zu Beginn dieses Monats die Fremdwährung per Termin verkauft und am Ende dieses Zeitraums wieder zurückgekauft wer-

---

[62] Dies sind 16000 EUR. Umgerechnet mit dem Kassakurs von 0,80 EUR/USD ergeben sich 20000 USD. Der Transaktionspartner erhält also durch den niedrigeren Terminkurs genau den Betrag des Swapsatzes bezogen auf 1 Million USD als Kompensation.

den. Auf diese Weise wird das Währungsrisiko durch die offene Fremdwährungsposition eliminiert.

Devisenswaps, die wie Forwards von der BIS sowohl zum traditionellen Devisenmarkt als auch zum Markt für OTC-Derivate gezählt werden, haben eine sehr große Bedeutung für den Devisenmarkt. Der Handel in Devisenswaps setzt seit 1995 ein größeres Volumen um als dies auf dem gesamten Kassamarkt der Fall ist.[63] Der durchschnittliche tägliche Umsatz von Devisenswaps betrug 1995 546 Mrd. USD. Der Umsatz stieg 1998 auf 734 Mrd. USD an, bevor es 2001 zu einem Rückgang auf 656 Mrd. USD kam. 2004 wurde jedoch wieder eine deutlich größere Summe, nämlich 944 Mrd. USD, umgesetzt.[64] Damit ist der Handel in Devisenswaps im Jahr 1995 für 46,19 % des Gesamtumsatzes auf dem Devisenmarkt verantwortlich. 1998 waren dies bereits 48,07 %. Dieser Anteil stieg 2001 nochmals auf 52,86 % an. Lediglich 2004 kam es aufgrund des wieder bedeutender werdenden Kassamarkts zu einem Rückgang auf 49,40 %.

2.2.5 Währungsswaps

Ebenso wie der Devisenswap ist auch der Währungsswap eine Handelsform, die eine Vereinbarung über zwei entgegengerichtete Devisentransaktionen beinhaltet. Im Zeitpunkt der Vereinbarung werden zwischen den beiden Vertragsparteien Termine, Menge der Währungen und die Wechselkurse für beide Transaktionen festgelegt. Im Gegensatz zum Devisenswap leisten die Transaktionspartner während der Laufzeit gegenseitig Zinszahlungen in jener Währung, welche sie durch den Swap erhalten haben.[65]

Die Durchführung dieses Swaps ist für ein Unternehmen dann sinnvoll, wenn es durch die Emission einer Fremdwährungsanleihe oder durch die Aufnahme eines Fremdwährungskredits einen Devisenbetrag besitzt, für den in der gleichen Währung für die Laufzeit der Anleihe oder des Kredits Zinszahlungen zu leisten sind. Durch den Abschluss eines Swaps tauscht das Unternehmen zunächst die Fremdwährung gegen einen Betrag in Inlandswährung, der nun für Investitionen im Inland zur Verfügung steht. Während der Laufzeit des Swaps erhält das Unternehmen Zinszahlungen in der Fremdwäh-

[63] Vgl. BIS (2005), S. 5
[64] Vgl. BIS (2005), S. 5
[65] Vgl. BIS (2005), S. 33

rung vom Transaktionspartner.[66] Diese regelmäßigen Zahlungseingänge kann das Unternehmen seinerseits zur Begleichung der in der gleichen Währung bestehenden Zinsverbindlichkeiten aufgrund der Anleihe oder des Kredits verwenden. Im Rahmen des Swaps muss das Unternehmen Zinsen für den vom Transaktionspartner erhaltenen Inlandswährungsbetrag zahlen. Diese Zinszahlungen leistet das Unternehmen aus dem Investitionsertrag.[67] Am Ende der Laufzeit des Swaps werden die Währungen wieder zurückgetauscht, da das Unternehmen für die Tilgung der Anleihe bzw. des Kredits ja den Fremdwährungsbetrag benötigt. Somit bietet ein Währungsswap die Möglichkeit, befristet zur Verfügung stehende Fremdwährungsmittel aus Verbindlichkeiten für inländische Investitionen zu nutzen.[68]

Im Gegensatz zu Devisenswaps spielen Währungsswaps auf dem Devisenmarkt nur eine untergeordnete Rolle. Deren durchschnittlicher täglicher Umsatz betrug 1995 nur 4 Mrd. USD. 1998 war ein Anstieg auf 10 Mrd. USD zu beobachten, bevor der Umsatz im Jahr 2001 wieder auf 7 Mrd. USD zurückging. 2004 verdreifachte sich der Umsatz auf 21 Mrd. USD.[69] Dieses Umsatzvolumen entsprach 1995 nur 0,34 % des Gesamtumsatzes auf dem Devisenmarkt und stieg 1998 auf 0,65 % an. 2001 betrug der Anteil 0,56 %, 2004 1,10 %.

2.3 Marktteilnehmer

Im Folgenden soll der Einteilung des Devisenmarkts in berichtende Händler, andere Finanzinstitute und Marktteilnehmer außerhalb des Finanzsektors, wie sie die BIS vornimmt, gefolgt werden.

---

[66] Transaktionspartner derartiger Swapgeschäfte sind meist Finanzinstitute, die das Swapgeschäft als Finanzdienstleistung anbieten.

[67] Das Unternehmen wird die Investition, für die es letztlich die Fremdwährungsanleihe emittiert bzw. den Fremdwährungskredit aufnimmt, nur durchführen, wenn der Ertrag aus dieser Investition plus den Fremdwährungszinsen vonseiten des Swap-Partners größer sind als die aufgrund der Anleihe bzw. des Kredits zu leistenden Fremdwährungszinsen plus die an den Swap-Partner zu zahlenden Zinsen in Inlandswährung.

[68] Vgl. SOORAN (2005)

[69] Vgl. BIS (2005), S. 16

2.3.1 Berichtende Händler

Zu der Gruppe von Marktteilnehmern, die der Bank für internationalen Zahlungsausgleich regelmäßig Daten über den Devisenmarkt liefern, zählen Angestellte von großen Geschäfts- und Investmentbanken sowie von Wertpapierhäusern. Diese Unternehmen zählen jedoch nur dann zu den berichtenden Händlern, wenn sie an jenem Devisenhandel teilnehmen, bei dem auf beiden Seiten Händler stehen,[70] und / oder regelmäßig Transaktionen mit großen Kunden abschließen.[71] Somit besteht die Gruppe der berichtenden Händler aus jenen Marktteilnehmern, die aktiv Währungen direkt oder über die oben genannten Devisenmarktinstrumente kaufen und verkaufen. Sie schließen diese Transaktionen entweder mit Großkunden oder mit Marktteilnehmern ab, welche ebenfalls zu den berichtenden Händlern zu zählen sind.[72] Durch diese Definition sind in der Gruppe der berichtenden Händler alle Marktteilnehmer vertreten, die market making betreiben. Darüber hinaus bedienen sich die berichtenden Händler aber auch anderer Transaktionstypen wie beispielsweise Spekulation.

2.3.2 Sonstige Finanzinstitute

Zu der Gruppe der sonstigen Finanzinstitute zählen alle Devisenmarktteilnehmer des Finanzsektors, die nicht berichtende Händler sind. Das sind kleinere Geschäfts- und Investmentbanken und kleinere Wertpapierhäuser sowie offene und geschlossene Investmentfonds, Pensionsfonds, Hedge-Fonds, Währungsfonds, Geldmarktfonds, Bausparkassen, Leasingfirmen, Versicherungen und andere zum Finanzsektor gehörende Tochterunternehmen von Großunternehmen und Zentralbanken.[73]

2.3.3 Devisenmarktteilnehmer außerhalb des Finanzsektors

In dieser Gruppe werden alle Marktteilnehmer zusammengefasst, die nicht dem Finanzsektor angehören. Dies sind „Endverbraucher“ wie Regierungen, private Haushalte und Unternehmen.[74] Diese Marktteilnehmer führen Trans-

[70] Die Gesamtheit jener Transaktionen, bei denen auf beiden Seiten Händler stehen, wird auch als *interdealer market* bezeichnet.
[71] Vgl. BIS (2005), S. 36
[72] Vgl. BIS (2005), S. 36
[73] Vgl. BIS (2005), S. 36
[74] Vgl. BIS (2005), S. 36

aktionen in erster Linie aufgrund von Außenhandelsgeschäften durch. Insbesondere Unternehmen benötigen den Devisenmarkt zudem, um offene Devisenpositionen, die aufgrund ihrer geschäftlichen Tätigkeit entstehen, abzusichern. Sie bedienen sich dabei der in Kapitel 2.2 dargestellten Instrumente. Partner sind bei beiden Transaktionstypen Unternehmen des Finanzsektors.[75]

2.3.4 Bedeutung der Marktteilnehmergruppen

Da lediglich in der Gruppe der berichtenden Händler Marktteilnehmer enthalten sind, die sowohl Käufer als auch Verkäufer sind, lassen sich je nach beteiligten Marktteilnehmern drei Arten von Transaktionen unterscheiden. Entweder befinden sich auf beiden Seiten einer Transaktion berichtende Händler, oder berichtende Händler stehen auf der einen und sonstige Finanzinstitute oder Devisenmarktteilnehmer außerhalb des Finanzsektors auf der anderen Seite einer Transaktion.

Der Handel der berichtenden Händler untereinander erreichte im Jahr 1995 einen durchschnittlichen täglichen Umsatz von 728849 Mio. USD, was einem Anteil von 64,1 % am gesamten Devisenmarkt entsprach.[76] Dieser Umsatz stieg 1998 auf 908484 Mio. USD, der Anteil am gesamten Devisenmarkt sank jedoch geringfügig auf 63,0 %.[77] Im Jahr 2001 ging sowohl der Umsatz mit 688862 Mio. USD als auch der Anteil auf 58,7 % zurück.[78] 2004 war ein Anstieg auf 935525 Mio. USD zu beobachten, während der Anteil am gesamten Devisenmarkt weiter auf 52,8 % fiel.[79]

Der Handel berichtender Händler mit sonstigen Finanzinstituten betrug 1995 durchschnittlich 229853 Mio. USD pro Tag. Damit hatten diese Transaktionen einen Anteil von 20,2 % am gesamten Devisenmarkt.[80] Im Jahr 1998 waren dies 279209 Mio. USD bzw. ein Anteil von 19,4 %.[81] In den Folgejah-

---

[75] Nach obiger Einteilung können dies sowohl Market Maker als auch sonstige Finanzinstitute sein.

[76] Vgl .BIS (1996), Tabelle 1-A. Als gesamter Devisenmarkt werden hier und im Folgenden jene Transaktionen bezeichnet, welche die Bank für Internationalen Zahlungsausgleich als *traditionellen* Devisenmarkt bezeichnet. Dies sind alle Transaktionen des Devisenkassamarktes sowie der Handel in Devisenforwards und Devisenswaps.

[77] Vgl. BIS (1999), Tabelle E-1

[78] Vgl. BIS (2002), S. 50

[79] Vgl. BIS (2005), S. 48

[80] Vgl .BIS (1996), Tabelle 1-A

[81] Vgl. BIS (1999), Tabelle E-1

ren war bei diesen Transaktionen ein Anstieg zu beobachten. Der Umsatz stieg 2001 auf 329074 Mio. USD, was bereits einen Anteil von 28,0 % bedeutete.[82] Im Jahr 2004 wurde sogar ein Umsatz von 585354 Mio. USD erreicht, was einem Anteil von 33,0 % am gesamten Devisenmarkt entsprach.[83]

Schließlich sind noch die Transaktionen zwischen berichtenden Händlern und Devisenmarktteilnehmern außerhalb des Finanzsektors zu nennen. Diese erreichten 1995 durchschnittlich 178209 Mio. USD pro Tag und damit einen Anteil von 15,7 % am gesamten Devisenmarkt.[84] Der Umsatz stieg 1998 auf 253581 Mio. USD, was einen Anteil von 17,6 % bedeutete.[85] Im Jahr 2001 war ein deutlicher Rückgang auf 155866 Mio. USD zu beobachten. Auch der Anteil am Gesamtmarkt ging auf 13,3 % zurück.[86] 2004 schließlich stiegen sowohl der Umsatz mit 251803 Mio. USD als auch der Anteil mit 14,2 % wieder an.[87]

2.4 Vermittlung zwischen Angebot und Nachfrage

Um die gewünschten Devisenkäufe und -verkäufe abzuwickeln, stehen den Marktteilnehmern grundsätzlich Devisenmakler sowie elektronische Brokersysteme zur Verfügung.

2.4.1 Devisenmakler

Devisenmakler haben die Aufgabe, zwischen Käufern und Verkäufern auf dem Devisenmarkt zu vermitteln.[88] Sie sammeln von verkaufwilligen Marktteilnehmern Verkaufaufträge und von kaufwilligen Marktteilnehmern Kaufaufträge. Kann ein Verkaufauftrag mit einem Kaufauftrag „glattgestellt" werden, so teilt der Devisenmakler den beiden Parteien die Adresse der jeweils

[82] Vgl. BIS (2002), S. 50
[83] Vgl. BIS (2005), S. 48
[84] Vgl .BIS (1996), Tabelle 1-A
[85] Vgl. BIS (1999), Tabelle E-1
[86] Vgl. BIS (2002), S. 50
[87] Vgl. BIS (2005), S. 48
[88] Da diese Vermittlung zwischen Anbieter und Nachfrager meist per Telefon stattfindet, werden die Devisenmakler auch als *Voice Broker* oder *Interdealer Voice Broker* bezeichnet. Vgl. THIESSEN (2001), S. 107

anderen Partei mit.[89] Zwischen den beiden Parteien kommt ein direkter Vertrag ohne Einbindung des Devisenmaklers zustande. Der Makler erhält eine Vermittlungsprovision von beiden Parteien.[90]

Die Marktteilnehmer nutzten in der Vergangenheit die Dienste der Devisenmakler, da die Kosten der Suche nach Transaktionspartnern meist höher waren als die an die Makler zu zahlende Vermittlungsprovision.[91] Zudem wurde es als Vorteil angesehen, dass ein Marktteilnehmer bis zum Geschäftsabschluss unter den anderen Marktteilnehmern anonym bleiben konnte.[92] Nach einer Umfrage von CHEUNG / CHINN / MARSH (2000) unter britischen Devisenmarktteilnehmern wurden 1993 noch 47,1 % des Umsatzes in Großbritannien durch Devisenmakler vermittelt.[93] Jedoch war die Maklertätigkeit auch mit Problemen verbunden. Zum einen wurde die Gebührenpolitik der Devisenmakler als überzogen kritisiert, zum anderen traten Probleme mit der nachträglichen Adressendecouvrierung auf.[94] Zudem eröffnete sich durch die Fortschritte in der Telekommunikation die Möglichkeit, mit Hilfe von elektronischen Brokersystemen die Suchkosten zu minimieren und gleichzeitig die Devisenmakler zu umgehen. Diese Faktoren führten zu einem nachhaltigen Bedeutungsverlust der Devisenmakler in den 1990er Jahren. Nach der Erhebung von CHEUNG / CHINN / MARSH (2000) nutzten im Jahr 1998 nur noch 15,9 % der britischen Marktteilnehmer die Dienste der Devisenmakler. Der Anteil der elektronischen Brokersysteme stieg im gleichen Zeitraum von 5,7 % auf 50,6 % an.[95]

2.4.2 Elektronische Brokersysteme

Mit Hilfe von elektronischen Brokersystemen können Marktteilnehmer direkt, ohne die Vermittlungstätigkeit von Devisenmaklern, miteinander in

---

[89] Dieser Vorgang wird als *Adressendecouvrierung* bezeichnet. Vgl. THIESSEN (2001), S. 108

[90] Vgl. THIESSEN (2001), S. 107f.

[91] Vgl. THIESSEN (2001), S. 108

[92] Vgl. RIME (2003), S. 479

[93] Vgl. CHEUNG / CHINN / MARSH (2000), S. 20

[94] Vgl. THIESSEN (2001), S. 108

[95] Vgl. CHEUNG / CHINN / MARSH (2000), S. 20. Der restliche Umsatz neben der Maklertätigkeit und den elektronischen Brokersystemen entsteht durch direkt im gegenseitigen Kontakt stehenden, berichtenden Händlern. Diese direkten Kontakte unter berichtenden Händlern werden als *interbank network* bezeichnet. Vgl. CHEUNG / CHINN / MARSH (2000), S. 5f.

Kontakt treten. Es existieren zwei Arten von Brokersystemen, *Konversationssysteme* und *Matching-Systeme.*

Marktteilnehmer, die mittels eines entsprechenden Terminals an einem Konversationssystem beteiligt sind, können mehrere andere Marktteilnehmer, die das gleiche System nutzen, anwählen. Die auf diese Weise verbundene Gruppe von Marktteilnehmern kann nun miteinander kommunizieren. Dabei können Textnachrichten verschickt werden, die aufgezeichnet werden und rechtlich bindend sind. Auf diese Weise ist es relativ einfach, geeignete Transaktionspartner zu finden. Zudem können die Transaktionsbedingungen schnell und verbindlich zwischen den potentiellen Vertragsparteien vereinbart werden. Auch dies ist ein Vorteil gegenüber früheren, oft mündlich vereinbarten Transaktionen, denen prinzipiell eine Vertragsunsicherheit innewohnte. Ein bekannter Vertreter dieser Konversationssysteme ist das System *Dealing 2000-1* der Firma *Reuters.* Ein Marktteilnehmer kann mit diesem System mit bis zu vier potentiellen Transaktionspartnern gleichzeitig in Kontakt treten. Wurde eine Vereinbarung getroffen, dann produziert das System so genannte *Tickets* mit den entsprechenden Vertragsdaten.[96] Diese Vorgehensweise erleichtert die Abwicklung im Vergleich zum herkömmlichen Maklergeschäft erheblich.[97]

Andererseits ersparen auch die Konversationssysteme den Marktteilnehmern nicht, einen Marktüberblick vorzunehmen. Erst wenn sich ein Marktteilnehmer über Preise und Geld-Brief-Spannen informiert hat, macht es Sinn, in einer kleinen Gruppe nach Transaktionspartnern zu suchen. Dieser Nachteil existiert bei Matching-Systemen nicht. Derartige Matching-Systeme stellen die nächste Generation von elektronischen Brokersystemen nach den Konversationssystemen dar und sind auch in der Gegenwart im Einsatz. Diese Matching-Systeme agieren wie eine Art Börse. Sie sammeln Orders von den angeschlossenen Marktteilnehmern und führen passende Orders aus. Aus diesen Glattstellungen entsteht ein systeminterner Wechselkurs, der von allen angeschlossenen Marktteilnehmern einsehbar ist. Mit derartigen Matching-Systemen wird der Devisenhandel transparenter und billiger in Hinblick auf Transaktionsgebühren.[98] Derzeit teilen sich im Wesentlichen zwei verschiedene Produkte den weltweiten Devisenmarkt auf.[99] Das System *Dealing 2000-2* von Reuters wurde im Jahr 1992, das Nachfolgesystem *Dealing 3000* im

---

[96] Vgl. THIESSEN (2001), S. 109f.
[97] Vgl. THIESSEN (2001), S. 110
[98] Vgl. RIME (2003), S. 486
[99] Vgl. RIME (2003), S. 484

Jahr 2000 auf den Markt gebracht. Das zweite System *EBS* wurde ab dem Jahr 1993 von einigen auf dem Devisenmarkt tätigen Großbanken eingesetzt. Nach eigenen Angaben überholte EBS das Reuters-System bereits 1995 hinsichtlich des täglichen durchschnittlichen Devisenumsatzes.[100] Im November 2005 waren nach eigenen Angaben von EBS weltweit über 2000 Händler mit dem System verbunden und generierten mit diesem System einen täglichen Umsatz von durchschnittlich 120 Mrd. USD pro Tag.[101]

2.5 Geographische Verteilung des Devisenmarkts

Der Devisenmarkt ist nicht zentral an einer Börse organisiert, sondern findet ohne besondere örtliche Bindung weltweit zwischen den Marktteilnehmern statt. Obwohl in einer großen Anzahl von Ländern Devisenmarkttransaktionen stattfinden, konzentriert sich der Großteil der Transaktionen auf wenige Länder. Dies sind Länder, in denen Finanzzentren liegen, in welchen die meisten bzw. die größten Marktteilnehmer ansässig sind. 2004 stand Großbritannien mit einem Anteil von 31,3 % und einem durchschnittlichen täglichen Devisenumsatz von 753 Mrd. USD an erster Stelle. Das zweite Land, in welchem 2004 ein wesentlicher Anteil der Devisentransaktionen abgewickelt wurde, sind die USA mit einem Anteil von 19,2 % und einem Volumen von 461 Mrd. USD. Alle anderen Länder hatten einen Anteil von unter zehn Prozent. Es folgten Japan mit 8,3 % und einem durchschnittlichen Umsatz von 199 Mrd. USD pro Tag, Singapur mit 5,2 % und 125 Mrd. USD. Deutschland nahm mit einem Anteil von 4,9 % am weltweiten Devisenmarkt und einem durchschnittlichen Tagesumsatz von 118 Mrd. USD den fünften Platz ein. Danach folgten Hong Kong mit 4,2 % und 102 Mrd. USD, Australien mit 3,4 % und 81 Mrd. USD sowie die Schweiz mit einem Anteil von 3,3 % und einem durchschnittlichen täglichen Umsatz von 79 Mrd. USD. Alle anderen Länder besaßen einen Anteil von weniger als drei Prozent. Diese Rangfolge und die Anteile sind seit 1992 recht konstant, wobei die Bedeutung von Großbritannien und der USA in den Jahren seit 1992 auf Kosten der anderen größeren Devisenhandelsländer tendenziell etwas zugenommen hat.

---

[100] Vgl. http://www.ebs.com/about/ – History of EBS vom 7.11.2005

[101] Vgl. http://www.ebs.com/about/ vom 7.11.2005

3 Entscheidungsverhalten auf dem Devisenmarkt aus der Perspektive der Marktteilnehmer

Nach der Charakterisierung des Devisenmarkts soll nun das Entscheidungsverhalten der Marktteilnehmer ins Blickfeld rücken, um aus mikroökonomischer Sicht Bestimmungsfaktoren des Wechselkurses identifizieren zu können. Dabei soll zunächst erhoben werden, wie die Marktteilnehmer selbst das Entscheidungsverhalten auf dem Devisenmarkt einschätzen. Die Grundlage dafür bilden mehrere Umfragen, die zwischen 1988 und 2001 unter Devisenmarktteilnehmern an den weltweit wichtigsten Devisenhandelszentren durchgeführt wurden. Dieses Kapitel besteht aus einer Übersicht über diese Umfragen in Abschnitt 3.1 sowie einer Analyse der Ergebnisse und einer Identifikation von Entscheidungsanomalien in Abschnitt 3.2.[102]

3.1 Übersicht über Umfragen unter Devisenmarktteilnehmern

3.1.1 Erwartungsbildung bei Nutzern der Technischen Analyse auf dem Londoner Devisenmarkt

Im Rahmen einer regelmäßigen Telefonbefragung beleuchteten ALLEN / TAYLOR (1990) die Erwartungsbildung bei Nutzern der Technischen Analyse[103] auf dem Londoner Devisenmarkt.

---

[102] Die Umfragen in Abschnitt 3.1 sind chronologisch nach dem Jahr ihrer Veröffentlichung geordnet.

[103] Die Technische Analyse ist der Oberbegriff für jene Analysemethoden, mit denen ausschließlich unter Verwendung von Kurs-, Umsatz- und ähnlicher auf dem Devisenmarkt selbst entstehender Daten Prognosen für zukünftige Wechselkurse erstellt werden. Ein Bereich der Technischen Analyse ist die Chartanalyse. Im Rahmen der Chartanalyse wird versucht, im Chart sich wiederholende Muster bzw. Formationen zu identifizieren. Beispiele hierfür sind die *Schulter-Kopf-Schulter-Formation* oder die *Doppel-Top-Formation*. Zentrale Annahme der Chartanalyse ist, dass auf eine bestimmte Formation immer eine bestimmte Kurstendenz folgt. Bilden sich beispielsweise zwei lokale Höchstkurse als Doppel-Top-Formation, so leitet der Chartanalyst daraus die Erwartung eines fallenden Wechselkurses ab.

Hierzu wurden etwa 20[104] renommierte in London tätige „Techniker"[105] über einen Zeitraum von 38 Wochen von Juni 1988 bis März 1989 regelmäßig zu ihren Wechselkurserwartungen befragt.

Die Fragen bezogen sich auf drei Crossrates, USD/GBP, DEM/USD und JPY/USD. Abgefragt wurden jeweils der erwartete Wechselkurs in einer und in vier Wochen. ALLEN / TAYLOR (1990) verglichen diese Erwartungen mit den tatsächlich eingetretenen Kursen. Erstens stellten die Autoren fest, dass der Erwartungsfehler bei der längerfristigen Prognose höher war als bei der kürzerfristigen Prognose. Zweitens schafften es die Marktteilnehmer nicht, in Trendphasen die Zeitpunkte der Trendwechsel zu prognostizieren. Im Bereich der Trendwechsel war der Erwartungsfehler also relativ hoch. Dagegen war in jenen Phasen, in denen ein intakter Trend vorherrschte, der Erwartungsfehler relativ niedrig. Das dritte Ergebnis bezog sich auch auf jene Phasen, in denen sich die drei Crossrates in einem Trendverlauf befanden. Bei intakten Aufwärtstrends waren die Erwartungen systematisch zu niedrig, bei Abwärtstrends systematisch zu hoch. Die Stärke der Trends wurde also systematisch unterschätzt.

3.1.2 Nutzung von Methoden der Technischen Analyse auf dem Londoner Devisenmarkt

Die in diesem Abschnitt dargestellten Ergebnisse wurden von TAYLOR / ALLEN (1992) veröffentlicht und basieren auf einer Umfrage, welche im November 1988 durchgeführt wurde. Als Grundlage für die Auswertung dien-

---

[104] Die Details der Befragung bezeichneten ALLEN / TAYLOR (1990) als „confidential". Auch die Anzahl der befragten Chartanalysten wurde nur mit „approximately twenty" angegeben. ALLEN / TAYLOR (1990), S. 51

[105] Als *Techniker* werden jene Devisenmarktteilnehmer bezeichnet, die ihre Erwartungen in erster Linie aufgrund einer Technischen Analyse bilden. ALLEN / TAYLOR (1990) bezeichneten diese Personen als *Chartisten*. Dabei ist jedoch zu berücksichtigen, dass unter dem Begriff Technische Analyse nicht nur die Chartanalyse, also die grafische Auswertung des Charts mit Hilfe von bestimmten Mustern, Unterstützungs- und Widerstandslinien etc., sondern auch andere, auf einer Auswertung der Kurs- und Umsatzdaten basierende Methoden wie etwa die *Indikatoranalyse* subsumiert werden. ALLEN / TAYLOR (1990) verwendeten den Begriff *Chart Analysis* als Synonym für Technische Analyse und wiesen auch explizit darauf hin, dass diese *Chart Analysis* verschiedene Methoden beinhaltet. Vgl. ALLEN / TAYLOR (1990), S. 50

ten 213 ausgefüllte Fragebögen, die TAYLOR / ALLEN (1992) von in London tätigen leitenden Devisenhändlern zurückerhielten.[106]

Die erste Frage bezog sich auf die Verwendung verschiedener Varianten der Technischen Analyse: „Welche der folgenden Methoden und Anwendungen der Technischen Analyse verwendet ihr Unternehmen?“[107] Gleitende Durchschnitte und / oder andere trendfolgende Systeme verwendeten 64,3 % der Devisenhändler, bei *Oszillatoren*, *Momentum-Linien* und / oder *rate-of-change-Indikatoren*[108] antworteten 40,0 % mit „Ja“.[109] Für die Durchführung der Technischen Analyse verwendeten 35,6 % eigene Softwarepakete, 64,8 % griffen dazu auf Onlinedienste zurück. Presseerzeugnisse mit Technischen Analysen verwendeten 41,8 % der befragten Händler.

Ein zweiter Fragenkomplex betraf die Rolle von Technischen Analysten und Volkswirten in jenen Unternehmen, in welchen die Devisenhändler tätig waren. In 38,5 % der betreffenden Unternehmen wurde mindestens ein eigener Volkswirt beschäftigt, während in 24,9 % der Unternehmen mindestens ein eigener Technischer Analyst zur Verfügung stand. In 38,5 % der Unternehmen, die mindestens einen Volkswirt beschäftigten, waren diese selbst im Devisenhandel tätig, während in den restlichen 61,5 % der Unternehmen die Volkswirte lediglich eine beratende Funktion ausübten. Dagegen waren in 45,3 % der Unternehmen, die mindestens einen Technischen Analysten beschäftigten, diese selbst im Trading tätig. 34,0 % Prozent hatten nur eine beratende Tätigkeit, von 20,7 % der Unternehmen wurden hierzu keine Angaben gemacht. Es ist festzuhalten, dass immerhin ein Viertel der Unternehmen eigene Technische Analysten beschäftigten, was auf einen hohen Stellenwert der Technischen Analyse hindeutet. Knapp die Hälfte dieser Analysten war auch selbst im Handel tätig.

---

[106] Dabei wurde der Versuch unternommen, möglichst jedem leitenden Devisenhändler, der von London aus operiert, einen Fragebogen zukommen zu lassen. Dies ergab eine Liste von 402 Händlern, von welchen die Autoren einen Rücklauf von 213 Fragebögen erzielten.

[107] TAYLOR / ALLEN (1992), S. 307

[108] Die technische Indikatoranalyse kann in Trendfolgesysteme und *Zyklusanalysesysteme* eingeteilt werden. Die hier genannten Oszillaroren, Momentum-Linien und rate-of-change-Indikatoren werden den Zyklusanalysesystemen zugeordnet. Im Gegensatz zu den Trendfolgesystemen gehen die Zyklusanalysesysteme nicht von ausgeprägten Trends, sondern von zyklischen Auf- und Abwärtsbewegungen im Rahmen einer Seitwärtsbewegung des Kurses aus. Das Ziel dieser Systeme ist, die Böden und Spitzen der Zyklen zu identifizieren.

[109] Diese Prozentzahlen addieren sich nicht notwendigerweise zu 1, da es möglich war, mehr als einmal mit „Ja“ zu antworten. Dies gilt auch für die folgenden Auswertungen dieser Umfrage.

Drittens analysierten TAYLOR / ALLEN (1992) die relative Bedeutung, welche die Marktteilnehmer der Technischen Analyse und der *Fundamentalen Analyse*[110] beimaßen: „Bitte geben Sie auf der folgenden Skala die relative Bedeutung an, die Sie der Technischen Analyse im Vergleich zur Fundamentalanalyse von Währungen bezüglich der folgenden Zeithorizonte[111] beimessen.“[112] Dazu stand eine Skala von (0) (ausschließlich Technische Analyse) bis (10) (ausschließlich Fundamentalanalyse) zur Verfügung. Während 44,7 % der Händler beim kürzesten Zeithorizont (*Intraday*[113]) mit Antworten von (0) bis (4) der Technischen Analyse die relativ größte Bedeutung beimaßen, war die Technische Analyse im längsten Zeitraum (mehr als ein Jahr) nur noch für 8,8 % die relativ wichtigste Analyseart. Im Intraday-Bereich waren 39,7 % der Händler mit Antworten von (6) bis (10) tendenziell der Fundamentalanalyse zugeneigt. Dieser Prozentsatz steigt bis zum längsten Zeitraum auf 87,6 % an.[114] Erstens wird deutlich, dass die Technische Analyse als umso wichtiger angesehen wurde, je kürzer der Zeithorizont ist. Zweitens war die Fundamentalanalyse insgesamt das etwas wichtigere Konzept. Darüber hinaus verwendete nur ein kleiner Teil der Händler überhaupt keine Technische Analyse. Dies waren im Intraday-Bereich 10,6 % und im Bereich von mehr als einem Jahr 33,3 %. Das ist ein Indiz dafür, dass viele Marktteilnehmer beide Analysemethoden als komplementär ansahen und parallel verwendeten.

Um diese Vermutung zu überprüfen, ermittelten TAYLOR / ALLEN (1992) konkret, ob die Marktteilnehmer die beiden Analysemethoden für komplementär hielten. Diese Meinung teilten die Marktteilnehmer mittels einer Skala von (0) (Methoden sind strikt komplementär) bis (10) (Methoden schließen sich gegenseitig aus) mit. Geht ein Marktteilnehmer davon aus, dass der Wechselkurs wie von den traditionellen Wechselkurstheorien vorausgesetzt ausschließlich auf Fundamentaldaten basiert, so wird er auch nur Fun-

---

[110] Die Fundamentale Analyse oder Fundamentalanalyse basiert auf einer Auswertung von fundamentalen makroökonomischen Daten der beiden bei einem Wechselkurs beteiligten Währungsräume. Hierzu zählen beispielsweise das Preisniveau, Zinssätze oder Geldmengen.

[111] Mit Zeithorizont ist jene Zeitspanne gemeint, über welche die Devisenmarktteilnehmer Wechselkurserwartungen bilden. Das Ende dieses Zeithorizonts markiert in der Regel auch jenen Zeitpunkt, an dem die Marktteilnehmer planen, die offene Devisenposition wieder zu schließen. Vgl. TAYLOR / ALLEN (1992), S. 308f.

[112] TAYLOR / ALLEN (1992), S. 308

[113] Man spricht von einer Intraday-Transaktion, wenn das Eingehen und Schließen einer offenen Position innerhalb eines Tages durchgeführt wird.

[114] Die Prozentsätze für den jeweiligen Zeitraum addieren sich hier nicht zu 1, da die neutrale Antwort (5) nicht berücksichtigt wurde. (5) wählen im Intraday-Bereich 15,6 %, im Bereich von mehr als einem Jahr 3,5 % der Marktteilnehmer.

damentaldaten verwenden. Eine Nutzung beider Arten von Informationen, geschweige denn eine ausschließliche Verwendung nicht-fundamentaler Informationen, wird dann für ihn nicht in Frage kommen. 13,6 % wählten (0), 10,7 % (1), 14,6 % (2), 13,1 % (3) und 13,6 % (4). Damit sprach sich eine Mehrheit von 65,6 % der befragten Devisenmarktteilnehmer für eine Komplementarität aus. 12,6 % gaben die neutrale Antwort (5). Nur 2,9 % mit (6), 7,8 % mit (7), 3,9 % mit (8), 0,0 % mit (9) hielten die beiden Konzepte für tendenziell nicht miteinander vereinbar. Lediglich 7,3 % waren mit (10) der Auffassung, dass sich die Methoden gegenseitig ausschließen. Mit diesen Zahlen wird obige Vermutung bestätigt: Viele Marktteilnehmer nutzten beide Konzepte.

3.1.3 Nutzung nicht-fundamentaler Informationen vonseiten deutscher Devisenmarktteilnehmer

Mit dem Ziel, die Nutzung nicht-fundamentaler Informationen nach dem Vorbild von ALLEN / TAYLOR (1990) und TAYLOR / ALLEN (1992) weiter zu beleuchten, führte MENKHOFF (1997) eine Umfrage unter in Deutschland tätigen Devisenmarktteilnehmern durch. Im August 1992 wurden 523 Fragebögen an 96 in Deutschland ansässige Banken und 44 in Deutschland ansässige Fondsunternehmen versendet, wobei sichergestellt wurde, dass die Fragebögen nur von Devisenmarktteilnehmern ausgefüllt wurden, die selbst Risiken in Form von offenen Positionen übernehmen durften.[115] Die Aktion erbrachte einen Rücklauf von 205 ausgefüllten Fragebögen.

Zum einen sollte geklärt werden, wie wichtig die durch eine Technische Analyse gewonnenen Daten für die Erwartungsbildung der befragten Devisenmarktteilnehmer waren. Dazu stellte MENKHOFF (1997) den Marktteilnehmern folgende Frage: „Bitte bewerten Sie die Bedeutung der folgenden drei Informationstypen für Ihre typische Entscheidungsfindung, indem Sie insgesamt 100 Punkte verteilen. Bitte vergeben Sie 0 Punkte für Informationstypen, die Sie nicht verwenden."[116] Die Marktteilnehmer konnten zwischen Fundamentaldaten, Auswertungen von Technischen Analysen und Auswertungen von *Flow-Analysen*[117] wählen. Die Devisenhändler im Rücklauf wie-

[115] Die Gruppe der befragten Personen war bei MENKHOFF (1997) breiter, da nicht nur wie bei ALLEN / TAYLOR (1990) leitende Devisenhändler, sondern außerdem andere Devisenhändler und auf dem Devisenmarkt tätige Fondsmanager befragt wurden.

[116] MENKHOFF (1997), S. 310

[117] Im Rahmen der Flow-Analyse wird versucht, sowohl die Richtung als auch die Höhe einzelner Transaktionen zu erfassen. Auf diese Weise sollen die Mikrostruktur des Devi-

sen den Fundamentaldaten im Schnitt eine relative Wichtigkeit von 41,9 %, den Auswertungen von Technischen Analysen 37,4 % und Flow-Analysen 20,7 % zu. Die Fondsmanager empfanden Fundamentaldaten mit im Schnitt 53,7 % als noch bedeutender, während Auswertungen von Technischen Analysen 36,8 % und Flow-Analysen 9,5 % erreichten.[118] Insbesondere der Technischen Analyse wurde von beiden Berufsgruppen ein ähnlicher Stellenwert eingeräumt. Außerdem deuten die Ergebnisse darauf hin, dass die Technische Analyse unter den Devisenmarktteilnehmern weit verbreitet war.

MENKHOFF (1997) überprüfte in diesem Zusammenhang die Bedeutung dieser drei Informationstypen bei der Bildung von Wechselkurserwartungen bezogen auf unterschiedliche Zeithorizonte. Dazu wurde von jedem Marktteilnehmer die Information abgefragt, wie weit im Voraus dieser erwartete zukünftige Einflüsse auf den Wechselkurs in sein Kalkül mit einbezieht, wenn er eine offene Position eingeht. Zusammen mit den Antworten auf die erste Frage konnte dann die relative Bedeutung der drei Informationstypen für jeden Zeithorizont angegeben werden. Die Technische Analyse hatte bei Intraday-Transaktionen eine relative Wichtigkeit von 33,9 %, bei einem Zeithorizont von wenigen Tagen 40,4 %, bei wenigen Wochen 37,4 %, bei 2 – 6 Monaten 36,9 % und bei 6 – 12 Monaten 27,8 %. Beim längsten Zeithorizont von mehr als zwölf Monaten betrug die relative Wichtigkeit 40 %[119]. Es konnte festgestellt werden, dass die Technische Analyse bei allen Zeithorizonten eine bedeutende Rolle spielte und nicht nur für kurzfristig orientierte Marktteilnehmer relevant war.[120] Fundamentaldaten wurde bei einem Horizont von nur einem Tag eine relative Wichtigkeit von 43,7 % beigemessen, bei wenigen Tagen 40,1 %, bei wenigen Wochen 42,4 %, bei 2 – 6 Monaten 54,6 % und bei 6 – 12 Monaten 61,1 %. Der Marktteilnehmer mit dem längsten Anlagehorizont vergab einen Wert von 20 %.[121] Je länger der Zeithorizont war, desto wichtiger wurden Fundamentaldaten. Analoges galt für die Flow-Analyse. Die Flow-Analyse wurde als umso wichtiger angesehen, je kürzer der Zeitho-

---

senmarkts enthüllt und Aussagen über die Angebots- und Nachfragestruktur getroffen werden. Vgl. GOODHART (1988), S. 456

[118] Ein Mann-Whitney U-Test der Nullhypothese „Kein Unterschied zwischen den beiden Gruppen" ergab keine signifikanten Unterschiede zwischen Devisenhändlern und Fondsmanagern hinsichtlich ihrer Nutzung verschiedener Informationstypen.

[119] Dieser Wert ist jedoch wenig aussagekräftig, da sich die Zahl aus der Antwort von nur einem Marktteilnehmer ergab.

[120] Ein Test auf lineare Korrelation ergab keinen signifikanten linearen Zusammenhang zwischen den Ergebnissen der verschiedenen Zeithorizonte.

[121] Der Test auf lineare Korrelation zeigte hier einen signifikanten Zusammenhang zwischen dem Zeithorizont und der relativen Wichtigkeit auf dem 5-%-Niveau.

rizont war.[122] Die relative Wichtigkeit der Erkenntnisse von Flow-Analysen betrug im Intraday-Bereich 22,4 %, bei wenigen Tagen 19,5 %, bei wenigen Wochen 20,2 %, bei 2 – 6 Monaten 8,6 %, bei 6 – 12 Monaten 11,1 % und bei mehr als zwölf Monaten 40 %.

Bereits FRIEDMAN (1953) vertrat die Auffassung, dass auf einem effizienten Devisenmarkt durchaus Marktteilnehmer existieren können, die auch nicht-fundamentale Informationen nutzen. Jedoch unterstellte FRIEDMAN (1953), dass Entscheidungen ausschließlich auf der Grundlage fundamentaler Fakten erfolgreicher sind und jene Marktteilnehmer, die auch nicht-fundamentale Informationen für ihre Entscheidung nutzen, deshalb durch den Marktprozess eliminiert werden.[123] Gilt dies auch für den heutigen Devisenmarkt? Eine direkte empirische Überprüfung ist nicht möglich, da keine Zeitreihen existieren, die den Erfolg von Marktteilnehmern nachzeichnen, welche nicht-fundamentale Informationen nutzen.[124] Um sich dennoch dieser Frage zu nähern, verwendete MENKHOFF (1997) zwei Proxy-Variablen für diesen Erfolg: Wenn die Technische Analyse zu einer systematisch schlechteren Performance führt und vorausgesetzt wird, dass ein Lernprozess hinsichtlich verwendeter Informationstypen Jahre erfordert, so müssten jene Marktteilnehmer, die Technische Analyse bevorzugen, signifikant jünger sein.[125] Um dies zu überprüfen wurden die Marktteilnehmer im Rücklauf zunächst danach eingeteilt, welchen Informationstyp sie bevorzugen. Der Rücklauf von 205 Marktteilnehmern bestand aus 57 „Technikern", 103 „Fundamentalisten", 20 „Flowtisten" und 25 nicht zuordenbaren Marktteilnehmern.[126] Von den Technikern waren 35,1 % jünger als 31 Jahre, 24,6 % waren zwischen 31 und 35, 15,8 % zwischen 36 und 40, 14,0 % zwischen 41 und 45 alt und 10,5 % älter als 46 Jahre. In der Gruppe aller anderen Marktteilnehmer waren 25,9 % jünger als 31 Jahre, 23,1 % zwischen 31 und 35, 22,4 % zwischen 36 und 40, 12,9 % zwischen 41 und 45 Jahre alt und 15,6 % waren älter als 46 Jahre.[127]

[122] Auch die Daten zur Flow-Analyse waren auf dem 1-%-Niveau signifikant linear korreliert.
[123] Vgl. FRIEDMAN (1953), S. 174 – 177
[124] Vgl. MENKHOFF (1997), S. 313
[125] Vgl. MENKHOFF (1997), S. 313
[126] Ein Marktteilnehmer wurde als *Techniker* bezeichnet, wenn er der Technischen Analyse eine höhere relative Wichtigkeit beimaß als allen anderen Informationstypen. Ein Marktteilnehmer wurde dagegen nicht zugeordnet, wenn er den höchsten Wert für die relative Wichtigkeit an zwei oder mehr Informationstypen vergab.
[127] Die Nullhypothese „Kein Unterschied zwischen den beiden Gruppen" konnte mittels eines Pearson-χ^2-Tests nicht abgelehnt werden.

Als eine zweite Proxy-Variable kann die berufliche Position innerhalb des Unternehmens des Devisenmarktteilnehmers dienen. Erzielten die Marktteilnehmer auf Dauer relativ schlechte Ergebnisse, so müsste sich dies negativ auf deren Karriere ausgewirkt haben. 29,8 % der Techniker hatten eine „Senior"-Position inne, 70,2 % eine „Junior"-Position. Von allen anderen Marktteilnehmern im Rücklauf besaßen 30,1 % eine „Senior"- und 70,2 % eine „Junior"-Position.[128] Das Ergebnis der Untersuchung mit den beiden Proxy-Variablen ist, dass eine bevorzugte Nutzung der Technischen Analyse nicht zu einer systematisch schlechteren Performance führte. Damit wurden Marktteilnehmer, die nicht ausschließlich Fundamentaldaten nutzten, nicht automatisch durch den Marktprozess eliminiert.

Eine Verwendung der Technischen Analyse kann jedoch sehr unterschiedliche Gründe haben. Erstens könnte der Marktteilnehmer davon überzeugt sein, dass eine Technische Analyse selbst zu genaueren Erwartungen führt. Zweitens könnte ein Marktteilnehmer diese Analysemethode aber nur als „Second Best-Lösung" ansehen. Zweifellos ist die Technische Analyse gegenüber der Auswertung fundamentaler Daten grundsätzlich weniger zeitaufwendig und auch kostengünstiger. Somit könnten Marktteilnehmer, die entweder über zu wenig zeitliche und finanzielle Ressourcen oder über zu wenig Fachwissen verfügen, um eine Fundamentale Analyse durchzuführen, gezwungen sein, eine Technische Analyse anzuwenden, um eigene Erwartungen bilden zu können.[129] Um dies zu überprüfen, verwendete MENKHOFF (1997) die beiden Proxy-Variablen „Größe des Unternehmens" und „Bildungsgrad". Je kleiner ein Unternehmen ist, desto begrenzter sind zumeist die Ressourcen der dort angestellten Devisenmarktteilnehmer. Würde in kleinen Unternehmen also signifikant mehr Technische Analyse betrieben, so wäre dies ein Hinweis darauf, dass die Technische Analyse nur eine Second Best-Lösung ist. Die Daten bestätigten dies jedoch nicht.[130] Daneben könnte es sein, dass ein Marktteilnehmer auf die Technische Analyse als Second Best-Lösung zurückgreift, weil für eine Fundamentale Analyse seine Bildung nicht ausreicht. Würden also die Techniker einen signifikant niedrigeren Bildungsgrad aufweisen, so wäre das ein Hinweis auf den Second Best-Charakter der Technischen Analyse. Bemerkenswert ist, dass das Gegenteil der Fall zu sein

[128] Auch hier zeigte der Pearson-χ^2-Test keinen signifikanten Unterschied.

[129] Vgl. MENKHOFF (1997), S. 314

[130] Gemäß eines Pearson-χ^2-Tests bestand kein signifikanter Zusammenhang zwischen der Unternehmensgröße und dem Anteil der beschäftigten Techniker.

schien.[131] Es lässt sich zusammenfassen, dass die Technische Analyse offensichtlich nicht nur als Second-Best-Lösung angesehen wurde.

Drittens ist denkbar, dass Marktteilnehmer die Technische Analyse nur verwenden, weil andere dies tun und die Technische Analyse allein damit schon einen Einfluss auf die Kursbildung gewinnt. In diesem Fall würden die Marktteilnehmer die Prognosen der Technischen Analyse für eine *self-fulfilling prophecy*[132] halten. Für einen Marktteilnehmer, der diese Auffassung teilt, ist es somit rational im Sinne einer Maximierung seines Erwartungsnutzens, wenn er die aus einer Technischen Analyse gewonnenen nicht-fundamentalen Informationen in seine Erwartungsbildung mit einbezieht. Dies ist unabhängig davon, ob der Marktteilnehmer die Ergebnisse einer Technischen Analyse als originäre relevante Informationen ansieht. Dies wiederum bedeutet, dass rationales Handeln nicht gleichbedeutend mit der ausschließlichen Nutzung von Fundamentaldaten ist.[133] Die konkrete Frage dazu lautete: „Worin besteht Ihrer Meinung nach der Wert der Technischen Analyse?“[134] Die befragten Marktteilnehmer sollten die Aussage: „Ich beachte

---

[131] Ein Pearson-χ^2-Test zeigte auf einem Signifikanzniveau von 10 %, dass die Techniker eine signifikant höhere Bildung hatten. Dieser Vergleich fand zwischen Technikern und allen anderen Marktteilnehmern statt. Somit waren in der zweiten Gruppe „Fundamentalisten“ und Flowtisten zusammengefasst. Teilt man auch diese Gruppe auf, wird ersichtlich, dass die Flowtisten einen besonders niedrigen Bildungsgrad aufwiesen. Techniker und Fundamentalisten unterschieden sich dagegen nicht signifikant hinsichtlich ihres Bildungsgrads. Vgl. MENKHOFF (1997), S. 314f.

[132] Eine self-fulfilling prophecy bzw. eine self-destroying prophecy liegt dann vor, wenn eine gebildete Erwartung selbst Einfluss auf das erwartete Ereignis hat, indem Individuen durch ihr Handeln sich an die Erwartung anpassen und so entweder das erwartete Ereignis herbeiführen (self-fulfilling) oder verhindern (self-destroying). Ein Beispiel für eine self-destroying prophecy ist die Erwartung: „Am Bahnhof wird um 12 Uhr eine Bombe explodieren.“ Die durch die Bildung der Erwartung initiierte Suche nach der Bombe wird das Eintreten des Ereignisses verhindern, wenn die Bombe erfolgreich entschärft wird. Ein Beispiel für eine self-fulfilling prophecy ist die Erwartung: „Morgen geht die X-Bank pleite“. Der durch die Bildung der Erwartung initiierte „Bank-Run“ in Verbindung mit dem Abziehen von Einlagen kann tatsächlich zum Eintreten des Ereignisses führen, auch wenn dieses Ereignis ohne die Bildung der Erwartung nicht eingetreten wäre.

[133] Die traditionellen Wechselkursmodelle setzen voraus, dass die Marktteilnehmer ausschließlich auf der Grundlage fundamentaler Daten handeln. Wenn es aber der Maximierung des eigenen erwarteten Nutzens dient, auch andere Informationen ins Kalkül mit einzubeziehen, dann ist das Verhalten des Marktteilnehmers als rational zu bezeichnen, obwohl er sich nicht auf fundamentale Daten beschränkt. In diesem Fall können andere Marktergebnisse resultieren als jene, die von den traditionellen Wechselkursmodellen prognostiziert werden, selbst wenn alle Marktteilnehmer rational handeln.

[134] MENKHOFF (1997), S. 316

Technische Analyse nur, weil andere sie beachten"[135] auf einer Skala von (1) (volle Zustimmung) bis (6) (volle Ablehnung) bewerten. Von den Technikern stimmten 8,3 % voll zu, (2) und (3) wählten jeweils 12,5 %. Ablehnend äußerten sich mit (4) 14,6 % und mit (5) 22,9 %. 29,2 % lehnten die Aussage völlig ab. Dies bedeutet, dass 33,3 % jener Marktteilnehmer, die vornehmlich die Technische Analyse verwendeten, dieser keine originäre Erklärungskraft einräumten, sondern diese nur verwendeten, weil viele andere dies auch tun und somit von einer Beeinflussung der Kursbildung ausgegangen werden konnte. Von allen anderen Marktteilnehmern stimmte mit 8,2 % für (1), 16,4 % für (2) und 31,8 % für (3) eine absolute Mehrheit von 56,4 % der Marktteilnehmer der Aussage zu. Ablehnend äußerten sich 10,9 % mit (4) und jeweils 16,4 % mit (5) und (6). Insgesamt stimmten 49 % aller Marktteilnehmer der Aussage zu.[136] Es liegt in der Natur der Fragestellung, dass hier in erster Linie die Antworten der Techniker von Interesse sind. Da eine deutliche Mehrheit die Aussage ablehnte, spricht auch diese Auswertung dafür, dass die Technische Analyse als eigenständige Analysemethode akzeptiert zu sein schien.

Schließlich ermittelte MENKHOFF (1997) noch die Bedeutung, die psychologischen Faktoren beigemessen wurde. Die Frage dazu lautete: „Welche Bedeutung haben Fundamentaldaten und psychologische Einflüsse auf Wechselkursbewegungen?"[137] Die entsprechende Aussage war: „Menschen sind keine Maschinen, daher spielen psychologische Einflüsse klarerweise eine größere Rolle als Fundamentaldaten."[138] Die Techniker stimmten dieser Aussage in großem Ausmaß zu. 23,5 % wählten (1), 41,2 % (2) und 21,6 % (3). Lediglich 2,0 % mit (4), 9,8 % mit (5) und 2,0 % mit (6) äußerten sich ablehnend. Die Gruppe aller anderen Marktteilnehmer stand der Aussage etwas skeptischer gegenüber. Hier wählten 12,7 % (1), 25,4 % (2), 28,8 % (3), 15,3 % (4), 16,1 % (5) und 1,7 % (5).[139] Marktteilnehmer, die vornehmlich eine Technische Analyse einsetzten, waren also gleichzeitig von einem verstärkten Einfluss psychologischer Faktoren auf Wechselkursbewegungen überzeugt.

---

135 MENKHOFF (1997), S. 316

136 Ein Mann-Whitney U-Test zeigte einen signifikanten Unterschied zwischen den beiden Gruppen auf dem 5-%-Niveau.

137 MENKHOFF (1997), S. 316

138 MENKHOFF (1997), S. 316

139 Gemäß einem Mann-Whitney U-Test waren die Aussagen der beiden Gruppen auf dem 1-%-Niveau hochsignifikant unterschiedlich.

3.1.4 Noise Trading auf Devisenmärkten

In dieser Veröffentlichung beleuchtete MENKHOFF (1998) die Ergebnisse seiner Umfrage von 1992 vor dem Hintergrund des *Noise Trading*-Ansatzes[140]. Konkret sollte untersucht werden, ob die aus der Umfrage gewonnenen empirischen Daten die drei wesentlichen Aussagen des Noise Trading-Ansatzes stützen.

Die erste wesentliche Aussage ist, dass die Marktteilnehmer auf dem Devisenmarkt hinsichtlich der verwendeten Informationen in zwei Gruppen eingeteilt werden können.[141] Die *Arbitrageure* auf der einen Seite sind dadurch gekennzeichnet, dass sie vollkommen rationale Erwartungen hinsichtlich zukünftiger Wechselkurse bilden. Daher werden diese Personen als rationale Marktteilnehmer bezeichnet. Die *Noise Trader* auf der anderen Seite sind dadurch gekennzeichnet, dass sie systematische Entscheidungsfehler begehen und daher irrational handeln. Diese Unterscheidung kann nicht direkt, sondern nur indirekt mit Hilfe von Proxy-Variablen empirisch überprüft werden. Nach SHLEIFER / SUMMERS (1990) können Noise Trader auch dadurch charakterisiert werden, dass sie durch Aussagen von *Market Gurus*[142] beeinflusst werden.[143] Als zweite mögliche Proxy-Variable wird die Nutzung von Methoden der Technischen Analyse vorgeschlagen, da daraus resultierende Erwartungen nicht ausschließlich auf fundamentalen Informationen basieren.[144] Dagegen bezeichnete MENKHOFF (1998) jene Marktteilnehmer als Arbitrageure, die dem Informationstyp Fundamentaldaten den größten Stel-

---

[140] Unter dem Begriff *Noise* versteht BLACK (1986) allgemein eine große Anzahl von kleinen, für sich genommen kaum bedeutenden Ereignissen, welche in ihrer Gesamtheit jedoch eine große Wirkung entfalten können. Bezogen auf den Devisenmarkt sind diese kleinen Ereignisse einzelne Transaktionen von Marktteilnehmern. Das entscheidende Merkmal dieser als Noise bezeichneten Transaktionen ist, dass das Angebot und die Nachfrage nicht ausschließlich auf der Basis fundamentaler Daten generiert werden. Vgl. BLACK (1986), S. 529

[141] Vgl. SHLEIFER / SUMMERS (1990), S. 20

[142] Market Gurus sind Personen, denen nachgesagt wird, dass sie bessere Prognosen bezüglich der zukünftigen Wechselkurse entwickeln als die breite Masse von Marktteilnehmern. Vgl. MEKHOFF (1998), S. 555

[143] Vgl. SHLEIFER / SUMMERS (1990), S. 23f.

[144] Vgl. SHLEIFER / SUMMERS (1990), S. 24. Wie in Kapitel 3.1.3 festgestellt wurde, handelt nicht automatisch jeder Nutzer der Technischen Analyse irrational. Es kann rational sein, Ergebnisse der Technischen Analyse in die Erwartungsbildung mit einzubeziehen, wenn davon ausgegangen wird, dass diese Ergebnisse eine self-fulfilling prophecy sind. Daher ist die Nutzung dieser von SHLEIFER / SUMMERS (1990) vorgeschlagenen Proxy-Variable zur Identifikation von Noise Tradern problematisch.

lenwert einräumen und damit „Fundamentalisten" sind. In einer zweiten Gruppe werden die „Nicht-Fundamentalisten" zusammengefasst. Das sind jene Marktteilnehmer, für die Auswertungen von Technischen Analysen oder Flow-Analysen am wichtigsten sind. Diese werden als Noise Trader interpretiert. Diese Einteilung ergab 103 Fundamentalisten und 102 Nicht-Fundamentalisten. Die konkrete Frage hierzu lautete: „Bitte bewerten Sie die Bedeutung der folgenden drei Informationstypen für Ihre typische Entscheidungsfindung, indem Sie insgesamt 100 Punkte verteilen. Bitte vergeben Sie 0 Punkte für Informationstypen, die Sie nicht verwenden."[145] Zur Auswahl standen Fundamentaldaten, Auswertungen von Technischen Analysen sowie Auswertungen von Flow-Analysen. Für die Fundamentalisten hatten Fundamentaldaten eine relative Wichtigkeit von 60,1 %, Auswertungen von Technischen Analysen erzielten 26,0 % und Flow-Analysen 13,9 %. Dagegen besaßen Fundamentaldaten für die Nicht-Fundamentalisten nur eine Wichtigkeit von 29,5 %, die Technische Analyse aber 48,6 %. Auch Flow-Analysen waren mit 21,9 % von Bedeutung. Der deutliche Unterschied in den Antworten der beiden Gruppen spricht dafür, dass die Marktteilnehmer anhand des Merkmals „vornehmliche Nutzung eines bestimmten Informationstyps" gemäß des Noise Trader-Ansatzes in Arbitrageure und Noise Trader eingeteilt werden können.[146]

Die zweite wesentliche Aussage des Noise Trading-Ansatzes betrifft das Risiko der Arbitragetätigkeit. Hätten Arbitrageure einen unendlich langen Zeithorizont, dann könnten sie beliebig lange warten, bis der Kurs, der sich unter Umständen durch die Tätigkeit von Noise Tradern von seinem fundamental gerechtfertigen Wert wegbewegt, wieder seinem Fundamentalwert entspricht. SHLEIFER / SUMMERS (1990) behaupteten, dass die Arbitragetätigkeit deswegen ein Risiko berge und deshalb limitiert sei, weil dieser Zeithorizont in der Praxis nicht unendlich ist.[147] Da die meisten Arbitrageure nicht auf eigene Rechnung arbeiten, müssen sie von Zeit zu Zeit Rechenschaft über ihre Tätigkeit ablegen und können sich deshalb keine „Schieflagen" über einen längeren Zeitraum erlauben.[148] Diese Haltedauer von Verlustpositionen wurde anhand der folgenden Frage untersucht: „Wie lange glauben Sie ist es Ihnen möglich, offene Verlustpositionen zu halten? Wann und bei welcher Verlusthöhe schließen Sie grundsätzlich Ihre Position?"[149] Die von

[145] MENKHOFF (1998), S. 552
[146] Vgl. MENKHOFF (1998), S. 552
[147] Vgl. SHLEIFER / SUMMERS (1990), S. 21f.
[148] Vgl. SHLEIFER / SUMMERS (1990), S. 21
[149] MENKHOFF (1998), S. 554

MENKHOFF (1998) als Proxy-Variable für die Arbitrageure verwendeten Fundamentalisten hielten offene Verlustpositionen tatsächlich nur einen sehr begrenzten Zeitraum. 31,5 % schlossen ihre Position bereits innerhalb eines Tages, 48,3 % nach wenigen Wochen und nur 20,2 % nach zwei Monaten oder noch später. Dies ist ein Hinweis darauf, dass Arbitrageure einen begrenzten Zeithorizont haben und ihre Arbitragetätigkeit risikobehaftet und damit begrenzt ist. Daraus folgt, dass es ihnen nicht immer möglich ist, die Transaktionen der Noise Trader zu neutralisieren und den Wechselkurs auf das Niveau seines fundamental gerechtfertigten Werts zu bringen. Der Markteinfluss der Noise Trader wird also nicht notwendigerweise kompensiert, so dass ein Einfluss von nicht-rationalen Handlungen auf den Wechselkurs bestehen bleiben kann. Von allen im Rücklauf befindlichen Marktteilnehmern schlossen 36,8 % ihre Verlustposition innerhalb eines Tages, 45,4 % nach wenigen Wochen und 17,8 % nach zwei Monaten oder noch später.[150] Gruppiert man die Marktteilnehmer im Rücklauf nach einem anderen Kriterium, nämlich nach Ihrem Beruf, so erhält man 128 Devisenhändler und 46 Fondsmanager. 50,0 % der Devisenhändler schlossen ihre Verlustposition innerhalb eines Tages, 41,4 % nach wenigen Wochen und 8,6 % nach zwei Monaten oder noch später. Dagegen schloss keiner der Fondsmanager eine Verlustposition schon am gleichen Tag, 56,5 % schlossen die Position nach wenigen Wochen und 17,8 % nach zwei Monaten oder noch später.[151] Damit lässt sich in Hinblick auf die zweite Aussage des Noise Trading-Ansatzes Folgendes festhalten: Interpretiert man die Arbitrageure der Noise Trading-Theorie als Fundamentalisten, dann ist deren Anlagehorizont nicht signifikant länger oder kürzer als jener der anderen Marktteilnehmer. Interpretiert man sie dagegen als Fondsmanager, dann haben sie einen signifikant längeren Anlagehorizont. Unabhängig von diesem Gruppierungsproblem ist deren Horizont jedoch eng begrenzt, denn nur wenige dieser Marktteilnehmer hielten Positionen länger als zwei Monate offen. Dies bestätigt die zweite Aussage des Noise Trading-Ansatzes.

Die dritte wesentliche Aussage des Noise Trading-Ansatzes besagt, dass der Grund für Noise Trading in Meinungen und Überzeugungen liegt, die nicht ausschließlich aufgrund von fundamentalen Informationen gebildet werden.[152] Eine derartige Meinung ist, dass psychologische Faktoren auf dem

---

[150] Ein Pearson-χ^2-Test zeigte, dass die beiden Gruppen nicht signifikant unterschiedlich waren.

[151] Im Gegensatz zur vorigen Gruppeneinteilung war der Unterschied hier signifikant. Ein Pearson-χ^2-Test ergab einen hochsignifikanten Unterschied auf dem 1-%-Niveau.

[152] Vgl. SHLEIFER / SUMMERS (1990), S. 23 - 25

Devisenmarkt eine wichtige Rolle spielen. Um dies zu überprüfen, stellte MENKHOFF (1998) den Marktteilnehmern folgende Frage: „Welche Bedeutung haben Fundamentaldaten und psychologische Einflüsse auf Wechselkursbewegungen?“[153] Die befragten Marktteilnehmer bewerteten die vorgegebene Aussage: „Der Wechselkurs wird praktisch nur durch Fundamentaldaten bestimmt, da mögliche psychologische Einflüsse auf dem Markt nicht relevant sind“[154] auf einer Skala von (1) (volle Zustimmung) bis (6) (volle Ablehnung). Von den Fundamentalisten im Rücklauf wählten 3,8 % die Wertung (1), 20,3 % (2) und 20,3 % (3). Ablehnend äußerten sich 17,7 % mit der Wertung (4), 21,5 % mit (5) und 16,5 % mit (6). Von den Nicht-Fundamentalisten antworteten nur 2,3 % mit (1), 6,9 % mit (2) und 9,2 % mit (3). Dagegen wählten 16,1 % (4), 28,7 % (5) und sogar 36,8 % (6). Die „Nicht-Fundamentalisten“ waren von einem wesentlich geringeren Einfluss der Fundamentaldaten auf den Wechselkurs überzeugt als die „Fundamentalisten“.[155] Dies bestätigt ein Ergebnis von MENKHOFF (1997), wonach Marktteilnehmer, die vornehmlich Technische Analyse einsetzten, gleichzeitig von einem verstärkten Einfluss psychologischer Faktoren auf Wechselkursbewegungen überzeugt waren. Eine zweite derartige Meinung ist, dass Market-Gurus zutreffendere Erwartungen hinsichtlich zukünftiger Kurse bilden können als andere Marktteilnehmer und deren Aussagen deshalb in die eigene Erwartungsbildung einfließen sollten.[156] Die Frage dazu lautete: „Manche Marktteilnehmer verlassen sich auf gute Beziehungen zu Meinungsführern. Wie bewerten Sie dies?“[157] Zu bewerten war die Aussage: „Meinungsführer tauchen nur dann auf, wenn sie mehr wissen als andere. Somit kann man durch gute Beziehungen zu diesen wertvolle Informationen erhalten.“[158] Auf der bekannten Skala wählten 16,7 % der Fundamentalisten (1), 29,5 % entschieden sich für (2), 24,4 % für (3), 7,7 % für (4), 15,4 % für (5) und 6,4 % äußerten mit Antwort (6) völlige Ablehnung. Von den Nicht-Fundamentalisten signalisierten 9,2 % mit (1), 33,3 % mit (2) und 21,8 % mit (3) Zustimmung, 14,9 % zeigten mit (4), 11,5 % mit (5) und 9,2 % mit (6) Ablehnung.[159] Zwar ist anhand dieses Merkmals keine klare Trennung zwischen Fundamentalisten und Nicht-Fundamentalisten möglich, jedoch spricht für die Gültigkeit der Noise Tra-

[153] MENKHOFF (1998), S. 557
[154] MENKHOFF (1998), S. 557
[155] Gemäß dem Mann-Whitney U-Test waren die Antworten der beiden Gruppen hochsignifikant unterschiedlich auf dem 1-%-Niveau.
[156] Vgl. SHLEIFER / SUMMERS (1990), S. 23
[157] MENKHOFF (1998), S. 557
[158] MENKHOFF (1998), S. 557
[159] Ein Mann-Whitney-Test zeigte, dass sich die Antworten der beiden Gruppen nicht signifikant voneinander unterschieden.

ding-Theorie, dass viele Marktteilnehmer von einem Informationsvorsprung bestimmter Personen ausgingen, den es auf einem informationseffizienten Markt nicht geben kann.

Schließlich untersuchte MENKHOFF (1998) noch, ob eine offene Devisenposition die Entscheidungen der Marktteilnehmer zu irgendeinem Zeitpunkt beeinflusst. Zu bewerten war mit Hilfe der bekannten Skala die Aussage: „Die offenen Positionen lassen Emotionen in den Entscheidungsprozess einfließen und beeinträchtigen diesen.“[160] Es zeigte sich eine hohe Zustimmung zu dieser Aussage bei beiden Gruppen. Von den Fundamentalisten stimmten 30,3 % mit (1), 36,3 % mit (2) und 13,8 % mit (3) der Aussage zu. Eine ablehnende Haltung hatten 3,8 % mit (4), 11,3 % mit (5) und 5,0 % mit (6). Von den Nicht-Fundamentalisten äußerten sich mit 20,9 % (1), 47,7 % (2) und 17,4 % (3) über drei Viertel zustimmend. Lediglich 4,7 wählten (4), 8,1 % (5) und 1,2 % (6). Bemerkenswert ist hier, dass sich auch eine deutliche Mehrheit der Fundamentalisten von der eigenen offenen Position, welche einen nicht-fundamentalen Faktor darstellt, beeinflussen ließ.

Die Antworten der Nicht-Fundamentalisten sprechen in deutlicher Weise für den von SHLEIFER / SUMMERS (1990) propagierten Noise Trader-Ansatz. Doch wie sind die ähnlichen Antworten der Fundamentalisten zu erklären? Oben wurde erläutert, dass in den Fundamentalisten rational handelnde Marktteilnehmer zu sehen sind. Handelt ein Marktteilnehmer rational im Sinne einer Maximierung des eigenen Erwartungsnutzens und ist gleichzeitig bekannt, dass irrational handelnde Noise Trader auf dem Markt tätig sind und einen spürbaren Einfluss auf den Wechselkurs ausüben, so erfordert Rationalität, dass der rationale Marktteilnehmer dieses irrationale Handeln in sein Kalkül mit einbezieht.[161] SHLEIFER / SUMMERS (1990) sprechen in diesem Zusammenhang davon, dass Arbitrageure versuchen, Noise Trader „auszubeuten“.[162]

Somit sind die Ergebnisse von MENKHOFF (1998) ein Indiz für die Existenz einer Dualität von rational handelnden und nicht-rational handelnden Marktteilnehmern auf dem Devisenmarkt: Nicht-rational handelnde Marktteilnehmer sind dadurch charakterisiert, dass sie Entscheidungsfehler begehen. Rational handelnden Marktteilnehmern ist dies bekannt. Im Rahmen der eigenen Erwartungsnutzenmaximierung sehen sie nicht nur die zugrunde lie-

---

160 MENKHOFF (1998), S. 563

161 Vgl. MENKHOFF (1998), S. 561

162 Vgl. SHLEIFER / SUMMERS (1990), S. 26

genden makroökonomischen Daten der beiden beteiligten Währungsräume als relevante Informationen für den zukünftigen Wechselkurs an, sondern beziehen auch das Verhalten der nicht-rational handelnden Marktteilnehmer in ihr Kalkül mit ein.

3.1.5 Fundamentale und Technische Analyse beim Devisenhandel in Hong Kong

LUI / MOLE (1998) führten im Februar 1995 eine Umfrage unter Devisenmarktteilnehmern in Hong Kong durch. Alle 812 Mitglieder der *Hong Kong Forex Association* erhielten einen Fragebogen. LUI / MOLE (1998) bekamen 153 vollständig ausgefüllte Fragebögen zurück. Die ausgefüllten Fragebögen stammten hauptsächlich von Devisenmarktteilnehmern, die hochrangige Posten in ihren Unternehmen bekleideten, sehr erfahren waren und hohe offene Positionen eingehen durften.[163]

Zum einen gaben die Marktteilnehmer an, ob sie eine Fundamentale Analyse oder eine Technische Analyse für geeigneter halten, um Trends und Umkehrpunkte im Kursverlauf zu prognostizieren. Die Antworten erfolgten in Form von Punkten auf einer Skala von (0) (nicht wichtig / unbrauchbar) bis (10) (äußerst wichtig / äußerst nützlich). Hinsichtlich der Prognosefähigkeit für Trends vergaben die Marktteilnehmer für die Fundamentale Analyse im Schnitt 6,54 Punkte und für die Technische Analyse 6,62 Punkte. Beide Methoden wurden also als durchaus brauchbar angesehen.[164] Dagegen wurde die Fundamentale Analyse mit einer Durchschnittswertung von 4,63 als weniger nützlich für die Prognose von Umkehrpunkten angesehen, die Technische Analyse mit 7,26 dagegen als sehr nützlich.[165] Es ist festzustellen, dass sich die Marktteilnehmer relativ einig darüber waren, dass die Technische Analyse eine gute Methode ist, um Umkehrpunkte im Kursverlauf zu prognostizieren. Beide Methoden waren aus Sicht der Marktteilnehmer in einem etwas geringeren Maße brauchbar, um Trends zu prognostizieren. Dagegen wurde die

---

[163] Vgl. LUI / MOLE (1998), S. 538

[164] Ein t-Test der Nullhypothese „Kein Unterschied zwischen den beiden Methoden" zeigte keinen signifikanten Unterschied. Die Streuung der Antworten war mit Standardabweichungen von 1,90 und 2,01 sehr ähnlich.

[165] Hier ergab der t-Test einen hochsignifikanten Unterschied auf dem 1-%-Niveau zwischen den Wertungen für die beiden Methoden. Die Angaben zur Technischen Analyse streuten mit einer Standardabweichung von 1,69 auch deutlich weniger als die Angaben zur Fundamentalen Analyse mit einem Wert von 2,24.

Fundamentale Analyse als weniger geeignet erachtet, um Umkehrpunkte zu prognostizieren.[166]

Zudem wollten LUI / MOLE (1998) von den Marktteilnehmern wissen, wie wichtig die beiden Analysemethoden für die Erwartungsbildung bei verschiedenen Zeithorizonten sind. Die Analyse der Antworten ergibt, dass die Fundamentale Analyse bei längerfristigen Prognosen eindeutig stärker zum Einsatz kam als bei kürzerfristigen Prognosen. Während die Wichtigkeit der Fundamentalen Analyse für den Intraday-Handel im Schnitt nur mit 3,33 angegeben wurde, steigt dieser Wert mit jedem längeren Zeithorizont an und erreicht mit 7,08 den höchsten Wert beim längsten Zeithorizont von mehr als einem Jahr. Bei der Technischen Analyse verhält es sich genau umgekehrt. Diese Analysemethode kam eindeutig bei kürzerfristigen Prognosen stärker zum Einsatz als bei längerfristigen Prognosen. Die Technische Analyse wurde von den Marktteilnehmern im Intraday-Handel mit einem durchschnittlichen Punktewert von 7,32 am öftesten verwendet. Je länger der Zeitraum, desto niedriger der Punktewert. Demnach ergibt sich die geringste Bedeutung der Technischen Analyse mit einem Wert von 4,29 beim längsten Zeithorizont von mehr als einem Jahr.[167]

In Abgrenzung zu der Fragestellung, welche Analysemethode die befragten Marktteilnehmer selbst nutzten, fragten LUI / MOLE (1998) auch danach, welche Methoden nach Meinung der Marktteilnehmer die Mehrheit auf dem Markt bei den einzelnen Zeithorizonten nutzte. Die Devisenmarktteilnehmer vertraten die Auffassung, dass auch die Mehrheit der Marktteilnehmer umso eher eine Fundamentale Analyse durchführt, je länger der Prognosezeitraum ist, und umso eher eine Technische Analyse durchführt, je kürzer dieser ist.[168]

---

[166] Signifikante Unterschiede ergaben sich auch bei einem Vergleich der Antworten zu den Trends und zu den Umkehrpunkten. Sowohl bei der Fundamentalen Analyse als auch bei der Technischen Analyse waren die Bewertungen jeweils signifikant unterschiedlich auf dem 1-%-Niveau.

[167] Somit überrascht auch nicht, dass ein t-Test zeigte, dass die unterschiedliche Bewertung der beiden Methoden für die einzelnen Zeithorizonte grundsätzlich hochsignifikant war. Bei den drei kürzesten Zeithorizonten „Intraday", „eine Woche" und „ein Monat" sowie bei den drei längsten Zeithorizonten „sechs Monate", „ein Jahr" und „mehr als ein Jahr" waren die Bewertungen der beiden Methoden jeweils signifikant unterschiedlich auf dem 1-%-Niveau. Lediglich beim mittleren Zeithorizont „drei Monate" war kein signifikanter Unterschied festzustellen.

[168] Die Unterschiede zwischen den Einschätzungen waren auch hier genau wie oben bei den drei kürzesten und den drei längsten Zeithorizonten auf dem 1-%-Niveau signifikant. Lediglich beim Zeitraum „drei Monate" zeigten die Marktteilnehmer keine unterschiedliche Auffassung darüber, in welchem Ausmaß auf dem Devisenmarkt die beiden Methoden

Dies bedeutet, dass die Marktteilnehmer bei jedem Zeithorizont grundsätzlich jene Analysemethode anwendeten, die deren Meinung nach auch vom Großteil der anderen Marktteilnehmer angewendet wurde. Sie rechneten sich also größere Gewinnchancen aus, wenn sie sich wie die Mehrheit der Marktteilnehmer verhalten und nicht „gegen den Strom schwimmen".[169]

Diese Ergebnisse deuten auch darauf hin, dass viele Marktteilnehmer der Auffassung waren, dass sich die Fundamentale Analyse und die Technische Analyse komplementär verwenden lassen. Um diese Vermutung zu überprüfen, fragten die Autoren die Marktteilnehmer konkret nach deren Meinung hinsichtlich dieser Komplementarität. Die Antworten erfolgten wieder auf einer Skala von (0) (Methoden sind strikt komplementär) bis (10) (Methoden schließen sich gegenseitig völlig aus). 6,5 % der Marktteilnehmer wählten (0), 5,9 % (1), 10,5 % (2), 17,6 % (3) und 7,2 % (4). Damit waren insgesamt 47,7 % der Auffassung, dass die Methoden eher komplementär sind. 15,0 % wählten den Mittelwert (5). Als eher konkurrierend sahen 11,1 % mit (6), 13,7 % mit (7), 8,5 % mit (8), 2,6 % mit (9) und 1,3 % mit (10) an. Damit meinten 37,2 %, dass sich die beiden Methoden tendenziell gegenseitig ausschließen. Als Ergebnis kann festgestellt werden, dass eine relative Mehrheit von einer Komplementarität der beiden Methoden ausging. Bemerkenswert ist auch, dass nur 1,3 % der Auffassung waren, dass sich die beiden Methoden gegenseitig kategorisch ausschließen.

Im Weiteren beleuchteten LUI / MOLE (1998) die Nutzung verschiedener Informationen bzw. Instrumente innerhalb der beiden Methoden Fundamentale Analyse und Technische Analyse. In eine Fundamentale Analyse kann eine Reihe von makroökonomischen Daten eingehen, welchen im Rahmen der verschiedenen traditionellen Wechselkursmodelle ein Einfluss auf den Wechselkurs unterstellt wird. LUI / MOLE (1998) teilten diese Daten in drei Gruppen ein, nämlich

(a) Zinssätze und damit verwandte Informationen wie Geldmengen und Bondpreise,
(b) Zahlungsbilanzdaten sowie
(c) Inflationsraten und damit verwandte Informationen.

---

eingesetzt werden. Ferner zeigte ein t-Test, dass bei keinem einzigen Zeitraum ein statistischer Unterschied zwischen der eigenen Nutzung einer Methode und der vermuteten Nutzung einer Methode durch die Mehrheit der Marktteilnehmer bestand.

[169] LUI / MOLE (1998), S. 540

Die Devisenmarktteilnehmer sollten auf der bekannten Skala angeben, wie wichtig diese Informationen für die Kursbildung auf dem Devisenmarkt hinsichtlich verschiedener Anlagehorizonte sind. Im Intraday-Bereich lag (a) mit einem Durchschnittswert von 6,82 vor (b) mit 5,04 und (c) mit 3,84.[170] Im *Intramonth*-Bereich, also bei der Bildung von Erwartungen bis zu einem Horizont von einem Monat, lag auch (a) mit 6,43 vor (b) mit 5,77 und (c) mit 4,68.[171] Beim dritten Bereich, den Prognosen mit einem Horizont von mehr als einem Monat, waren die Unterschiede nicht mehr so groß. Hier lag (b) mit 6,39 vor (a) mit 6,14 und (c) mit 5,47. Insgesamt ist festzuhalten, dass die befragten Devisenmarktteilnehmer den Zinssätzen und den damit verwandten Informationen die größte Erklärungskraft für den Wechselkurs zubilligten. Lediglich für langfristige Prognosen wurden Zahlungsbilanzdaten als geringfügig wichtiger angesehen, wobei diese Daten insgesamt die zweitwichtigste Gruppe darstellten. Die Inflationsraten und die damit verbundenen Informationen lagen bei allen Zeithorizonten an letzter Stelle. Mit Werten zwischen 3,84 und 5,47 wurden sie aber absolut gesehen auch nicht als unbedeutend eingestuft.

Die Methoden der Technischen Analyse teilten die Autoren ein in

(a) Gleitende Durchschnitte und / oder Trendfolgeindikatoren,
(b) Momentum-Linien, Oszillatoren und / oder Rate-of-Change-Indikatoren sowie
(c) *Contrary-Opinion*-Systeme[172].

Im Intraday-Handel wurde (a) mit einem durchschnittlichen Punktewert von 5,91 die größte Bedeutung beigemessen, knapp gefolgt von (b) mit 5,87.

---

[170] Ein t-Test zeigte, dass die vermutete Bedeutung der drei Informationsgruppen auf dem 1-%-Niveau hochsignifikant unterschiedlich war.

[171] Auch hier waren die Angaben auf dem 1-%-Niveau hochsignifikant unterschiedlich.

[172] Im Rahmen der Analysemethode der Contrary-Opinion werden die Erwartungen der Marktteilnehmer hinsichtlich der Entwicklung eines Wechselkurses erhoben. Je mehr Marktteilnehmer einen steigenden Wechselkurs erwarten, desto stärker ist grundsätzlich das Verkaufsignal, das ein Contrary-Opinion-System erstellt. Dies basiert auf folgender Hypothese: Je mehr Marktteilnehmer steigende Kurse erwarten, desto mehr Marktteilnehmer werden auch eine offene Position in dieser Richtung halten, desto weniger zusätzliche Nachfrage ist zu erwarten und desto größer ist somit die Wahrscheinlichkeit, dass der Kurs fällt. Jedoch sind Contrary-Opinion-Systeme der Technischen Analyse nur im weiteren Sinne zuzurechnen, da nicht Kurs- und Volumendaten, sondern Erwartungen der Marktteilnehmer den Input für die Analyse darstellen.

Den Contrary-Opinion-Systemen wurde ein Wert von 5,07 zugeordnet.[173] Im Intramonth-Bereich lag (a) mit 6,59 vor (b) mit 5,80 und (c) mit 4,86.[174] Bei langfristigen Prognosen mit einem Horizont von mehr als einem Monat lag (a) mit 6,51 vor (b) mit 5,54 und (c) mit 4,67.[175] Somit maßen die befragten Devisenmarktteilnehmer den Trendfolgeindikatoren über alle Zeithorizonte die größte Bedeutung bei. An zweiter Stelle standen bei allen Anlagehorizonten die Zyklusanalysemodelle. Die Contrary-Opinion-Systeme wurden zwar bezüglich aller Horizonte als relativ am wenigsten bedeutend angesehen, mit einem durchschnittlichen Wert zwischen 4,67 und 5,07 ist jedoch festzustellen, dass sie absolut gesehen durchaus von Bedeutung waren. Dies ist ein Indiz dafür, dass die Devisenmarktteilnehmer die verschiedenen Konzepte der Technischen Analyse als komplementär ansahen und parallel verwendeten.

3.1.6 Mikrostruktur und Kursbewegungen auf dem US-Devisenmarkt

Die Umfrage von CHEUNG / CHINN (1999a) wurde zwischen Oktober 1996 und November 1997 unter in den USA ansässigen Devisenhändlern durchgeführt. Von 1796 verschickten Fragebögen erhielten die Autoren einen Rücklauf von 142 Bögen, was einer Rücklaufquote von 8,1% entspricht. Die 142 Fragebögen stammten hauptsächlich von erfahrenen Praktikern, über 80% hatten in ihrem Unternehmen die Position „chief/senior dealer" oder „treasurer/manager" inne. 35,72 % der Transaktionen dieser Personen wurden zum Zeitpunkt der Befragung über Interbanken-Systeme abgewickelt, 17,16 % über traditionelle Broker und 46,93 % über elektronische Brokersysteme. Die Marktteilnehmer wurden zudem befragt, wie sie diese Transaktionen fünf Jahre zuvor tätigten. Damals hatten die elektronischen Broker-systeme mit 2,10 % noch eine sehr geringe Bedeutung. Die Verbreitung der elektronischen Brokersysteme erfolgte in erster Linie auf Kosten der traditionellen Broker, die damals noch einen Anteil von 49,79 % besaßen. Auch der Anteil der Abwicklungen über die Interbanken-Systeme betrug fünf Jahre zuvor noch 48,10 %. Zum Zeitpunkt der Befragung wurden 36,34 % der Transaktionen auf Basis von Kunden-Orders (*Customer Business*[176]) durchgeführt, die restlichen

[173] Ein t-Test zeigte, dass den Contrary-Opinion-Systemen eine auf dem 1-%-Niveau signifikant geringere Bedeutung beigemessen wurde als den anderen beiden Instrumentegruppen. (a) und (b) waren dagegen nicht signifikant unterschiedlich.

[174] Alle diese Werte waren im Vergleich zu allen anderen signifikant unterschiedlich auf dem 1-%-Niveau.

[175] Auch hier waren alle Werte im Vergleich zu allen anderen Werten signifikant unterschiedlich auf dem 1-%-Niveau.

[176] CHEUNG / CHINN (1999a), S. 17

63,65 % stellten Transaktionen zwischen Banken dar (*Interbank Business*[177]). Diese Anteile waren in den fünf Jahren bemerkenswert konstant geblieben, sie betrugen fünf Jahre zuvor 33,50 % bzw. 66,49 %.

Die Autoren befassten sich auch mit der Frage, ob die Marktteilnehmer den Wechselkurs für prognostizierbar halten. Dazu teilten CHEUNG / CHINN (1999a) den Devisenhandel in die drei Zeithorizonte Intraday, mittlere Frist (bis zu sechs Monate) und lange Frist (mehr als sechs Monate) ein. Die Devisenmarktteilnehmer gaben für jede Frist einen Wert auf einer Skala zwischen (1) (keine Prognostizierbarkeit) und (5) (hohe Prognostizierbarkeit) an. Über die kürzeste Frist, also im Intraday-Bereich, wählten 21,6 % der befragten Marktteilnehmer (1), 40,3 % wählten (2), 26,9 % (3), 9,0 % (4) und 2,2 % (5). Mittelfristig waren nur 5,9 % der Auffassung, dass der Kurs nicht prognostizierbar ist, 20,7 % antworteten mit (2), 43,0 % mit (3), 18,5 % mit (4) und 11,9 % mit (5). Im Bereich von mehr als zwölf Monaten gingen 17,2 % von keiner Prognostizierbarkeit aus, 16,4 % wählten (2), 30,6 % (3), 20,9 % (4) und 14,2 % (5). Somit war nur eine Minderheit davon überzeugt, dass der Kurs nicht prognostizierbar ist. Insgesamt wurde der Kurs kurzfristig als weniger prognostizierbar angesehen als mittel- und langfristig.

3.1.7 Handelsverhalten von Devisenmarktteilnehmern in den USA

Die Veröffentlichung von CHEUNG / CHINN (1999b) beinhaltet weitere Auswertungen, welche die Autoren aus der obigen Umfrage, welche von Oktober 1996 bis November 1997 in den USA durchgeführt wurde, gewonnen haben.

Zum einen sollten die Devisenmarktteilnehmer angeben, welches Handelsverhalten ihr eigenes Verhalten am besten beschreibt. Für 29,53 % war das der auf einer Technischen Analyse, für 24,89 % der auf einer Fundamentalen Analyse basierende Devisenhandel. 22,36 % gaben an, dass ihr Handelsverhalten nicht auf einer eigenständigen Analyse basiert, sondern dass sie nur Kundenaufträge ausführen.[178] 21,09 % charakterisierten ihr Handelsverhalten mit dem Begriff *Jobbing*[179]. In diesem Zusammenhang wollten

[177] CHEUNG / CHINN (1999a), S. 17

[178] Somit findet die Erwartungsbildung entweder bei Personen statt, die keinen direkten Zugang zum Devisenmarkt haben oder Angebot bzw. Nachfrage stehen direkt mit dem Güterhandel in Zusammenhang.

[179] Als Jobbing wird ein Handelsverhalten bezeichnet, bei dem der Marktteilnehmer sehr viele Käufe und Verkäufe durchführt, wobei eine Position immer nur sehr kurz offen ge-

CHEUNG / CHINN (1999b) von den Marktteilnehmern wissen, wie sie sich fünf Jahre zuvor verhielten. Während die Anteile der Fundamentalen Analyse mit 22,97 % und die Ausführung von Kundenaufträgen mit 23,42 % im Wesentlichen gleich blieben, handelten fünf Jahre zuvor nur 19,36 % auf Basis einer Technischen Analyse, wogegen damals noch 31,09 % Jobbing betrieben. Die wesentliche Änderung des Handelsverhaltens in diesen fünf Jahren bestand also in einer Zunahme der Bedeutung der Technischen Analyse auf Kosten des Jobbings.

Bezüglich der Fundamentalen Analyse untersuchten CHEUNG / CHINN (1999b), welchen Einfluss die Veröffentlichung von Daten zu Arbeitslosigkeit, Handelsbilanzsaldo, Inflation, Bruttosozialprodukt, Zinsen und Geldmenge nach Meinung der Marktteilnehmer auf den Kurs hat. Dazu lautete die erste Frage: „Welche der folgenden ökonomischen Daten der Industrieländer haben ihrer Meinung nach den größten Einfluss auf den Devisenmarkt?“[180] Die beiden mit Abstand wichtigsten Daten waren die Arbeitslosigkeit und die Zinsen, die von 33,0 % bzw. 30,9 % der Marktteilnehmer genannt wurden. Danach folgten die Inflation mit 18,3 % und der Handelsbilanzsaldo mit 9,9 %. Kaum eine Rolle spielten sonstige nicht explizit angegebene Daten mit 4,2 %, das Bruttosozialprodukt mit 2,1 % und die Geldmenge mit 1,6 %. Fünf Jahre zuvor schätzten die gleichen Marktteilnehmer die Bedeutung der verschiedenen Daten noch anders ein. Damals führte der Handelsbilanzsaldo mit 37,5 % noch klar vor den Zinsen mit 22,8 %. Danach folgten die Arbeitslosigkeit mit 16,3 %, die Inflation mit 10,9 %, die Geldmenge mit 9,2 %, das Bruttosozialprodukt mit 3,8 % und sonstige Daten mit 0,5 %. Es fällt auf, dass die Marktteilnehmer insbesondere dem Handelsbilanzsaldo zum Zeitpunkt der Umfrage weniger, den Arbeitslosenzahlen aber mehr Bedeutung beimaßen.

Im Weiteren fragten CHEUNG / CHINN (1999b), wie schnell sich der Wechselkurs nach Meinung der Marktteilnehmer an die unerwartete Komponente einer veröffentlichten Information anpasst. Bei allen zur Auswahl stehenden makroökonomischen Daten gab ein erheblicher Anteil der Marktteilnehmer an, dass dies nicht innerhalb einer Minute erfolge. Konkret waren dies bei der Geldmenge 40,01 %, beim Bruttosozialprodukt 34,82 %, bei den Zinsen 27,83 %, beim Handelsbilanzsaldo 26,48 %, bei der Arbeitslosigkeit 23,54 % und bei der Inflation 22,81 %.

---

halten wird. Ziel dabei ist es, durch viele betragsmäßig geringe Gewinne den Profit zu maximieren.

[180] CHEUNG / CHINN (1999b), S. 38

Eine weitere Frage lautete: „Glauben Sie, dass der Wechselkurs Änderungen im fundamental gerechtfertigten Wert genau widerspiegelt?“[181] Betrachtet man nur den Kursverlauf eines Tages, so waren 94,24 % der Marktteilnehmer der Meinung, dass ein derartiger Zusammenhang nicht erkennbar ist. Nur 1,43 % glaubten dies schon, 4,31 % hatten hierzu keine Meinung. Bei einem Kursverlauf von bis zu sechs Monaten beantworteten bereits 58,69 % die Frage mit „Ja“. 31,88 % antworteten mit „Nein“, 9,42 % hatten hierzu keine Meinung. Bei einem noch längeren Zeitraum gingen bereits 88,40 % der Marktteilnehmer davon aus, dass der Wechselkurs seinem fundamental gerechtfertigten Wert folgt. 7,97 % glaubten dies nicht, 3,62 % hatten hierzu keine Meinung.

Außerdem wurde generell nach den Einflussfaktoren auf den Wechselkurs in Abhängigkeit der drei Zeithorizonte gefragt. Im Intraday-Bereich sahen 30,45 % der befragten Händler Überreaktionen auf veröffentlichte Informationen (*Overreaction*) als die wichtigste Einflussgröße an, gefolgt vom *Bandwagon*-Effekt[182] mit 28,20 %, sonstigen Spekulationen mit 25,51 % und auf Technischer Analyse basierender Handel mit 14,40 %. Lediglich für 0,82 % der befragten Händler spielten Fundamentaldaten im Intraday-Bereich die wichtigste Rolle. Über die mittlere Frist spielten die Fundamentaldaten mit 32,10 % bereits die wichtigste Rolle, knapp gefolgt vom auf Technischer Analyse basierenden Handel mit 30,52 %. Sonstige Spekulationen wurden von 23,68 % als die wichtigste mittelfristige Einflussgröße angesehen, gefolgt vom *Bandwagon*-Effekt mit 10,52 %. Überreaktionen spielten mit 2,10 % nur eine untergeordnete Rolle. Bei einem Zeithorizont von mehr als sechs Monaten dominierten mit 87,40 % klar die Fundamentaldaten als wichtigster Einflussfaktor. Alle anderen Faktoren hatten einen Anteil von weniger als fünf Prozent.

Die Fragestellung, ob Spekulation stabilisierend oder destabilisierend wirkt, geht auf FRIEDMAN (1953) zurück. 60,67 % der befragten Devisenhändler waren der Meinung, dass Spekulation stabilisierend, also in Richtung des fundamental gerechtfertigten Wertes wirkt. Daneben vertraten 83,58 % die Auffassung, dass Spekulation zu einer erhöhten Volatilität des Wechsel-

---

[181] CHEUNG / CHINN (1999b), S. 38

[182] Der Bandwagon-Effekt tritt auf, wenn sich Marktteilnehmer an das Handelsverhalten anderer Marktteilnehmer bzw. der Mehrheit anschließen und auf diese Weise quasi „auf den fahrenden Zug aufspringen“. Das Handelsverhalten, das zu einem Bandwagon-Effekt im Kursverlauf führt, wird als *feedback trading* bezeichnet. Feedback trading wiederum kann eine Folge von Herdenverhalten sein. Der Bandwagon-Effekt selbst äußert sich in der Entstehung oder der Verstärkung von Trends.

kurses führt. 81,20 % gaben an, dass Spekulation die Marktliquidität erhöht und 73,64 % gingen davon aus, dass Spekulation die Effizienz des Marktes erhöht.[183]

Schließlich wurden die Marktteilnehmer noch nach der Bedeutung der Kaufkraftparität befragt. 63,04 % waren der Meinung, die Kaufkraftparität sei „nur ein akademischer Ausdruck"[184]. 15,95 % verstanden unter der Kaufkraftparität gleiche Preisniveaus in der jeweiligen Währung. Für 10,86 % ergab sich aus der Kaufkraftparität der fundamental gerechtfertigte Wert einer Währung. Grundsätzlich unterstellten sie diesem Modell keine große Erklärungskraft: Im Falle einer durch die Kaufkraftparität angezeigten Überbewertung des USD hätten 81,02 % weder eine Kauf- noch eine Verkaufentscheidung getroffen. Nur 13,13 % hätten gemäß den Aussagen der Kaufkraftparität gehandelt und die Währung verkauft, 1,45 % hätten sogar USD gekauft. Bezogen auf die drei bekannten Zeithorizonte gaben 92,6 % der Händler an, dass die Kaufkraftparität im Intraday-Bereich den Wechselkurs nicht vorhersagen kann. Nur 0,7 % glaubten dies schon, 6,6 % hatten hierzu keine Meinung. Über die mittlere Frist von bis zu sechs Monaten hielten immer noch 80,3 % das Modell für nicht praxisrelevant. Nur 8,8 % waren gegenteiliger Meinung, 10,9 % hatten keine Meinung. Und selbst über die lange Frist von mehr als sechs Monaten war immer noch eine relative Mehrheit von 45,6 % der befragten Händler der Auffassung, dass die Kaufkraftparität den Wechselkurs nicht vorhersagen kann. 39,7 % hielten das Modell für aussage-kräftig, 14,7 % hatten dazu keine Meinung.

3.1.8 Devisenhandelsstrategien in Hong Kong, Tokio und Singapur

Diese Umfrage von CHEUNG / WONG (1999) wurde zwischen Oktober 1995 und Januar 1996 unter Devisenmarktteilnehmern des Interbanken-Sektors durchgeführt. Die Autoren verschickten 1961 Fragebögen an Händler an den Handelsplätzen Hong Kong, Tokio und Singapur, wobei 392 vollständig ausgefüllte Fragebögen an die Autoren zurückgeschickt wurden. Über 80 % der Händler im Rücklauf waren „chief/senior dealer" oder „treasurer/manager". Die Antworten stammten also vornehmlich von erfahrenen Devisenmarktteilnehmern.

---

[183] Der jeweils auf 100 % fehlende Anteil der Marktteilnehmer war jeweils gegenteiliger Ansicht. Bei dieser Frage bestand nicht die Möglichkeit, „keine Meinung" oder Ähnliches anzugeben.

[184] CHEUNG / CHINN (1999b), S. 33

Zum einen sollten die Händler angeben, wie schnell sich der Wechselkurs deren Meinung nach an neue fundamentale Informationen anpasst. Konkret wurden Arbeitslosigkeit, Handelsbilanzsaldo, Inflation, Bruttosozialprodukt, Zinsen und Geldmenge abgefragt. Bezüglich Arbeitslosigkeit, Handelsbilanzsaldos und Zinsen waren an jedem der drei Handelsplätze zwischen 13 % und 31 % der Händler im Rücklauf der Meinung, dass es länger als eine Minute dauert, bis sich der Kurs an den unerwarteten Teil der veröffentlichten Information anpasst. Hinsichtlich der Inflation und des Bruttosozialprodukts glaubten dies zwischen 25 % und 50 %. Bezüglich der Geldmenge waren an allen Börsenplätzen zwischen 30 und 50 % der Händler der Meinung, dass sich der Kurs nicht während einer Minute an die neue Information anpasst.

Zudem wurden die Devisenmarktteilnehmer nach der Strategie befragt, welche ihr Handelsverhalten am besten beschreibt. Dabei sollten sie jene Strategie angeben, welche sie zum Zeitpunkt der Umfrage anwendeten und welche sie fünf Jahre zuvor angewendet hatten. Zur Auswahl standen die vier Strategien Technische Analyse, auf Kundenaufträge basierender Devisenhandel, Fundamentale Analyse sowie Jobbing. Die Antworten zeigen nahezu eine Gleichverteilung hinsichtlich der vier Strategien. Es fällt auf, dass die Bedeutung der Technischen Analyse an allen vier Handelsplätzen in den fünf Jahren bis zur Umfrage zugenommen hatte, von im Schnitt knapp über 20 % bis durchschnittlich 26 %. Dagegen hatte die Bedeutung des Jobbing auf allen Handelsplätzen etwa im gleichen Ausmaß abgenommen. Die Bedeutung des auf Kundenaufträgen basierenden Devisenhandels lag an allen Börsenplätzen knapp über 25 %, jene der Fundamentalen Analyse im Schnitt knapp unter 25 %. Bei diesen beiden Strategien waren keine wesentlichen Verschiebungen in den fünf Jahren erkennbar. Somit ist festzustellen, dass an den Handelsplätzen Hong Kong, Tokio und Singapur eine ähnliche Entwicklung stattgefunden hat wie in den USA: Ebenso wie CHEUNG / CHINN (1999b) kommen auch CHEUNG / WONG (1999) zum Schluss, dass die Technische Analyse an Bedeutung zugenommen, das Jobbing dagegen an Bedeutung abgenommen hat.

3.1.9 Bedeutung fundamentaler und nicht-fundamentaler Informationen für Marktteilnehmer in Großbritannien

CHEUNG / CHINN / MARSH (2000) führten diese Umfrage im Jahr 1998 unter in Großbritannien ansässigen Devisenhändlern durch, wobei etwa 1940

Fragebögen verschickt wurden.[185] Davon wurden 110 Fragebögen vollständig ausgefüllt zurückgesendet. Über 80 % der Händler im Rücklauf waren „chief/senior dealer“ oder „treasurer/manager“, also erfahrene Devisenmarktteilnehmer.

Zunächst wollten die Autoren von den Devisenmarktteilnehmern wissen, welche Strategien ihr Verhalten zum Zeitpunkt der Umfrage sowie ihr Verhalten fünf Jahre zuvor am besten beschreiben. Dabei besaß zum Zeitpunkt der Umfrage der auf Kundenaufträge basierende Handel einen Anteil von 37,3 %, gefolgt von Jobbing mit 36,4 %, der Fundamentalen Analyse mit 33,6 % sowie der Technischen Analyse mit 32,7 %. Lediglich 1,8 % der Devisenmarktteilnehmer gaben an, eine andere als diese vier Strategien zu bevorzugen.[186] Im Vergleich dazu waren die Anteile des auf Kundenaufträge basierenden Handels mit 33,0 % und die Fundamentale Analyse mit 31,2 % fünf Jahre zuvor nur unwesentlich geringer. Eine massive Verschiebung ergab sich jedoch vom Jobbing hin zur Technischen Analyse. Fünf Jahre zuvor lag der Anteil des Jobbing noch bei 53,2 %, während die Technische Analyse mit nur 13,8 % noch nicht weit verbreitet war. Die Nutzung sonstiger Strategien betrug auch fünf Jahre zuvor 1,8 %. Es ist bemerkenswert, dass die auf Kosten des Jobbings wachsende Bedeutung der Technischen Analyse nicht nur in den USA, in Hong Kong, Tokio und Singapur, sondern auch auf dem bedeutendsten Devisenhandelsplatz Großbritannien zu beobachten war. Damit ist es zulässig, die zunehmende Bedeutung der Technischen Analyse als generelles Phänomen auf dem Devisenmarkt zu bezeichnen.

Bezüglich ihrer Handelspartner gaben die Marktteilnehmer an, dass sie im Schnitt 67,7 % ihres Umsatzes mit Partnern aus dem Interbanken-Bereich erzielen, das Kundengeschäft zeichnete für 32,3 % des Umsatzes verantwortlich. Diese Anteile haben sich in den fünf Jahren bis zum Zeitpunkt der Umfrage kaum verändert. Eine wesentliche Änderung in diesen fünf Jahren ergab sich jedoch bei der Transaktionsform. Während fünf Jahre zuvor die Anteile des Interbankenhandels und des klassischen Telefonhandels mit 47,2 % bzw. 47,1 % nahezu gleich waren und elektronische Handelssysteme mit nur 5,7 % kaum benutzt wurden, lag der Anteil dieser elektronischen Handelssysteme zum Zeitpunkt der Umfrage schon bei 50,6 %. Dies erfolgte in erster Linie

[185] Von diesen betroffenen Devisenmarktteilnehmern hatten über 98 % ihren Sitz in London.

[186] Die Anteile ergaben in Summe mehr als 100 %, da Mehrfachnennungen möglich waren und die Autoren zur Berechnung der Anteile die zu einer Strategie zugeordnete Anzahl jeweils zur Anzahl der zurückbekommenen Fragebögen ins Verhältnis setzten.

auf Kosten des klassischen Telefonhandels, der nur noch einen Anteil von 15,9 % hatte. Aber auch der Interbankenhandel ging deutlich auf 33,5 % zurück. Dies bestätigt das Ergebnis von CHEUNG / CHINN (1999a). Damit ist der Devisenhandel nicht nur in den USA, sondern auch in Großbritannien in den 90er Jahren des 20. Jahrhunderts von einer starken Zunahme elektronischer Handelssysteme geprägt gewesen.

Im Weiteren wurden die Devisenmarktteilnehmer gefragt, ob ihrer Meinung nach Wechselkursschwankungen genau die Änderungen des fundamental gerechtfertigten Werts widerspiegeln. Für den Intraday-Bereich waren nur 3 % dieser Meinung, 97 % glaubten dies nicht. Dagegen waren bereits 57,8 % der Marktteilnehmer der Meinung, dass sich der Wechselkurs mittelfristig, also innerhalb von sechs Monaten, dem fundamental gerechtfertigten Wert anpasst. 42,2 % glaubten dies nicht. Eine deutliche Mehrheit von 87 % war der Ansicht, dass der fundamental gerechtfertigte Wert zumindest langfristig, also innerhalb eines Zeitraums von mehr als sechs Monaten, eine entscheidende Rolle spielt. 12 % glaubten dies nicht, 1 % hatten hierzu keine Meinung.

Nachdem also durchaus umstritten ist, ob der fundamental gerechtfertigte Wert eine dominierende Rolle spielt bzw. ob ein derartiger Wert überhaupt existiert, fragten die Autoren auch ab, welcher Faktor die wichtigste Rolle bei der Bildung des Wechselkurses spielt. Auch hier wurden wieder die drei Zeithorizonte Intraday, bis zu sechs Monate und mehr als sechs Monate unterschieden. Im kurzfristigen Bereich wurden mit 32,8 % der Antworten Überreaktionen am öftesten angegeben, gefolgt von Bandwagon-Effekten mit 29,3 %, sonstige Spekulationen mit 25,3 % und auf einer Technischen Analyse basierender Handel mit 10,3 %. Sonstige Faktoren sowie Fundamentaldaten spielten mit 1,7 % bzw. 0,6 % keine Rolle. Aber mittelfristig wurde bereits eine Fundamentale Analyse mit 31,4 % als der wichtigste Faktor angesehen, knapp gefolgt von den sonstigen Spekulationen mit 30,7 %. Als ebenfalls bedeutend wurden mit 26,3 % Transaktionen auf Basis einer Technischen Analyse angesehen. Bandwagon-Effekte spielten mit 9,5 % nur eine untergeordnete Rolle, wogegen sonstige Faktoren sowie Überreaktionen mit 1,5 % bzw. 0,7 % als völlig unbedeutend eingestuft wurden. Langfristig war, wie bei der vorhergehenden Frage bereits deutlich wurde, der Faktor Fundamentaldaten am wichtigsten. Für 82,5 % war dies der wichtigste Faktor, gefolgt vom Handel auf Basis der Technischen Analyse mit 11,3 %. Sonstige Spekulationen und sonstige Faktoren erhielten nur 3,1 % bzw. 2,1 %, Bandwagon-Effekte sowie Überreaktionen gar nur 1 % bzw. 0 %.

Um die Bedeutung von Fundamentaldaten weiter zu beleuchten, wollten CHEUNG / CHINN / MARSH (2000) wissen, ob das Konzept der Kaufkraftparität dazu verwendet werden kann, Wechselkursänderungen zu prognostizieren. Im Intraday-Bereich waren nur 4,8 % der Meinung, dass die Kaufkraftparität eine derartige Prognosekraft besitzt, 87,4 % lehnten dies ab, während 7,8 % dazu keine Meinung hatten. Auch mittelfristig gingen nur 16,4 % der Marktteilnehmer von einer Prognosekraft aus, immer noch 67,3 % lehnten dies ab und 16,3 % hatten hierzu keine Meinung. Langfristig, also bei einem Betrachtungszeitraum von mehr als sechs Monaten, glaubten 44,3 % an eine derartige Prognosekraft, 34,9 % glaubten dies nicht und 20,8 % hatten dazu keine Meinung.

Unabhängig von den Determinanten des Wechselkurses wurden die Marktteilnehmer nach dem Grad der Prognostizierbarkeit des Wechselkurses befragt. Dazu wählten sie einen Wert auf einer Skala zwischen (1) (keine Prognostizierbarkeit) und (5) (hohe Prognostizierbarkeit). Im Intraday-Bereich lag der Durchschnitt bei 2,2 bei einer Standardabweichung von 0,98. Der Mittelwert steigt mittelfristig auf 2,93 bei einer Standardabweichung von 0,99. Im langfristigen Bereich betrug der Wert 2,89 bei einer Standardabweichung von 1,16. Somit wurde die Prognostizierbarkeit im kurzfristigen Bereich als relativ gering angesehen. Mittel- und langfristig lagen die Werte nahe der mittleren Prognostizierbarkeit von 3.

3.1.10 Beurteilung von Wechselkursänderungen vonseiten asiatischer Devisenmarktteilnehmer

In dieser Veröffentlichung präsentierten CHEUNG / WONG (2000) weitere Ergebnisse ihrer im Zeitraum von Oktober 1995 bis Januar 1996 durchgeführten Devisenmarktumfrage an den Handelszentren Hong Kong, Tokio und Singapur.[187]

Die Autoren stellten die Frage, ob die Wechselkursbewegungen nach Meinung der Marktteilnehmer Änderungen des fundamental gerechtfertigten Werts widerspiegeln. Dabei unterschieden sie drei Betrachtungszeiträume, nämlich einen Tag, bis zu sechs Monate und mehr als sechs Monate. Werden nur die Kursveränderungen eines Tages betrachtet, dann gingen in Hong Kong 91,5 %, in Tokio 90,7 % und in Singapur 90,8 % der Marktteilnehmer nicht von einem erkennbaren Zusammenhang zwischen dem Kurs und seinem

[187] Vgl. CHEUNG / WONG (1999)

fundamental gerechtfertigten Wert aus. An den genannten Börsenplätzen gingen 4,5 %, 5,3 % bzw. 5,7 % von einem derartigen Zusammenhang aus, 4,0 %, 4,0 % bzw. 3,4 % hatten hierzu keine Meinung. Wird dieser Analysezeitraum jedoch auf maximal sechs Monate ausgedehnt, war mit 53,8 %, 50,0 % und 51,1 % bereits eine absolute Mehrheit von Marktteilnehmern an allen Börsenplätzen von einem derartigen Zusammenhang überzeugt. 33,6 %, 42,1 % bzw. 38,6 % glaubten auch bei diesem Zeitraum nicht daran, dass der Wechselkurs seinen fundamental gerechtfertigten Wert widerspiegelt. Bei einem Anlagehorizont von mehr als sechs Monaten gingen in Hong Kong 80,1 %, in Tokio 78,9 % und in Singapur 81,8 % der Marktteilnehmer von einem erkennbaren Zusammenhang aus. Nur 10,2 %, 11,8 % bzw. 8,0 % glaubten dies nicht, 9,7 %, 9,2 % und 10,2 % hatten hierzu keine Meinung.

Daneben ist von Interesse, welche Faktoren nach Meinung der Marktteilnehmer konkret den Wechselkurs beeinflussen. Auch hier unterschieden die Autoren wieder zwischen den drei bekannten Betrachtungszeiträumen. Werden nur die Wechselkursbewegungen eines Tages betrachtet, dann sahen die Marktteilnehmer sonstige Spekulationen und Überreaktionen als die wichtigsten Faktoren an. Je nach Börsenplatz waren zwischen 28,0 % und 33,3 % bzw. zwischen 27,7 % und 32,3 % der Marktteilnehmer der Meinung, dass dies Gründe für die Wechselkursbewegungen sind. Dahinter lagen Bandwagon-Effekte mit zwischen 22,3 % und 25,8 % und Technischer Handel mit zwischen 12,8 % und 15,0 %. Fundamentaldaten wurden im Intraday-Bereich mit zwischen 0,0 % und 1,1 % als unbedeutend angesehen. Mittelfristig war der auf einer Technischen Analyse basierende Handel mit zwischen 39,2 % und 40,8 % die wichtigste Kraft, gefolgt von Fundamentaldaten mit 28,8 % bis 34,5 %. An dritter Stelle standen sonstige Spekulationen mit zwischen 10,5 % und 19,2 %, knapp gefolgt von Bandwagon-Effekten mit 9,6 % bis 13,9 %. Dagegen spielten mit 1,2 % bis 3,2 % Überreaktionen kaum eine Rolle. Im langfristigen Bereich ist das Bild eindeutig. Hier waren die Fundamentaldaten mit zwischen 76,1 % und 82,3 % mit Abstand der wichtigste Faktor. Eine gewisse Bedeutung hatte noch die Technische Analyse mit 16,1 % bis 18,2 %, alle anderen Faktoren hatten an allen Börsenplätzen einen Wert von meist deutlich unter fünf Prozent.

Ein weiterer Abschnitt beschäftigt sich mit der Frage, welche Effekte eine Währungsspekulation nach sich zieht. In Hong Kong waren 95,9 %, in Tokio 90,5 % und in Singapur 97,6 % der befragten Marktteilnehmer der Meinung, dass Spekulation die Volatilität des Wechselkurses erhöht. 4,1 %, 9,5 % bzw. 2,4 % glaubten dies nicht. Umstritten war dagegen die Frage, ob Spekulation stabilisierend oder destabilisierend in Hinblick auf den fundamental gerechtfertigten Wert wirkt. In Hong Kong waren 53,3 %, in Tokio 43,1 % und in Singapur 46,2 % der Marktteilnehmer der Ansicht, dass Spekulation dazu führt, dass sich der Wechselkurs von seinem fundamental gerechtfertigten Wert wegbewegt. 46,7 %, 56,9 % bzw. 53,8 % meinten, dass Spekulation zu einer Rückkehr des Kurses zu seinem fundamental gerechtfertigten Wert beiträgt. Hinsichtlich der Marktliquidität waren 88,5, 89,2 bzw. 81,7 % der Auffassung, dass Spekulation die Marktliquidität erhöht, 11,5 %, 10,8 % bzw. 18,3 % glaubten dies nicht. Schließlich meinte eine deutliche Mehrheit von 83,4 %, 82,2 % bzw. 76,5 %, dass die Spekulation die Markteffizienz erhöht. 16,6 %, 17,8 % bzw. 23,5 % waren anderer Ansicht.

3.1.11 Bedeutung der Fundamentalen und der Technischen Analyse auf europäischen Devisenmärkten

OBERLECHNER (2001) führte diese Studie an den Finanzzentren Frankfurt, London, Wien und Zürich im Frühjahr 1996 durch. Dabei wurden insgesamt ca. 600 Fragebögen an Devisenmarktteilnehmer ausgegeben, wovon der Autor 321 Bögen ausgefüllt zurückerhielt. Ferner wurden europäische Finanzmarkt-Journalisten befragt. Von dieser Gruppe bekam der Autor von ca. 200 Fragebögen 59 Stück zurück.

Zunächst fragte OBERLECHNER (2001), welche Bedeutung die Marktteilnehmer und Journalisten der Technischen Analyse und der Fundamentalen Analyse bei verschiedenen Zeithorizonten beimessen. Die Antworten erfolgten auf einer Skala von (0) (ausschließlich Technische Analyse hat Bedeutung) bis (10) (ausschließlich Fundamentale Analyse hat Bedeutung). Dabei zeigte sich, dass der Technischen Analyse umso mehr Bedeutung beigemessen wurde, je kürzer der Zeithorizont des Marktteilnehmers war. Im Intraday-Bereich ergab sich ein Durchschnittswert von 3,47, bei einer Woche 3,77 und bei einem Monat 4,40. Bei diesen Zeithorizonten dominierte also die Technische Analyse. Beim mittleren Zeitbereich von drei Monaten ergab sich mit 5,06 fast genau der Mittelwert der Skala. Bei längeren Zeiträumen dominierte hingegen die Fundamentale Analyse. Bei sechs Monaten errechnete sich ein durchschnittlicher Wert von 5,67, bei einem Jahr 6,35 und bei mehr als einem Jahr 6,79.[188] Diesen Zusammenhang offenbarten auch die Antworten der Journalisten, wobei die Werte im Schnitt um etwa einen Punkt in Richtung Fundamentale Analyse verschoben sind. Lediglich bei einem Tag und einer Woche dominierte mit 4,53 und 4,78 die Technische Analyse. Wurde ein Ho-

[188] Die Standardabweichungen der Antworten lagen zwischen 1,71 und 2,92.

rizont von einem Monat zugrunde gelegt, ergab sich ein Wert von 5,49. Bei den längeren Horizonten dominierte mit Werten von 6,29, 6,90, 7,37 und 7,51 klar die Fundamentale Analyse.[189]

Im Weiteren sollten die beiden Gruppen angeben, ob zum einen ihr individuelles Handeln und zum anderen der Gesamtmarkt hauptsächlich durch „Gefühle“ oder durch Rationalität geprägt ist. Die Marktteilnehmer antworteten mittels einer Punkteskala von (1) (ausschließlich Gefühle) bis (7) (ausschließlich Rationalität). Die Devisenmarktteilnehmer vergaben mit 3,37 für den Gesamtmarkt und 3,46 für das eigene Handeln sehr ähnliche Werte. Die Werte selbst lagen etwa in der Mitte der Skala, mit einer leichten Tendenz zu gefühlsbestimmtem Handeln.[190] Bemerkenswerterweise schätzten die Journalisten den Gesamtmarkt mit einem Durchschnittswert von 3,47 sehr ähnlich ein. Das eigene Handeln hielten sie jedoch mit 5,02 für deutlich rationaler.[191]

3.1.12 Anlagehorizonte von Devisenhändlern und Fondsmanagern in Deutschland

Die Veröffentlichung von MENKHOFF (2001) beinhaltet eine weitere Auswertung der Umfrage von 1992 in Deutschland.[192] Um zu beleuchten, mit welchen Zeithorizonten die Devisenmarktteilnehmer arbeiten, stellte ihnen MENKHOFF (2001) folgende Frage: „Wie weit im Voraus beziehen Sie mögliche zukünftige Einflüsse auf den Wechselkurs in Ihr Kalkül ein, wenn Sie eine offene Position eingehen?“[193] 23,0 % der befragten Marktteilnehmer besaßen einen Zeithorizont von lediglich einem Tag, 37,5 % einen Horizont von wenigen Tagen. Die Antwort „wenige Wochen“ gaben 16,5 %, „zwei bis sechs Wochen“ 18,0 %. Längere Horizonte schienen kaum relevant zu sein, denn nur noch 4,5 % arbeiteten mit einem Horizont von sechs bis zwölf Monaten und nur 0,5 % mit einem Horizont von mehr als zwölf Monaten. Eine Unterscheidung der Marktteilnehmer in Devisenhändler und Fondmanager

---

[189] Bei den Journalisten betrugen die Standardabweichungen je nach Zeitraum zwischen 1,85 und 2,75. Ein
univariater F-Test zeigte, dass die Antworten der beiden Gruppen bei allen Zeithorizonten mit Ausnahme des längsten Horizonts auf dem 1-%- oder 1-‰-Niveau signifikant unterschiedlich waren.

[190] Die Standardabweichungen der Antworten waren hier mit 1,02 bzw. 1,19 recht gering.

[191] Dieser Unterschied der beiden Gruppen war auf Basis eines univariaten F-Tests auf dem 1-‰-Niveau statistisch signifikant.

[192] Vgl. Kapitel 3.1.3

[193] MENKHOFF (2001), S. 31

zeigt, dass Devisenhändler im Schnitt einen deutlich kürzeren Zeithorizont hatten als Fondsmanager. Während von den Devisenmarktteilnehmern 30,7 % „einen Tag“ und 46,7 % „wenige Tage“ angaben, konzentrierten sich die Antworten der Fondsmanager auf „wenige Wochen“ (22,0 %) und „zwei bis sechs Monate“ (54,0 %).[194] Trotz dieser Diskrepanz kann festgestellt werden, dass die Marktteilnehmer grundsätzlich sehr kurzfristig handelten, denn über 60 % aller Marktteilnehmer hatten einen Anlagehorizont von maximal wenigen Tagen.

In einem zweiten Abschnitt wurden die Marktteilnehmer gefragt, wie lange es ihrer Meinung nach dauert, bis sich veröffentlichte Fundamentaldaten auf den Markt auswirken. 10,5 % waren der Meinung, dies passiere innerhalb eines Tages, 32,5 % gaben „wenige Tage“, 22 % „wenige Wochen“ an. An eine Auswirkung in zwei bis sechs Monaten glaubten 17,5 %, 12,5 % an eine Auswirkung in sechs bis zwölf Monaten. An eine Auswirkung erst in mehr als zwölf Monaten glaubten lediglich 5 % der Marktteilnehmer. Dabei gingen die Devisenhändler tendenziell von einer schnelleren Anpassung aus. Es wählten 11,3 % „einen Tag“, 35,3 % „wenige Tage“, 22,7 % „wenige Wochen“, 14,7 % „2 – 6 Monate“, 11,3 % „6 – 12 Monate“ und 4,7 % „mehr als 12 Monate“. Von den Fondsmanagern gaben 8,0 % „einen Tag“, 24,0 % „wenige Tage“, 20,0 % „wenige Wochen“, 26,0 % „2 – 6 Monate“, 16,0 % „6 – 12 Monate“ und 6,0 % „mehr als 12 Monate“ an.[195]

3.1.13 Technische Analyse und Zeithorizonte auf dem Devisenmarkt in Deutschland und Österreich

Um die Rolle der Technischen Analyse auf dem Devisenmarkt zu beleuchten, führten GEHRIG / MENKHOFF (2003) im Juni und Juli 2001 eine Umfrage in Deutschland und Österreich durch. Adressaten waren alle Banken, die Devisenpositionen auf eigene Rechnung eingingen sowie alle Investmentgesellschaften in Deutschland, welche internationale Wertpapiere hielten. Es wurden 203 auswertbare Fragebögen zurückgeschickt, was einer Rücklaufquote von 51,9 % entsprach.

---

[194] Ein Mann-Whitney U-Test der Nullhypothese „Kein Unterschied zwischen den beiden Gruppen“ zeigte einen hochsignifikanten Unterschied auf dem 1-%-Niveau.

[195] Die Antworten der beiden Gruppen waren signifikant unterschiedlich auf dem 5-%-Niveau.

Mit Hilfe der ersten Frage wird untersucht, wie wichtig Auswertungen von Technischen Analysen für die Bildung von Wechselkurserwartungen der Devisenmarktteilnehmer waren. Dabei wurden die Marktteilnehmer in Fondsmanager und Devisenhändler eingeteilt. Konkret sollten die Marktteilnehmer die Bedeutung der drei Informationstypen Fundamentaldaten, Auswertungen von Technischen Analysen und Auswertungen von Flow-Analysen für ihre Entscheidungsfindung angeben und dabei insgesamt 100 Punkte auf die drei Informationstypen verteilen. Die Fondsmanager gaben bei der relativen Wichtigkeit von Fundamentaldaten im Schnitt 46,2 % an, Auswertungen von Technischen Analysen erreichten einen Durchschnittswert von 37,0 %, Auswertungen von Flow-Analysen einen Schnitt von 16,8 %. Für die Devisenhändler waren Fundamentaldaten mit 32,4 % weniger wichtig. Die Wichtigkeit der Technischen Analyse wurde im Schnitt mit 41,4 %, die Wichtigkeit der Flow-Analyse durchschnittlich mit 26,2 % angegeben. Bei den Devisenhändlern waren Ergebnisse von Technischen Analysen also die wichtigsten Informationstypen. Bemerkenswert ist auch, dass 97,2 % der Devisenhändler der Technischen Analyse eine relative Wichtigkeit von mindestens 10 % zubilligten. Das bedeutet, dass fast alle Händler die Technische Analyse zumindest komplementär mit anderen Informationstypen nutzten. Es existierten also kaum Händler, welche die Technische Analyse von vornherein ablehnten. Selbst bei den Fondsmanagern spielte die Technische Analyse mit 37,0 % eine große Rolle, zumal auch 96,5 % der Fondsmanager der Technischen Analyse eine relative Wichtigkeit von mindestens 10 % zuordneten. Also auch fast alle Fondsmanager bezogen die Technische Analyse zumindest in ihr Kalkül mit ein.

GEHRIG / MENKHOFF (2003) definierten einen Marktteilnehmer als „Techniker“[196], wenn er der Technischen Analyse eine relative Wichtigkeit von mindestens 40 % und den anderen beiden Informationstypen weniger als 40 % zuordnete. Das Gleiche galt analog für die Identifikation von „Fundamentalisten“ und „Flowtisten“. Auf diese Weise wurden unter den Devisenhändlern 37,5 % Techniker, 20,1 % Fundamentalisten und 22,2 % Flowtisten identifiziert. 20,1 % der Händler konnten nicht zugeordnet werden. Unter den Fondsmanagern befanden sich 31,6 % Techniker, 52,5 % Fundamentalisten und 5,3 % Flowtisten. 10,5 % konnten nicht zugeordnet werden. Bezogen auf

[196] Wie ALLEN / TAYLOR (1990) nannten auch GEHRIG / MENKHOFF (2003) diesen Typ von Marktteilnehmern “chartist”. Es soll hier jedoch die Konvention beibehalten werden, diese Marktteilnehmer etwas allgemeiner als *Techniker* zu bezeichnen, da die Technische Analyse neben der reinen Chartanalyse noch weitere Instrumente beinhaltet. Vgl. Kapitel 3.1.1

alle Marktteilnehmer im Rücklauf ergaben sich 35,8 % Techniker, 29,4 % Fundamentalisten und 17,4 % Flowtisten. 17,4 % konnten nicht zugeordnet werden.[197]

Darüber hinaus sollte geklärt werden, welche Zeithorizonte die Marktteilnehmer bei ihren Prognosen und Transaktionen zugrunde legen und ob diesbezüglich signifikante Unterschiede zwischen den Technikern und den anderen Marktteilnehmern bestehen. Die entsprechende Frage lautete: „Wie weit im Voraus beziehen Sie mögliche zukünftige Einflüsse auf den Wechselkurs in Ihr Kalkül ein, wenn Sie eine offene Position eingehen?“[198] Bei 21,1 % der Techniker lautete die Antwort „einen Tag“, bei 53,5 % „wenige Tage“. Einen Zeithorizont von wenigen Wochen besaßen 18,3 %. Längere Zeithorizonte wie „wenige Wochen“, „2 – 6 Monate“ und „6 – 12 Monate“ spielten mit 5,6 %, 0,0 % und 1,4 % kaum eine Rolle. 74,6 % der Techniker waren also kurzfristig orientiert und schlossen ihre Positionen binnen weniger Tage wieder. Von allen anderen Marktteilnehmern im Rücklauf besaßen 27,9 % einen Zeithorizont von einem Tag. 28,7 % gaben „wenige Tage“, 24,0 % „wenige Wochen“, 15,5 % „2 – 6 Monate“, 3,1 % „6 – 12 Monate“ und 0,8 % „mehr als 12 Monate“ an. Auch von diesen Marktteilnehmern hatten immerhin 56,6 % einen Zeithorizont von maximal wenigen Tagen. Die Zeithorizonte der Techniker wichen nicht signifikant von jenen der anderen Marktteilnehmer ab. Insgesamt kann festgestellt werden, dass der Devisenmarkt laut dieser Umfrage von kurzfristig orientierten Marktteilnehmern mit einem Zeithorizont von maximal wenigen Tagen dominiert war.

Im Rahmen einer weiteren Frage sollte der Zusammenhang zwischen den drei Informationstypen und dem Zeithorizont beleuchtet werden. Die Frage lautete: „Wie weit reicht üblicherweise ihr persönlicher Zeithorizont, wenn sie einen der folgenden Informationstypen verwenden? Bitte geben Sie jeweils eine Antwort.“[199] Zur Auswahl standen wieder Fundamentaldaten, Auswertungen von Technischen Analysen sowie von Flow-Analysen. Hinsichtlich der Devisenhändler ergab sich das klare Ergebnis, dass Flow-Analysen für den sehr kurzfristigen Handel, Fundamentaldaten für den langfristigen Handel und die Technische Analyse für den Bereich dazwischen verwendet wurden. Flow-Analysen verwendeten 26,9 % der Händler im Bereich von Minuten, 31,0 % im Bereich von Stunden, 20,7 % bei einem Zeithorizont von Tagen und 3,4 % bei einem Zeithorizont von Wochen. Für Prognosen über Monate

[197] Im Rücklauf befanden sich 144 Devisenhändler und 57 Fondsmanager.
[198] GEHRIG / MENKHOFF (2003), S. 19
[199] GEHRIG / MENKHOFF (2003), S. 19

und Jahre verwendete keiner der Händler Flow-Analysen.[200] Die Technische Analyse wurde von 3,4 % im Bereich von Minuten, von 14,5 % im Bereich von Stunden, von 41,4 % im Bereich von Tagen, von 19,3 % im Bereich von Wochen, von 9,7 % bei einem Zeithorizont von Monaten und von 2,8 % bei einem Zeithorizont von Jahren eingesetzt. Fundamentaldaten fanden bei 4,1 % der Händler im Bereich von Stunden Anwendung, bei 12,4 % im Bereich von Tagen, bei 17,2 % im Bereich von Wochen, bei 46,2 % im Bereich von Monaten und bei 9,7 % im Bereich von Jahren. Bei den Fondsmanagern ergab sich die gleiche relative Ordnung, nur waren die Zeithorizonte generell länger.

Zudem untersuchten GEHRIG / MENKHOFF (2003), wie der Einfluss von psychologischen Faktoren auf Wechselkursbewegungen von den Technikern und den anderen Marktteilnehmern gesehen wurde. Konkret wurde die Aussage: „Menschen sind keine Maschinen, daher spielen psychologische Einflüsse klarerweise eine größere Rolle als Fundamentaldaten“[201] bewertet. Dafür stand den Marktteilnehmern eine Skala von (1) (volle Zustimmung) bis (6) (volle Ablehnung) zur Verfügung. Die Techniker stimmten der Aussage in hohem Maße zu, 20,8 % wählten (1), 51,4 % wählten (2) und 19,4 % den Wert (3). Nur insgesamt 8,4 % standen der Aussage ablehnend gegenüber. Im Einzelnen wählten 4,2 % (4), 2,8 % (5) und 1,4 % (6). Aber auch alle anderen Marktteilnehmer im Rücklauf stimmten der Aussage grundsätzlich zu. Es wählten 16,4 % (1), 39,8 % (2) und 25,8 % (3). Ablehnend äußerten sich in Form der Antworten (4) 13,3 %, (5) 3,1 % und (6) 1,6 %.[202]

Schließlich untersuchten die Autoren noch eine mögliche Beeinflussung des Entscheidungsverhaltens: „Denken Sie, dass Ihre Entscheidungen durch die offene Position beeinflusst werden, die Sie im jeweiligen Entscheidungszeitpunkt halten?“[203] Die zu bewertende Aussage war: „Die offenen Positionen lassen Emotionen in den Entscheidungsprozess einfließen und beeinträchtigen diesen.“[204] Hier resultierte auf der bekannten Skala für die Techniker im Schnitt ein Wert von 3,09, für die Fundamentalisten 3,24 und für die Flowtis-

---

[200] Die Prozentsätze addieren sich bei den Flow-Analysen wie auch bei den anderen zwei Informationstypen nicht zu 1, da nicht alle Marktteilnehmer im Rücklauf alle Informationstypen verwendeten.

[201] GEHRIG / MENKHOFF (2003), S. 20

[202] Die Wertungen von Technikern und allen anderen Marktteilnehmern waren signifikant unterschiedlich auf dem 5-%-Niveau.

[203] GEHRIG / MENKHOFF (2003), S. 21

[204] GEHRIG / MENKHOFF (2003), S. 21

ten 2,39. Während Techniker und Fundamentalisten der Aussage also nur begrenzt zustimmten, war die Zustimmung bei den Flowtisten relativ groß.[205]

3.1.14 Handelsverhalten von Fondsmanagern und Devisenhändlern in Deutschland und Österreich

Die Statistiken der Bank of International Settlements zeigen, dass Fondsmanager eine immer gewichtigere Rolle auf dem Devisenmarkt spielen. Betrug ihr Anteil am weltweiten Umsatz in den Jahren 1995 und 1998 noch 20 %, so stieg dieser in 2001 auf 28 % und in 2004 auf 33 %.[206] GEHRIG / MENKHOFF (2004) untersuchten den Einfluss dieser Gruppe von Marktteilnehmern auf den Devisenmarkt anhand einer Umfrage, die von Juni bis Juli 2001 in Deutschland und Österreich durchgeführt wurde.[207]

Hinsichtlich der Zeithorizonte von Fondsmanagern und Devisenhändlern stellten die Autoren folgende Frage: „Wie weit im Voraus beziehen Sie mögliche zukünftige Einflüsse auf den Wechselkurs in Ihr Kalkül ein, wenn Sie eine offene Position eingehen?“[208] Während kein Fondsmanager einen Zeithorizont von nur einem Tag hatte, gaben 24,6 % „wenige Tage“, 36,8 % „wenige Wochen“ und 33,3 % „2 – 6 Monate“ an. „6 – 12 Monate“ nannten nur 5,3 %, einen Anlagehorizont von mehr als 12 Monaten wies niemand der befragten Devisenmarktteilnehmer auf. Von den Devisenhändlern gaben 35,9 % „einen Tag“, 42,1 % „wenige Tage“ und 15,9 % „wenige Wochen“ an. Längere Horizonte kamen kaum vor, nur 4,1 % nannten „2 – 6 Monate“, 0,7 % „6 – 12 Monate“ und 1,4 % „mehr als 12 Monate“. Es ist festzuhalten, dass Fondsmanager mit einem deutlich längeren Zeithorizont arbeiteten als Devisenhändler. Während sich der typische Zeithorizont der Fondsmanager über mehrere Wochen bis zu wenigen Monaten erstreckte, planten 78 % der Devisenhändler ihre Transaktionen über maximal wenige Tage.[209]

---

205 Die Ergebnisse der Fundamentalisten unterschieden sich signifikant auf dem 10-%-Niveau von den Ergebnissen der anderen Marktteilnehmer. Die Antworten der Flowtisten unterschieden sich sogar signifikant auf dem 1-%-Niveau von allen anderen Antworten.

206 Vgl. BIS (2005), S. 6

207 Vgl. Kapitel 3.1.13

208 GEHRIG / MENKHOFF (2004), S. 29

209 Entsprechend ergab auch ein Mann-Whitney U-Test der Nullhypothese „Kein Unterschied zwischen den beiden Gruppen“ einen hochsignifikanten Unterschied auf dem 1-%-Niveau.

Im Rahmen eines weiteren Fragenkomplexes wurde die Bedeutung der drei Informationstypen Fundamentaldaten, Auswertungen von Technischen Analysen sowie Auswertungen von Flow-Analysen für die Marktteilnehmer beleuchtet. Einige Ergebnisse wurden bereits in GEHRIG / MENKHOFF (2003) veröffentlicht und in Kapitel 3.1.13 präsentiert[210]. GEHRIG / MENKHOFF (2004) nahmen eine Neueinteilung der Marktteilnehmer in Fondsmanager und Devisenhändler vor und zeigten, dass die Antworten hinsichtlich aller drei Informationstypen signifikant unterschiedlich waren.[211]

Ferner zeigte eine Regressionsanalyse, dass hauptsächlich die Variable „Zeithorizont" und in geringerem Ausmaß auch die Variable „Berufsgruppe" eine Erklärungskraft für die Variable „Relative Wichtigkeit von Fundamentaldaten" besaß. Es gilt für beide Berufsgruppen, dass die Fundamentaldaten umso wichtiger waren, je höher der Zeithorizont war. Bei gleichen Zeithorizonten waren Fundamentaldaten für Fondsmanager nur geringfügig wichtiger als für Devisenhändler. Damit ist festzuhalten, dass neben den Devisenhändlern auch Fondsmanager bei kurzen Zeithorizonten in einem erheblichen Ausmaß nichtfundamentale Informationen nutzten.

Daneben wurden die Marktteilnehmer zu ihrer Meinung bezüglich Marktunvollkommenheiten befragt. Dabei sollten sie auf einer Skala von (1) (volle Zustimmung) bis (6) (volle Ablehnung) verschiedene Aussagen bewerten. Auf die erste Frage: „Worin besteht Ihrer Meinung nach der Wert der Technischen Analyse?"[212] lautete die Aussage: „Ich beachte Technische Analyse nur, weil andere sie beachten"[213]. Fondsmanager gaben hier im Schnitt einen Wert von 3,59 an, Devisenhändler einen Wert von 3,12. Dies bedeutet, dass Fondsmanager in der Technischen Analyse in geringerem Ausmaß eine self-fulfilling prophecy sahen und es somit tendenziell mehr ablehnten, aus diesem Grund die Technische Analyse zu beachten.[214]

---

[210] Vgl. Kapitel 3.1.13, Auswertung der ersten Frage

[211] Der Mann-Whitney U-Test der Nullhypothese „Kein Unterschied zwischen den beiden Gruppen" zeigte einen signifikanten Unterschied zwischen den beiden Gruppen bei allen drei Informationstypen. Die Unterschiede bei den Fundamentaldaten und den Auswertungen von Flow-Analysen waren hochsignifikant auf dem 1-%-Niveau und auch die unterschiedlichen Angaben zu den Auswertungen von Technischen Analysen waren noch signifikant auf dem 10-%-Niveau.

[212] GEHRIG / MENKHOFF (2004), S. 31

[213] GEHRIG / MENKHOFF (2004), S. 31

[214] Die Antworten der beiden Berufsgruppen waren signifikant unterschiedlich auf dem 5-%-Niveau.

Die zweite Frage zu den Marktunvollkommenheiten lautete: „Welche Bedeutung haben Fundamentaldaten und psychologische Einflüsse auf Wechselkursbewegungen?“[215] Die zugehörige Aussage war: „Menschen sind keine Maschinen, daher spielen psychologische Einflüsse klarerweise eine größere Rolle als Fundamentaldaten.“[216] Dieser Aussage stimmten beide Berufsgruppen zu. Dabei zeigten auch hier die Devisenhändler mit 2,28 im Schnitt eine größere Zustimmung als die Fondsmanager mit 2,78.[217]

Auf die Frage: „Denken Sie, dass Ihre Entscheidungen durch die offene Position beeinflusst werden, die Sie im jeweiligen Entscheidungszeitpunkt halten?“[218] war folgende Aussage vorgegeben: „Die offenen Positionen lassen Emotionen in den Entscheidungsprozess einfließen und beeinträchtigen diesen.“[219] Der Möglichkeit einer derartigen Beeinflussung stimmten die Fondsmanager mit einem Wert von 3,70 tendenziell nicht zu, wogegen die Devisenhändler mit einem Durchschnittswert von 2,83 eine Beeinflussung tendenziell für möglich hielten.[220]

Die letzte Frage zu den Marktunvollkommenheiten lautete: „Wie lange dauert es manchmal, bis sich der Einfluss der Fundamentaldaten auf den Devisenmärkten durchsetzt?“[221] 7,0 % der Fondsmanager gaben die Antwort „einen Tag“, 12,3 % „wenige Tage“, 14,0 % „wenige Wochen“, 24,6 % „2 – 6 Monate“, 10,5 % „6 – 12 Monate“ und 31,6 % der Fondsmanager meinten, dass sich Fundamentaldaten erst nach mehr als 12 Monaten durchsetzen. Die Devisenhändler gingen im Schnitt von einem kürzeren Anpassungszeitraum aus. 11,9 % nannten „einen Tag“, 18,5 % „wenige Tage“, 24,4 % „wenige Wochen“, 15,6 % „2 – 6 Monate“, 20,7 % „6 – 12 Monate“ und nur 8,9 % nannten „mehr als 12 Monate“.[222]

Ferner versuchten die Autoren zu klären, welche Informationsquellen die beiden Berufsgruppen bevorzugt für ihre Entscheidungsfindung auf dem De-

---

[215] GEHRIG / MENKHOFF (2004), S. 31
[216] GEHRIG / MENKHOFF (2004), S. 31
[217] Gemäß dem Mann-Whitney U-Test war diese Aussage der Devisenhändler signifikant unterschiedlich auf dem
1-%-Niveau.
[218] GEHRIG / MENKHOFF (2004), S. 31
[219] GEHRIG / MENKHOFF (2004), S. 31
[220] Auch hier waren die beiden Werte signifikant unterschiedlich auf dem 1-%-Niveau.
[221] GEHRIG / MENKHOFF (2004), S. 31
[222] Der von den Devisenhändlern angenommene Zeitraum war auf dem 1-%-Niveau signifikant kürzer als der von den Fondsmanagern vermutete Zeitraum.

visenmarkt verwenden. Die entsprechende Frage lautete: „Wie wichtig sind die folgenden Informationsquellen für Ihre Entscheidungsfindung? Bitte bewerten Sie deren Wichtigkeit auf einer Skala von 1 bis 6."[223] Analog zum vorhergehenden Fragenkomplex bedeutete hier der Wert (1) eine sehr große Bedeutung, der Wert (6) dagegen eine sehr geringe Bedeutung der Informationsquelle. Die Antworten für im gleichen Unternehmen (*in-house*) erstellte Analysen lagen bei den Fondsmanagern mit 3,16 und auch bei den Devisenhändlern im Schnitt nahe beim Mittelwert von 3,5.[224] Auf extern veröffentlichte Wechselkursanalysen griffen sowohl Fondsmanager mit 3,25 als auch Devisenhändler mit 3,23 in gewissem Maße zurück.[225] Geldmarktzinsen als Informationsquelle spielten dagegen für Devisenhändler mit 3,90 im Gegensatz zu Fondsmanagern mit 3,25 nur eine geringe Rolle.[226] Sehr nahe am Mittelwert lagen wiederum die Antworten bezüglich Veränderungen von Aktienkursen als Informationsquelle für Devisenmarktteilnehmer. Die Werte 3,40 für Fondsmanager und 3,55 für Devisenhändler waren nicht signifikant unterschiedlich. Eine große Bedeutung für Devisenhändler hatten mit einem Wert von 2,70 direkte Gespräche mit anderen Marktteilnehmern. Dagegen lag der Wert für Fondsmanager mit 3,48 nahe am Mittelwert.[227]

Das Entscheidungsverhalten sowohl von Devisenhändlern als auch von Fondsmanagern beruhte also nicht ausschließlich auf Fundamentaldaten, wobei Fondsmanager in signifikant größerem Ausmaß dem Idealbild eines „Fundamentalisten" näher kamen als Devisenhändler. Da zwar auf der einen Seite die Bedeutung von Fondsmanagern in den letzten Jahren stark zugenommen hatte, auf der anderen Seite das Verhalten der Fondsmanager im gleichen Zeitraum aber immer mehr vom Entscheidungsverhalten eines idealen „Fundamentalisten" abwich, kann nicht festgestellt werden, dass aufgrund der größeren Bedeutung der Fondsmanager der Einfluss von Fundamentaldaten auf den Wechselkurs größer geworden wäre.

---

[223] GEHRIG / MENKHOFF (2004), S. 32

[224] Dennoch zeigte der Mann-Whitney U-Test, dass diese Analysen für Fondsmanager signifikant wichtiger waren als für Devisenhändler. Der Unterschied war signifikant auf dem 5-%-Niveau.

[225] Die Antworten waren hier nicht signifikant unterschiedlich.

[226] Der Unterschied war bei dieser Informationsquelle hochsignifikant auf dem 1-%-Niveau.

[227] Diese Antworten waren hochsignifikant unterschiedlich auf dem 1-%-Niveau.

3.2 Systematisierung der Umfrageergebnisse

In Kapitel 3.1 wurden 14 Veröffentlichungen zusammengefasst, die auf Umfragen unter Devisenmarktteilnehmern basieren. Die Aufsätze widmen sich zum Teil sehr unterschiedlichen Fragestellungen. Um generelle Aussagen über die Ansichten und Verhaltensweisen der Devisenmarktteilnehmer treffen zu können ist es erforderlich, die Ergebnisse der einzelnen Veröffentlichungen zu ordnen und zu systematisieren. Dies soll im Kapitel 3.2 erfolgen.

Die dargestellten Umfragen fanden an den wichtigsten Börsenplätzen der Welt statt. Im Jahr 2004 wiesen die betroffenen Länder Großbritannien, USA, Japan, Singapur, Deutschland, Hong Kong, Schweiz und Österreich in Summe einen durchschnittlichen täglichen Devisenumsatz von 1850 Milliarden USD auf, was 77,0 % des weltweiten Devisenumsatzes entsprach.[228] Dieser Anteil hat sich während des Zeitraums, in welchem die Umfragen stattfanden, nicht wesentlich geändert. Er betrug 1989 über 79,4 %[229], 1992 77,8 %, 1995 78,7 %, 1998 78,0 % und 2001 76,7 %.[230] Die Ergebnisse können daher als repräsentativ für den gesamten weltweiten Devisenhandel angesehen werden.

3.2.1 Anlagehorizont und Abwicklungsform der Transaktionen

In diesem Abschnitt sollen die Devisenmarktumfragen in Hinblick auf Fragen zum Anlagehorizont und zur Abwicklungsform der Transaktionen analysiert werden.

MENKHOFF (2001), GEHRIG / MENKHOFF (2003) und GEHRIG / MENKHOFF (2004) befassten sich mit der Frage, welchen Zeithorizont die Marktteilnehmer in Deutschland und Österreich bei ihrer Erwartungsbildung und ihren Transaktionen zugrunde legen. MENKHOFF (2001) zeigte, basierend auf den Ergebnissen seiner Umfrage von 1992, dass sich die Zeithorizonte von Devisenhändlern und Fondsmanagern stark unterscheiden. Während für Fondsmanager im Schnitt ein Zeitraum von einigen Monaten relevant ist, halten Devisenhändler ihre Positionen im Schnitt nur wenige Tage offen. Die Auswertung einer Umfrage aus dem Jahr 2001 in GEHRIG / MENKHOFF

[228] Vgl. BIS (2005), S. 12

[229] Der Gesamtanteil aller Länder kann für 1989 nicht genau angegeben werden, da die Daten für Deutschland und Österreich von der BIS damals noch nicht erhoben wurden. Der angegebene Anteil ist somit die Summe der Anteile aller anderen oben genannten Länder.

[230] Vgl. BIS (2005), S. 12

(2004) belegte, dass sich dies seit 1992 im Prinzip nicht verändert hat. Eine überwältigende Mehrheit der Händler schließt die offene Position bereits innerhalb eines Tages oder handelt mit einem Zeithorizont von wenigen Tagen, während der Zeithorizont von Fondsmanagern seit 1992 sogar noch etwas gesunken ist und nun im Schnitt einige Wochen beträgt. Deshalb kann von der in den letzten Jahren steigenden Bedeutung der Fondsmanager nicht auf eine tendenzielle Verlängerung des Anlagehorizonts geschlossen werden. GEHRIG / MENKHOFF (2003) stellten zudem fest, dass Techniker im Schnitt einen etwas kürzeren Zeithorizont haben als alle anderen Marktteilnehmer. Diese insgesamt recht kurzen Zeithorizonte aller Marktteilnehmer sind ein Indiz gegen die Informationseffizienz des Devisenmarkts. Denn die Markteffizienz zumindest in seiner mittelstrengen Form erfordert, dass alle öffentlich zugänglichen, relevanten Informationen zu jedem Zeitpunkt im Wechselkurs eingepreist sind. Dazu gehören auch Informationen, die erst in der Zukunft veröffentlicht werden. Hierfür bildet der rationale Marktteilnehmer Erwartungen, wobei es eine notwendige Bedingung für Markteffizienz ist, dass er Erwartungen bezüglich aller zukünftigen Informationen bildet und somit einen unendlichen Zeithorizont besitzt. Dies ist in der Praxis offensichtlich nicht der Fall, denn die befragten Marktteilnehmer bilden keine Erwartungen für Informationen, die außerhalb ihres Zeithorizonts veröffentlicht werden.[231] Somit verlieren diese Informationen ihren Einfluss auf den aktuellen Wechselkurs.

Dass die Marktteilnehmer nicht über einen sehr langen, geschweige denn unendlichen Zeithorizont verfügen, zeigen auch die Ergebnisse von MENKHOFF (1998), wonach fast alle Marktteilnehmer aus verschiedenen Gründen gezwungen sind, offene Verlustpositionen nach maximal wenigen Wochen wieder zu schließen.

Die Umfrage von CHEUNG / CHINN (1999a) zeigte, dass in den 90er Jahren des 20. Jahrhunderts die Nutzung elektronischer Brokersysteme in den USA stark zugenommen hat. Zum Zeitpunkt der Umfrage wurde damit bereits etwa die Hälfte aller Transaktionen abgewickelt. Dies gilt laut CHEUNG / CHINN / MARSH (2000) auch für Großbritannien. Da diese Entwicklung parallel auf den beiden bedeutendsten Devisenmärkten zu beobachten war,

[231] Jedoch heißt dies nicht notwendigerweise, dass die Marktteilnehmer irrational im Sinne der Erwartungsnutzentheorie handeln. Auch Marktteilnehmer, die durch kurze Zeithorizonte gekennzeichnet sind, können ihren Erwartungsnutzen maximieren und somit rational handeln, da eine Vielzahl von Faktoren neben den Fundamentaldaten den Wechselkurs bestimmen. Vgl. MENKHOFF (1998), S. 32

kann die Zunahme des elektronischen Handels als generelles Phänomen bezeichnet werden.

Zusammenfassend kann festgestellt werden, dass der gegenwärtige Devisenhandel von relativ kurzfristigen Transaktionen und einer verstärkten Nutzung elektronischer Brokersysteme geprägt ist.

3.2.2 Wirkung von Fundamentaldaten

Die traditionellen Wechselkursmodelle unterstellen einen direkten Zusammenhang zwischen Fundamentaldaten und dem Wechselkurs, zudem sind die Fundamentaldaten bei diesen Wechselkursmodellen zumeist die einzigen Einflussgrößen auf den Kurs. Im Folgenden soll beleuchtet werden, wie die für die Bildung des Wechselkurses direkt verantwortlichen Marktteilnehmer die Wirkung dieser Fundamentaldaten einschätzen.

LUI / MOLE (1998) stellten fest, dass Zinssätze und damit verwandte Informationen wie Geldmengen und Bondpreise in Hong Kong die wichtigsten fundamentalen Daten für Akteure mit kurz- und mittelfristigen Anlagehorizonten sind. Zahlungsbilanzdaten stellen für diese Zeiträume die zweitwichtigsten Informationen dar. Für den langfristigen Handel halten die befragten Marktteilnehmer die Zahlungsbilanzdaten für geringfügig wichtiger als die Zinsinformationen. Inflationsraten und damit verwandte Informationen sind hinsichtlich aller Zeithorizonte vergleichsweise am wenigsten wichtig.[232] Eine etwas andere Einteilung wählten CHEUNG / CHINN (1999b) für die USA. Sie unterschieden zwischen Arbeitslosigkeit, Handelsbilanzsaldo, Inflation, Bruttosozialprodukt, Zinsen und Geldmenge. Ebenso wie bei LUI / MOLE (1998) werden auch in den USA die Zinsen als sehr wichtig empfunden. Daneben werden Informationen zur Arbeitslosigkeit als wichtig angesehen. Eine etwas geringere Bedeutung wird der Inflation und dem Handelsbilanzsaldo beigemessen. Dies bestätigen im Wesentlichen die Ergebnisse von LUI / MOLE (1998). Kaum bedeutsam sind dagegen Daten zum Bruttosozialprodukt sowie andere Daten. Fünf Jahre vor der Umfrage von CHEUNG / CHINN (1999b) spielte jedoch der Handelsbilanzsaldo noch die größte, die Arbeitslosigkeit dagegen eine wesentlich geringere Rolle.

---

[232] Absolut gesehen wird aber auch den Inflationsraten und den damit verwandten Informationen eine nicht zu vernachlässigende Bedeutung für den Wechselkurs beigemessen.

CHEUNG / CHINN (1999b) erhoben für die USA außerdem, wie schnell diese Fundamentaldaten nach ihrer Veröffentlichung in den Wechselkurs eingepreist werden. Bei allen Datengruppen ging mehr als ein Fünftel der Marktteilnehmer davon aus, dass diese Einpreisung länger als eine Minute dauert.[233] Zu sehr ähnlichen Ergebnissen kamen CHEUNG / WONG (1999), welche die gleiche Gruppeneinteilung wählten wie CHEUNG / CHINN (1999b). Es ist also auch an den Handelszentren Hong Kong, Tokio und Singapur ein nicht unerheblicher Prozentsatz der Marktteilnehmer der Auffassung, dass die Einpreisung länger als eine Minute dauert.[234] In Deutschland und Österreich gehen nach MENKHOFF (2001) und (2004) die Marktteilnehmer sogar von einem deutlich längeren Anpassungszeitraum aus. In der Umfrage glaubte nur etwa jeder zehnte Marktteilnehmer, dass die Anpassung innerhalb eines Tages vollzogen wird. Eine sehr schnelle, im Idealfall unendlich schnelle Anpassung des Wechselkurses an den unerwarteten Teil der veröffentlichten Information ist eine notwendige Bedingung für einen effizienten Markt. Die Ergebnisse zeigen somit, dass ein erheblicher Anteil der Marktteilnehmer den Devisenmarkt in dieser Hinsicht als nicht effizient ansieht.

Wie sich nach Meinung der Marktteilnehmer die Wirkung von Fundamentaldaten in Form eines traditionellen Wechselkursmodells äußert, untersuchten CHEUNG / CHINN (1999b) für die USA und CHEUNG / CHINN / MARSH (2000) für Großbritannien. Es zeigte sich, dass die amerikanischen Devisenmarktteilnehmer der Kaufkraftparitätentheorie nur eine geringe Erklärungskraft beimessen. In der Umfrage behaupteten fast zwei Drittel, die Kaufkraftparität sei „nur ein akademischer Ausdruck."[235] Sogar vier Fünftel hätten nicht gehandelt, wenn sie nur die Information gehabt hätten, dass die Kaufkraftparitätentheorie eine Überbewertung des USD anzeigt. CHEUNG / CHINN / MARSH (2000) erhoben dies bei deren britischen Kollegen, differenzierten die Fragestellung aber hinsichtlich des Zeithorizonts. Fast neun Zehntel der Marktteilnehmer hielt die Kaufkraftparitätentheorie im Intraday-Bereich für nicht geeignet, den Wechselkurs zu prognostizieren. Bei einem Zeithorizont von bis zu sechs Monaten waren dies immer noch zwei Drittel.

[233] Bei der Geldmenge glaubten sogar 40 % der Marktteilnehmer, dass es länger als eine Minute dauert, bis der unerwartete Teil der veröffentlichten Information in den Kurs eingearbeitet wird. Davon waren etwa 12 % der Meinung, dass dies länger als 30 Minuten dauert.

[234] Auch hier weichen die Daten zur Geldmenge etwas ab. Jedoch glaubte auch etwa die Hälfte der Marktteilnehmer, dass die Daten nicht innerhalb einer Minute eingepreist werden. Auffällig ist, dass in Tokio bei allen Fundamentaldaten von einer etwas langsameren Einpreisung ausgegangen wurde.

[235] CHEUNG / CHINN (1999b), S. 33

Lediglich bei noch längeren Zeithorizonten hielt eine relative Mehrheit das Wechselkursmodell für brauchbar.

In diesem Zusammenhang stellt sich die Frage, ob die Marktteilnehmer überhaupt eine vollständige Anpassung des Wechselkurses an die Fundamentaldaten erwarten. Um dies zu überprüfen, wurde bei drei Umfragen ermittelt, ob Wechselkursbewegungen Änderungen im fundamental gerechtfertigten Wert widerspiegeln. Dies sollten die Marktteilnehmer jeweils in Hinblick auf die drei Zeithorizonte „Intraday", „bis zu sechs Monaten" und „mehr als sechs Monate" angeben. Bei CHEUNG / CHINN (1999b), CHEUNG / CHINN / MARSH (2000) und CHEUNG / WONG (2000) waren nur wenige Prozent der Marktteilnehmer der Meinung, dass der Wechselkurs die Fundamentaldaten reflektiert, wenn man nur den Kursverlauf eines Tages betrachtet. Mittelfristig glaubten dies bereits mehr als die Hälfte der Marktteilnehmer. Dagegen waren in allen Studien mehr als drei Viertel der Marktteilnehmer davon überzeugt, dass der Wechselkurs seinen fundamental gerechtfertigten Wert widerspiegelt, wenn ein Kursverlauf von mehr als sechs Monaten zugrunde gelegt wird. Langfristig, bei einem Zeithorizont von mehr als sechs Monaten, ist also das Vertrauen in die Wirkung und Erklärungskraft von fundamentalen Daten sehr groß. Äußerst niedrig ist dieses Vertrauen dagegen bei kurzfristigen Wechselkursbewegungen. Dies deckt sich mit der Erkenntnis, dass die auf Fundamentaldaten basierenden traditionellen Wechselkursmodelle nur unbefriedigende empirische Ergebnisse erzielen. Wenn nun fundamentale Daten kaum für kurzfristige Wechselkursbewegungen verantwortlich sind, welche Faktoren sind es dann? Viele Autoren von Devisenmarktumfragen vermuten psychologische Gründe, die dazu führen, dass ein bedeutender Anteil der Marktteilnehmer ein Entscheidungsverhalten an den Tag legt, das nicht darauf gerichtet ist, in jedem Fall den Fundamentaldaten zu folgen. Dieser Vermutung soll im Folgenden nachgegangen werden.

3.2.3 Fundamentaldaten versus psychologische Einflüsse

In MENKHOFF (1997) und (1998) sowie in GEHRIG / MENKHOFF (2003) und (2004) wird dargestellt, wie deutsche und österreichische Devisenmarktteilnehmer die Bedeutung von Fundamentaldaten einerseits und von psychologischen Einflüssen andererseits auf den Devisenmarkt einschätzen. Hierbei wurden die Marktteilnehmer aus der Umfrage vom August 1992 in

MENKHOFF (1997) in Techniker und sonstige Marktteilnehmer eingeteilt.[236] In MENKHOFF (1998) erfolgte die Gruppierung in „Fundamentalisten" und „Nicht-Fundamentalisten".[237] Eine überwältigende Mehrheit der Techniker einerseits und der Nicht-Fundamentalisten andererseits war davon überzeugt, dass psychologische Einflüsse auf dem Devisenmarkt eine große Rolle spielen. Selbst die Personen in den jeweils anderen Gruppen, welche aufgrund der vorgenommenen Gruppeneinteilung[238] eher dem Typ des auf Fundamentaldaten basierenden Marktteilnehmers entsprechen, glaubten zu einem bemerkenswert hohen Grad an psychologische Einflüsse auf dem Devisenmarkt.[239]

Neun Jahre später wurde eine ähnliche Umfrage durchgeführt. Dabei folgte MENKHOFF (2003) seiner Gruppeneinteilung von 1997 und zeigte, dass auch neun Jahre nach der ersten Befragung eine überwältigende Mehrheit der Techniker von starken psychologischen Einflüssen auf den Devisenmarkt ausging. Auch hier befanden sich in der Gruppe der sonstigen Marktteilnehmer viele, die der Psychologie einen hohen Stellenwert beimessen. Ein Vergleich der Ergebnisse der beiden Umfragen zeigt, dass die Bedeutung psychologischer Einflüsse aus Sicht der Techniker im Verlauf der neun Jahre von einem hohen Niveau aus weiter gestiegen ist. Besonders bemerkenswert ist, dass alle anderen Marktteilnehmer im Jahre 2001 der Psychologie einen deutlich höheren Stellenwert beimaßen als noch 1992.[240] MENKHOFF (2004) schließlich teilte die Teilnehmer der Umfrage von 2001 nach ihrem Beruf in die Gruppen Fondsmanager und Devisenhändler ein. Beide Berufsgruppen hielten psychologische Einflüsse im Schnitt für etwas wichtiger als Funda-

---

[236] Das gruppierungsrelevante Merkmal eines Technikers ist, dass dieser die Technische Analyse in stärkerem Ausmaß nutzt als jeweils Fundamentalanalyse und Flow-Analyse. Somit besteht die Gruppe der sonstigen Marktteilnehmer nicht nur aus „Fundamentalisten", sondern auch aus "Flowtisten".

[237] Hier werden die „Fundamentalisten" als eigene Gruppe herausgegriffen und mit allen anderen Marktteilnehmern verglichen. Diese bestehen somit nicht nur aus Technikern, sondern auch aus Flowtisten. Die Einteilung erfolgte nach dem gleichen Merkmal wie bei MENKHOFF (1997).

[238] Wie oben beschrieben ist zu beachten, dass in der Gruppe der sonstigen Marktteilnehmer neben den „Fundamentalisten" auch Flowtisten enthalten sind.

[239] Dennoch sind die Antworten der Techniker gegenüber den sonstigen Marktteilnehmern sowie der „Fundamentalisten" gegenüber den „Nicht-Fundamentalisten" hochsignifikant unterschiedlich. Personen, die bei der eigenen Analyse nur in geringem Maße oder gar keine Fundamentaldaten nutzten, waren von einer großen Bedeutung psychologischer Einflüsse und entsprechend von einem geringen Einfluss der Fundamentaldaten überzeugt.

[240] Dies wird auch daran ersichtlich, dass die Antworten der Techniker und der sonstigen Marktteilnehmer zwar auch im Jahre 2001 noch signifikant unterschiedlich waren, jedoch nicht mehr derart hochsignifikant unterschiedlich wie noch 1992.

mentaldaten. Dabei spielten die Fundamentaldaten bei den Devisenhändlern eine signifikant größere Rolle als bei den Fondsmanagern.

Im Rahmen einer ähnlichen Fragestellung analysierte OBERLECHNER (2001) die Bedeutung von „Gefühlen" einerseits und Rationalität anderseits aus der Sicht von deutschen, britischen, österreichischen und schweizerischen Marktteilnehmern auf Basis einer Umfrage aus dem Jahr 1996. OBERLECHNER (2001) teilte die Personen im Rücklauf seiner Umfrage nach ihrem Beruf in Devisenhändler und Finanzmarkt-Journalisten ein. Dabei wurde konkret unterschieden, welchen Einfluss „Gefühle" und Rationalität einerseits auf das eigene Entscheidungsverhalten und andererseits auf den Gesamtmarkt ausüben. Die Devisenhändler maßen „Gefühlen" und Rationalität im Schnitt etwa die gleiche relative Bedeutung bei. Auffällig ist hierbei, dass die Durchschnittswerte für die eigene Entscheidung und für den Gesamtmarkt beinahe identisch sind. Das bedeutet, dass die Devisenhändler dazu tendierten, das eigene Verhalten an das Verhalten des Gesamtmarktes anzupassen, was ein Indiz für *Herdenverhalten*[241] ist. Die Journalisten hielten „Gefühle" und Rationalität auch für etwa gleich bedeutend für den Gesamtmarkt. Damit waren sich die beiden Berufsgruppen in der Einschätzung des Devisenmarkts einig. Die Journalisten sahen die eigene Erwartungsbildung aber signifikant weniger von „Gefühlen" geleitet als die Devisenhändler. Insgesamt kommt also auch OBERLECHNER (2001) ähnlich wie die oben genannten Studien zum Schluss, dass „Gefühle" und damit psychologische Einflüsse auf dem Devisenmarkt eine große Rolle spielen.

Psychologische Einflüsse der Marktteilnehmer spielen also aus der Sicht der beteiligten Personen eine große Rolle bei der Kursbildung auf dem Devisenmarkt.[242] Diese Erkenntnis alleine hilft jedoch noch nicht, die Bestimmungsfaktoren kurzfristiger Wechselkursbewegungen genauer zu identifizieren. Vielmehr muss untersucht werden, welche konkreten Entscheidungsanomalien auf der mikroökonomischen Ebene der Marktteilnehmer für diese psychologischen Einflüsse verantwortlich sind. Neben den bereits angesprochenen Abweichungen von der Markteffizienz und dem Herdenverhalten liefern die Antworten der Marktteilnehmer Hinweise auf weitere Anomalien.

---

[241] Vgl. Kapitel 5.4

[242] Dabei scheint sich diese Überzeugung insbesondere bei jenen Marktteilnehmern, die nicht primär eine Technische Analyse nutzen, in den letzten Jahren sogar verstärkt zu haben.

3.2.4 Bedeutung verschiedener Analysemethoden

Um die psychologischen Einflüsse genauer zu spezifizieren, soll im Folgenden untersucht werden, welche konkreten Methoden die Marktteilnehmer benutzen, um ihre Erwartungen zu bilden.

Es kann zum einen festgestellt werden, dass der Devisenmarkt nicht von Marktteilnehmern geprägt ist, die entweder nur eine Technische Analyse oder nur eine Fundamentale Analyse anwenden. Vielmehr besteht ein bemerkenswerter Konsens hinsichtlich der Komplementarität beider Analysemethoden. Sowohl in der Untersuchung von ALLEN / TAYLOR (1992) als auch in der Studie von LUI / MOLE (1998) gab nur ein einstelliger Prozentsatz von Marktteilnehmern an, dass sich die beiden Methoden gegenseitig kategorisch ausschließen. Dies ist ein drittes Indiz gegen die Informationseffizienz des Devisenmarkts, und zwar sowohl gegen die strenge, die mittelstrenge und auch die schwache Form der Markteffizienz. Denn, würde Markteffizienz in einer beliebigen Form vorliegen, wäre eine Technische Analyse sinnlos. Dies ist angesichts einer über viele Jahre hindurch bestehenden überwältigenden Mehrheit von Marktteilnehmern, welche nur eine Technische Analyse oder diese neben anderen Analysemethoden nutzen, wohl auszuschließen. Gleichzeitig wird deutlich, dass nur ein kleiner Anteil der Devisenmarktteilnehmer wie von den traditionellen Wechselkursmodellen gefordert ausschließlich Fundamentaldaten verwenden.[243]

Im Weiteren ist ein enger Zusammenhang zwischen der verwendeten Analysemethode und dem Zeithorizont der Transaktion festzustellen. Die Umfragen von TAYLOR / ALLEN (1992), LUI / MOLE (1998) und OBERLECHNER (2001) ergaben einhellig, dass bei kurzen Zeithorizonten von bis zu etwa einer Woche der Technischen Analyse der Vorzug gegenüber einer Fundamentalanalyse gegeben wird. Bei Horizonten von mehreren Monaten und länger ist dagegen eine klare Präferenz für eine Fundamentale Analyse erkennbar. Ferner zeigen die Ergebnisse von LUI / MOLE (1998), dass die Marktteilnehmer je nach Zeithorizont jene Analysemethode verwenden, von der sie glauben, dass sie auch von der Mehrheit der Marktteilnehmer für den jeweiligen Zeithorizont verwendet wird. Sie passen ihr Verhalten also an

243 In jenem Prozentsatz von Marktteilnehmern, der beide Methoden für konkurrierend hielt, sind auch Personen enthalten, die ausschließlich eine Technische Analyse verwendeten. Daher dürfte der Anteil jener Marktteilnehmer, die eine Technische Analyse vollkommen ignorierten und nur eine Fundamentalanalyse durchführten, bei nur wenigen Prozent liegen.

die Mehrheit der Marktteilnehmer an. Dies ist wiederum ein Indiz für Herdenverhalten.

In MENKHOFF (1997) und (1998) sowie in GEHRIG / MENKHOFF (2003) und (2004) wurde den deutschen und österreichischen Marktteilnehmern neben diesen beiden Analysemethoden die Flow-Analyse als dritte Methode zur Auswahl angeboten. Die Antworten in MENKHOFF (1997) und (1998) deuten darauf hin, dass unabhängig von Zeithorizonten im Jahre 1992 etwa jeder fünfte Marktteilnehmer vornehmlich die Flow-Analyse nutzte. Die anderen Marktteilnehmer teilten sich in etwa gleichen Teilen auf "Techniker" und „Fundamentalisten“ auf. GEHRIG / MENKHOFF (2003) zeigten, dass die Nutzung der Technischen Analyse bis zu deren Umfrage im Jahr 2001 sogar noch etwas zugenommen hat. Nach diesen Ergebnissen von 2001 ist die Technische Analyse die wichtigste Analysemethode auf dem Devisenmarkt.[244] Zudem wird in dieser Veröffentlichung sowie in MENKHOFF (2004) deutlich, dass die Flow-Analyse in erster Linie beim extrem kurzfristigen Devisenhandel mit Zeithorizonten von Minuten oder Stunden eingesetzt wird. Im Bereich von Tagen bis wenigen Wochen dominiert die Technische Analyse, bei noch längeren Zeithorizonten die Fundamentale Analyse.

Eine etwas andere Einteilung wählten CHEUNG / CHINN (1999b), CHEUNG / WONG (1999) und CHEUNG / CHINN / MARSH (2000) für ihre Untersuchungen in den USA, in Großbritannien, Hong Kong, Tokio und Singapur. Neben Technischer Analyse und Fundamentalanalyse werden der auf Kundenaufträge basierende Handel sowie das Jobbing als eigenständige Varianten angesehen. Während nach CHEUNG / CHINN (1999b) die Anteile des auf Kundenaufträge basierenden Handels sowie der Fundamentalanalyse in den fünf Jahren bis zur Umfrage in den Jahren 1996 bis 1997 bei jeweils etwa einem Viertel nahezu konstant blieben, nahm die Bedeutung der Technischen Analyse auf Kosten des Jobbings zu. Zum Zeitpunkt der Umfrage nutzten knapp ein Drittel der Marktteilnehmer vornehmlich die Technische Analyse, die damit die wichtigste Analysemethode ist. Diese Verschiebung vom Jobbing hin zu einer Technischen Analyse bei Konstanz der beiden anderen Varianten beobachtete auch CHEUNG / WONG (1999) bei einer Umfrage in den Jahren 1995 bis 1996 an den Handelsplätzen Hong Kong, Tokio und Singapur. Zum Zeitpunkt der Umfrage war auch an den Handelsplätzen Hong Kong und Tokio die Technische Analyse die wichtigste Analysemethode, le-

[244] Dies ist auch daran ersichtlich, dass die Techniker unter den Devisenhändlern die größte und unter den Fondsmanagern die zweitgrößte Gruppe darstellten. Vgl. MENKHOFF (2003), S. 13

diglich in Singapur betrieben etwas mehr Marktteilnehmer den auf Kundenaufträge basierenden Handel. Auch in Großbritannien hat nach CHEUNG / CHINN / MARSH (2000) in den fünf Jahren bis zum Zeitpunkt der Umfrage im Jahr 1998 die Bedeutung der Technischen Analyse auf Kosten des Jobbings zugenommen. Im Jahr 1998 schließlich waren die vier Analysemethoden in etwa gleich bedeutend.

Die Technische Analyse ist nicht nur die wichtigste nicht-fundamentale Analysemethode, sie ist bei kurz- und mittelfristigen Anlagehorizonten auch bedeutender als die Fundamentalanalyse selbst. Aus diesem Grund soll im Folgenden die Nutzung von Instrumenten der Technischen Analyse genauer beleuchtet werden.

3.2.5 Technische Analyse

Nach der Umfrage von TAYLOR / ALLEN (1992) war in den Jahren 1988 und 1989 in einem Viertel der auf dem Devisenmarkt tätigen Londoner Unternehmen mindestens ein Technischer Analyst tätig. Etwa die Hälfte dieser Analysten war auch selbst im Devisenhandel tätig. Dabei waren Trendfolgemodelle am weitesten verbreitet und wurden von etwa zwei Drittel der Londoner Techniker verwendet. Auch in Hong Kong waren nach LUI / MOLE (1998) Trendfolgemodelle bei allen Zeithorizonten die wichtigsten Instrumente der Technischen Analyse. Die Nutzung von Trendfolgemodellen setzt voraus, dass man die Existenz von Trends akzeptiert. Im Rahmen einer auf Trendfolgemodelle basierenden Handelsstrategie geht der Marktteilnehmer davon aus, dass sich etablierte Trends fortsetzen, bis es zu einem Trendbruch kommt. Die Existenz sowie das Ende derartiger Trends zu identifizieren ist die Aufgabe der Trendfolgemodelle. Wird ein Aufwärtstrend identifiziert, geht der Marktteilnehmer eine Long-Position ein. Diese Position wird wieder geschlossen, wenn ein Trendbruch erkannt wird. Analog dazu geht der Marktteilnehmer eine Short-Position ein, wenn ein Abwärtstrend vorliegt. Damit schließt sich der Marktteilnehmer einer überwiegenden Markttendenz an: Herrscht über eine gewisse Zeit ein Übergewicht der Nachfrage über das Angebot, was sich in einem Aufwärtstrend manifestiert, dann reagiert der Marktteilnehmer mit einer zusätzlichen Nachfrage. Analog dazu reagiert er im Falle eines Angebotsüberhangs mit einem zusätzlichen Angebot. Der Marktteilnehmer schließt sich also ohne Berücksichtigung der zugrunde liegenden fundamentalen Daten bewusst dem Verhalten der überwiegenden Mehrheit auf dem Markt an. Damit legt ein Marktteilnehmer durch die Nutzung von Trendfolgemodellen eindeutig Herdenverhalten an den Tag. Dafür spricht auch ein

Ergebnis von LUI / MOLE (1998), wonach die Technische Analyse als besonders nützlich für die Identifizierung von Trends und *Umkehr-punkten*[245] angesehen wird.

Eine nicht unerhebliche Rolle spielen aber auch Zyklusanalysemodelle, die in London immerhin von fast jedem zweiten Techniker verwendet werden und auch in Hong Kong als wichtig angesehen werden.

Zu klären ist die Frage, welche Gründe die Marktteilnehmer haben, gerade eine Technische Analyse und nicht eine der anderen Analysemethoden durchzuführen. Eine Möglichkeit wäre, dass sie die Technische Analyse als minderwertig ansehen, diese aber dennoch als Second-Best-Lösung anwenden, da ihnen die nötigen Ressourcen oder das Wissen für eine Fundamentale Analyse fehlen. Die Daten von MENKHOFF (1997) sprechen gegen diese Ansicht. Die Technische Analyse scheint als eine eigenständige, nicht inferiore Analysemethode eingeschätzt zu werden.

Angesichts der großen Bedeutung, welche die Technische Analyse unter den Devisenmarktteilnehmern besitzt, ist davon auszugehen, dass die Ergebnisse von Technischen Analysen einen nicht unerheblichen Einfluss auf die Wechselkursbildung ausüben. Dies allein könnte schon ein Grund für manchen Marktteilnehmer sein, die Technische Analyse zu beachten, selbst wenn er der Meinung ist, dass der Wechselkurs im Grunde auf den Fundamentaldaten basiert. In diesem Fall würde er die Ergebnisse der Technischen Analyse als eine self-fulfilling prophecy ansehen. Dies wurde von MENKHOFF (1997) und GEHRIG / MENKHOFF (2004) untersucht. Bei MENKHOFF (1997) ergab sich ein geteiltes Bild, etwa die Hälfte sah die Technische Analyse nur als self-fulfilling prophecy und damit ohne originäre Erklärungskraft an. Jedoch glaubte dies nur ein Drittel aller Techniker. Ein ähnliches Ergebnis ergab sich neun Jahre später bei der Umfrage im Jahre 2000, veröffentlicht in GEHRIG / MENKHOFF (2004). Hier wurde der gesamte Rücklauf nach Berufsgruppen geordnet. Dabei zeigte sich, dass für Devisenhändler die Technische Analyse in größerem Ausmaß eine self-fulfilling prophecy ist als für Fondsmanager. Es ist festzuhalten, dass etwa die Hälfte der Marktteilnehmer die Technische Analyse als self-fulfilling prophecy ansieht. Diese Marktteilnehmer nutzen also die Technische Analyse, weil andere dies auch tun.

---

245 Umkehrpunkte sind gleichzeitig Endpunkt eines Trends und Startpunkt eines weiteren, in die entgegengesetzte Richtung verlaufenden Trends.

3.2.6 Weitere Einflussfaktoren auf den Kurs

CHEUNG / CHINN (1999b), CHEUNG / CHINN / MARSH (2000) und CHEUNG / WONG (2000) untersuchten, welche Faktoren neben den Fundamentaldaten und dem auf einer Technischen Analyse beruhenden Handel den Wechselkurs noch beeinflussen. Nach CHEUNG / CHINN (1999b) spielen in den USA im Intraday-Bereich Überreaktionen, Bandwagon-Effekte und sonstige Spekulationen neben der Technischen Analyse eine große Rolle. Die Fundamentalanalyse ist bei diesem kurzfristigen Zeithorizont dagegen kaum von Bedeutung. Bei einem Zeithorizont von bis zu sechs Monaten sind Fundamentaldaten der wichtigste Einflussfaktor, jedoch haben Technische Analyse und sonstige Spekulationen eine ähnliche Bedeutung. Die Technische Analyse wird hier wichtiger eingeschätzt als im Intraday-Bereich. Eine geringe Bedeutung besitzen auch noch Bandwagon-Effekte, wogegen Überreaktionen bereits als unbedeutend eingestuft werden. Nach Auffassung der befragten Marktteilnehmer wird der Wechselkurs langfristig fast ausschließlich von Fundamentaldaten bestimmt. CHEUNG / CHINN / MARSH (2000) erhielten für Großbritannien und CHEUNG / WONG (2000) für Hong Kong, Tokio und Singapur sehr ähnliche Ergebnisse. Es wird also auch hier der Technischen Analyse mittelfristig eine größere Bedeutung beigemessen als bei den anderen beiden Zeithorizonten. Nach CHEUNG / WONG (2000) steht die Technische Analyse mittelfristig an allen drei Börsenplätzen sogar an erster Stelle vor den Fundamentaldaten. Dies wiederum bestätigt die Ergebnisse für Deutschland und Österreich von MENKHOFF (1997), (1998) und GEHRIG / MENKHOFF (2003), (2004), welche die Technische Analyse als vorrangige Analysemethode für mittlere Zeithorizonte identifizierten.[246]

Daneben können auch bestimmte Personen als Einflussfaktoren identifiziert werden. MENKHOFF (1998) zeigte, dass eine deutliche Mehrheit der befragten deutschen Devisenmarktteilnehmer der Meinung ist, dass bestimmte Meinungsführer existieren, die über besonders wertvolle Informationen verfügen und gute Beziehungen zu diesen Meinungsführern deshalb die eigene Performance verbessern können. Diese Marktteilnehmer streben also nach einem den Meinungsführern gleichgerichteten Verhalten. Auch dies kann als Herdenverhalten bezeichnet werden.

---

[246] Im Intraday-Bereich dominiert dagegen die Flow-Analyse, im langfristigen Bereich die Fundamentalanalyse.

3.2.7 Erwartungsbildung der Marktteilnehmer

Oben wurde untersucht, welche Analysemethoden die Marktteilnehmer für ihre Erwartungsbildung und damit für die Erstellung einer Wechselkursprognose für einen bestimmten Zeithorizont verwenden. In diesem Zusammenhang ist die Frage interessant, zu welchem Grad die Marktteilnehmer den Wechselkurs überhaupt für prognostizierbar halten. Bei CHEUNG / CHINN (1999a) hielt eine überwiegende Mehrheit der befragten Marktteilnehmer aus den USA den Wechselkurs im Intraday-Bereich für nicht prognostizierbar. Bei mittleren und langen Zeithorizonten hielten sich dagegen ablehnende und zustimmende Antworten in etwa die Waage. Dies wird von CHEUNG / CHINN / MARSH (2000) für Großbritannien bestätigt. Auch hier lag der Durchschnitt der Antworten auffallend nahe beieinander und zwar etwa in der Mitte zwischen den Extrempositionen „keine Prognostizierbarkeit" und „hohe Prognostizierbarkeit". Dagegen hielten die Marktteilnehmer den ganz kurzfristigen Wechselkurs auf Intraday-Basis für kaum prognostizierbar. Eine Erwartungsbildung ist nur sinnvoll, wenn man den Wechselkurs zumindest zum Teil für prognostizierbar hält und nicht davon ausgeht, dass dieser sich auf einem Zufallspfad entwickelt. Die Bildung einer Wechselkurserwartung bezüglich eines zukünftigen Zeitpunkts bedeutet insofern den Aufbau einer gewissen Kontrolle, als man dann der Wechselkursentwicklung nicht vollkommen hilflos ausgeliefert ist. Die theoretische Grundlage dieses Versuchs der Marktteilnehmer, über die Erwartungsbildung eine gewisse Kontrolle über die Zukunft zu erlangen, bildet die *Theorie der kognizierten Kontrolle*.[247]

GEHRIG / MENKHOFF (2004) erhoben für Deutschland und Österreich, welche Informationsquellen die Marktteilnehmer benutzen, um den entsprechenden Input für ihre Erwartungsbildung zu erhalten. Dabei werden direkte Gespräche mit anderen Marktteilnehmern als eine besonders wichtige Informationsquelle gesehen. Dies erleichtert die Diffusion bestimmter Meinungen und Überzeugungen von Marktteilnehmern, was tendenziell zu einem gleichgerichteten Handelsverhalten unter den miteinander in Kontakt stehenden Marktteilnehmern führt. Dies ist ein Indiz für Herdenverhalten.

ALLEN / TAYLOR (1990) stellten hinsichtlich der Erwartungsbildung von Nutzern der Technischen Analyse fest, dass längerfristige Prognosen fehlerhafter waren als kürzerfristige Prognosen, dass die Erwartungen in Trend-

---

[247] Dieses Konzept wird in Kapitel 5.3 behandelt. Dabei wird auch darauf eingegangen, welche systematischen Entscheidungsfehler sich in Zusammenhang mit diesem Kontrolltrieb ergeben können.

phasen zutreffender waren als bei Trendwechsel und dass die Kursveränderungen im Rahmen von Trends systematisch unterschätzt wurden.

3.2.8 Stabilisierende bzw. destabilisierende Rolle der Spekulation

Bereits FRIEDMAN (1953) ist der Ansicht, dass auf dem Devisenmarkt zwar Marktteilnehmer existieren können, die auch nicht-fundamentale Informationen nutzen, jedoch diese Marktteilnehmer durch den Marktprozess eliminiert werden, weil die Strategie einer reinen Fundamentalanalyse prinzipiell überlegen sei. Die Ergebnisse von MENKHOFF (1997) deuten jedoch darauf hin, dass es nicht notwendigerweise zu einer derartigen Eliminierung kommt und Marktteilnehmer, die auch nicht-fundamentale Informationen nutzen, durchaus permanent auf dem Markt existieren und somit einen spürbaren Preiseinfluss ausüben können. Das bedeutet, dass die Nutzung ausschließlich fundamentaler Daten nicht notwendigerweise eine überlegene Strategie ist.

In diesem Zusammenhang steht auch die Frage, ob Spekulation im Sinne eines nicht ausschließlich durch eine Fundamentalanalyse motivierten Devisenhandels stabilisierend in Richtung des fundamental gerechtfertigten Werts wirkt oder destabilisierend den Kurs von diesem Fundamentalwert wegbewegt. In den USA sind nach CHEUNG / CHINN (1999b) knapp zwei Drittel der Marktteilnehmer der Meinung, dass Spekulation stabilisierend wirkt. Ferner glauben drei Viertel, dass Spekulation die Markteffizienz erhöht. Mehr als vier Fünftel der Marktteilnehmer sind davon überzeugt, dass sowohl die Marktliquidität als auch die Volatilität des Wechselkurses durch die Spekulation ansteigt. Von den befragten britischen Marktteilnehmern ging nach CHEUNG / WONG (2000) etwa die Hälfte von einer stabilisierenden Wirkung der Spekulation aus. Gleichwohl war eine deutliche Mehrheit der Ansicht, dass Spekulation sowohl Volatilität als auch Marktliquidität und Markteffizienz erhöht. Somit ist von den Umfragen her nicht eindeutig festzustellen, ob Spekulation stabilisierend oder destabilisierend wirkt.

3.2.9 Beeinflussung durch offene Devisenpositionen

MENKHOFF (1998) stellte die Frage, ob die Marktteilnehmer in ihren Entscheidungen durch offene Devisenpositionen beeinflusst werden. Eine überwältigende Mehrheit der befragten deutschen Devisenmarktteilnehmer war dieser Ansicht. Dies gilt sowohl für „Fundamentalisten“ wie auch für „Nicht-Fundamentalisten“. Eine spätere Umfrage aus dem Jahr 2001, veröffentlicht in GEHRIG / MENKHOFF (2003) und (2004), ergab nicht so klare Ergebnisse für Deutschland und Österreich. Nach GEHRIG / MENKHOFF (2003) gaben die Nutzer der Technischen Analyse und der Fundamentalanalyse an, dass sie nur mäßig durch eigene offene Devisenpositionen beeinflusst werden. Nutzer der Flow-Analyse glaubten an eine stärkere Beeinflussung. Nach GEHRIG / MENKHOFF (2004) gingen die Fondsmanager davon aus, dass sie nicht so stark durch eigene Positionen beeinflusst werden, die Devisenhändler dagegen glaubten dies schon. Insgesamt schloss aber auch bei GEHRIG / MENKHOFF (2003) und (2004) ein großer Teil der Marktteilnehmer nicht aus, durch eigene offene Positionen in der persönlichen Entscheidung beeinflusst zu werden. Ein wichtiges Charakteristikum einer offenen Position ist der *Einstandspreis*[248], zu dem man eine Währung gegen eine andere erworben hat. Entscheider tendieren nun dazu, weitere Informationen relativ zu diesem Referenzpunkt zu bewerten. Die auf dem Markt verfügbaren Informationen sind zwar objektiv für alle gleich, dennoch können Entscheider wegen der relativen Bewertung ausgehend vom individuellen Referenzpunkt zu unterschiedlichen Entscheidungen gelangen.[249] Somit befinden sie sich in einer individuellen Entscheidungssituation, in einem eigenen so genannten *Entscheidungsrahmen*. Die unterschiedliche subjektive Darstellung von Entscheidungssituationen sowie die daraus resultierenden Entscheidungsanomalien sind Gegenstand der *Framing*-Theorie.[250]

---

[248] Der Einstandspreis ist der Kaufkurs eines Wertes unter Berücksichtigung sämtlicher Transaktionskosten für diesen Kauf.

[249] Weitere Referenzpunkte, an welchen eine relative Bewertung ansetzt, können Höchst- und Tiefstkurse sein.

[250] Vgl. Kapitel 5.1.

Kapitel				**3.2.1**	**3.2.2**
	Veröffentlichung	**...basiert auf Umfrage vom**	**Handelszentren**	**Anlagehorizont und Abwicklungsform der Transaktionen**	**Wirkung von Fundamentaldaten**
3.1.1	ALLEN / TAYLOR (1990)	Juni 1988 – März 1989	London		
3.1.2	TAYLOR / ALLEN (1992)	Juni 1988 – März 1989	London		
3.1.3	MENKHOFF (1997)	August 1992	Deutschland		
3.1.4	MENKHOFF (1998)	August 1992	Deutschland	Offenhalten von Verlustpositionen	
3.1.5	LUI / MOLE (1998)	Februar 1995	Hong Kong		Verwendete Varianten
3.1.6	CHEUNG / CHINN (1999a)	Oktober 1996 – November 1997	USA	Abwicklungsform der Transaktionen	
3.1.7	CHEUNG / CHINN (1999b)	Oktober 1996 – November 1997	USA		Verwendete Varianten; Widerspiegelung im Kurs; Anpassungszeitraum; Bedeutung der Kaufkraftparität
3.1.8	CHEUNG / WONG (1999)	Oktober 1995 – Januar 1996	Hong Kong, Tokio, Singapur		Anpassungszeitraum
3.1.9	CHEUNG / CHINN / MARSH (2000)	1998	Großbritannien	Abwicklungsform der Transaktionen	Widerspiegelung im Kurs; Bedeutung der Kaufkraftparität
3.1.10	CHEUNG / WONG (2000)	Oktober 1995 – Januar 1996	Hong Kong, Tokio, Singapur		Widerspiegelung im Kurs
3.1.11	OBERLECHNER (2001)	Frühjahr 1996	Frankfurt, London, Wien, Zür.		
3.1.12	MENKHOFF (2001)	August 1992	Deutschland	Zeithorizont der Marktteilnehmer	Anpassungszeitraum
3.1.13	GEHRIG / MENKHOFF (2003)	Juni 2001 – Juli 2001	Deutschland und Österreich	Zeithorizont der Marktteilnehmer	
3.1.14	GEHRIG / MENKHOFF (2004)	Juni 2001 – Juli 2001	Deutschland und Österreich	Zeithorizont der Marktteilnehmer	Anpassungszeitraum

Tab. 1: Systematisierung der Umfrageergebnisse, Teil 1; Quelle: Eigene Darstellung

Kapitel	Veröffentlichung	3.2.3 Fundamentaldaten versus psychologische Einflüsse	3.2.4 Bedeutung verschiedener Analysemethoden	3.2.5 Technische Analyse
3.1.1	ALLEN / TAYLOR (1990)			
3.1.2	TAYLOR / ALLEN (1992)		TA, FA; Komplementarität	Verwendete Varianten; Ausstattung mit und Rolle von Analysten
3.1.3	MENKHOFF (1997)	Bedeutung von Fundamentaldaten vs. psychologischer Einflüsse	TA, FA, Flow	TA als Second-Best-Lösung; TA als self-fulfilling-prophecy
3.1.4	MENKHOFF (1998)	Bedeutung von Fundamentaldaten vs. psychologischer Einflüsse	TA, FA, Flow	
3.1.5	LUI / MOLE (1998)		TA; FA; eigener Zeithorizont vs. Zeithorizont des Marktes; Komplementarität	Verwendete Varianten; TA für Trends u. Umkehrpunkte
3.1.6	CHEUNG / CHINN (1999a)			
3.1.7	CHEUNG / CHINN (1999b)		TA, FA, Jobbing, Kundenaufträge	
3.1.8	CHEUNG / WONG (1999)		TA, FA, Jobbing, Kundenaufträge	
3.1.9	CHEUNG / CHINN / MARSH (2000)		TA, FA, Jobbing, Kundenaufträge;	
3.1.10	CHEUNG / WONG (2000)			
3.1.11	OBERLECHNER (2001)	Bedeutung von „Gefühlen“ vs. Rationalität	TA, FA	
3.1.12	MENKHOFF (2001)			
3.1.13	GEHRIG / MENKHOFF (2003)	Bedeutung von Fundamentaldaten vs. psych. Einflüsse	TA, FA, Flow	
3.1.14	GEHRIG / MENKHOFF (2004)	Bedeutung von Fundamentaldaten vs. psych. Einflüsse	TA, FA, Flow	TA als self-fulfilling prophecy

Tab. 2: Systematisierung der Umfrageergebnisse, Teil 2; Quelle: Eigene Darstellung

Kapitel	Veröffentlichung	3.2.6 Weitere Einflussfaktoren auf den Kurs	3.2.7 Erwartungsbildung der Marktteilnehmer	3.2.8 Stab. bzw. destab. Rolle der Spekulation	3.2.9 Beeinflussung durch offene Dev. positionen
3.1.1	ALLEN / TAYLOR (1990)		Überprüfung von WK-Erwartungen		
3.1.2	TAYLOR / ALLEN (1992)				
3.1.3	MENKHOFF (1997)			Eliminierung durch den Marktprozess	
3.1.4	MENKHOFF (1998)	Einfluss von Meinungsführern			Einfluss eigener offener Positionen
3.1.5	LUI / MOLE (1998)				
3.1.6	CHEUNG / CHINN (1999a)		Prognostizierbarkeit des WK		
3.1.7	CHEUNG / CHINN (1999b)	Überreaktionen, Bandwagon-Effekte, sonst. Spekulationen, TA-Handel, Fundamentaldaten		Spekulation stabilisierend / destabilisierend	
3.1.8	CHEUNG / WONG (1999)				
3.1.9	CHEUNG / CHINN / MARSH (2000)	Überreaktionen, Bandwagon-Effekte, sonst. Spekulationen, TA-Handel, Fundamentaldaten	Prognostizierbarkeit des WK		
3.1.10	CHEUNG / WONG (2000)	Überreaktionen, Bandwagon-Effekte, sonst. Spekulationen, TA-Handel, Fundamentaldaten		Spekulation stabilisierend / destabilisierend	
3.1.11	OBERLECHNER (2001)				
3.1.12	MENKHOFF (2001)				
3.1.13	GEHRIG / MENKHOFF (2003)				Einfluss eigener offener Positionen
3.1.14	GEHRIG / MENKHOFF (2004)		Informationsquellen		Einfluss eigener offener Positionen

Tab. 3: Systematisierung der Umfrageergebnisse, Teil 3; Quelle: Eigene Darstellung

4 Entscheidungsverhalten auf dem Devisenmarkt aus präskriptiver Sicht

In Kapitel 3 wurde anhand einer Reihe von Umfragen unter Devisenmarktteilnehmern das tatsächliche Entscheidungsverhalten auf dem Devisenmarkt dargestellt. Die Frage ist nun, ob dieses Verhalten dazu geeignet ist, die Ziele des einzelnen Marktteilnehmers bestmöglich zu erreichen. Steht also dieses Verhalten im Einklang mit einem aus normativer Sicht erforderlichen Entscheidungsverhalten? Um dieser Frage nachzugehen, soll in diesem Kapitel kurz dieses erforderliche Entscheidungsverhalten dargestellt werden.

Um das menschliche Entscheidungsverhalten zu erfassen, werden in der entscheidungstheoretischen Literatur Entscheidungsmodelle entwickelt. Diese Modelle sind der *deskriptiven* und/oder *präskriptiven* Entscheidungs-theorie zuzuordnen. Modelle der deskriptiven Entscheidungstheorie bilden das tatsächlich zu beobachtende menschliche Entscheidungsverhalten ab. Die präskriptive Entscheidungstheorie formuliert dagegen Handlungsempfehlungen für die Entscheider. Unter Berücksichtigung der Ziele, die der Entscheider verfolgt, beschreibt die normative Entscheidungstheorie ein Entscheidungsverhalten, mit welchem der Entscheider eine optimale Zielerreichung erzielt. Dieses in Bezug auf die Ziele optimale Verhalten wird als *rational* bezeichnet.[251]

Im Bereich der für den Devisenmarkt relevanten Entscheidungssituationen unter Risiko ist die aus dem *BERNOULLI-Prinzip* hervorgegangene *Erwartungsnutzentheorie* das dominierende und weitestgehend unumstrittene normative Entscheidungsmodell.[252] Das BERNOULLI-Prinzip ist ein Entscheidungsprinzip für Entscheidungen unter Risiko, d.h. das Individuum ordnet den Handlungsalternativen objektive oder subjektive Wahrscheinlichkeiten zu. Im Gegensatz zur Entscheidungsregel der Maximierung des Gewinnerwartungswertes etwa maximiert das Individuum beim BERNOULLI-Prinzip den Nutzen, den die Ergebnisse dem Individuum stiften.

---

[251] Vgl. LAUX (2003), S. 2
[252] Vgl. KAHNEMAN / TVERSKY (1979), S. 263

4.1 Grundlagen

Dieses Entscheidungsprinzip basiert auf einem Vorschlag von Daniel BERNOULLI aus dem Jahr 1732 zur Lösung eines Entscheidungsproblems, des *Petersburger Paradoxons*. BERNOULLI zeigte, dass die Maximierung des Gewinnerwartungswerts keine allgemeingültige Entscheidungsregel sein kann.[253] Beim Petersburger Spiel wirft ein Individuum solange eine Münze mit den Seiten „Kopf" und „Zahl", bis das erste Mal „Zahl" erscheint. Nur wenn das Ergebnis „Zahl" schließlich eintritt, erhält das Individuum einen Geldbetrag. Dieser Betrag ist abhängig davon, wie viele Würfe zuvor stattfanden. Wird beim ersten Wurf „Zahl" erzielt, erhält das Individuum zwei Geldeinheiten. Beim zweiten Wurf sind es 2^2 Geldeinheiten, tritt erst beim n-ten Wurf das Ergebnis „Zahl" auf, werden 2^n Geldeinheiten ausbezahlt. Ist das Individuum bereit, den Gewinnerwartungswert als Preis für die Teilnahme an dem Spiel zu bezahlen, müsste es dafür einen unendlich hohen Geldbetrag aufbringen:

$$E(\tilde{Z}) = 2 \cdot \frac{1}{2} + 4 \cdot \frac{1}{4} + \ldots + n \cdot \frac{1}{n} = \infty$$

Natürlich kann kein Individuum diesen Preis bezahlen, genauso wenig wird ein Individuum bereit sein, sein ganzes Vermögen für dieses Spiel aufzubringen. Es besteht also eine Diskrepanz zwischen dem Ergebnis der Entscheidungsregel und dem tatsächlichen, beobachtbaren Entscheidungsverhalten. Wie kann diese Diskrepanz erklärt werden?

BERNOULLI ging davon aus, dass sich Individuen nicht am Erwartungswert der Ergebnisse selbst, sondern am Erwartungswert des Nutzens orientieren, den die Ergebnisse stiften.[254] Dies erfordert, dass das Individuum jedem Ergebnis Y_{hd} einen Nutzenwert u zuordnen kann.

[253] Vgl. LAUX (2003), S. 154f.
[254] Vgl. LAUX (2003), S. 164f.

Damit wird aus der Zielfunktion des Entscheidungskriteriums der Erwartungswertmaximierung

$$\sum_{i=1}^{D} w(d_i) \cdot Y_{hi} \quad \rightarrow \quad \underset{h}{\text{Max!}}$$

die Zielfunktion des BERNOULLI-Prinzips, also des Entscheidungsprinzips der Maximierung des erwarteten Nutzens:

$$\sum_{i=1}^{D} w(d_i) \cdot u(Y_{hi}) \quad \rightarrow \quad \underset{h}{\text{Max!}}$$

BERNOULLI ging außerdem davon aus, dass ein bestimmtes Ergebnis bei unterschiedlichen Individuen auch unterschiedliche Nutzenwerte stiften kann. Damit sind die Zuordnung von Nutzenwerten und die resultierende Nutzenfunktion individuell. Um das BERNOULLI-Prinzip in eine Entscheidungsregel zu überführen, ist jedoch eine konkrete Feststellung von Nutzenwerten nötig. Das bedeutet, dass zwar das BERNOULLI-Prinzip als allgemeingültig angesehen werden kann, Entscheidungsregeln auf Basis des BERNOULLI-Prinzips aber nicht allgemeingültig sein können.

Zur Lösung des *Petersberger Paradoxons* schlägt BERNOULLI der Einfachheit halber die Konkretisierung $u(Y_{hd}) = \ln Y_{hd}$ vor. Somit wäre das Individuum, für welches diese Nutzenfunktion gilt, bereit, für die Teilnahme am *Petersburger Spiel* in etwa vier Geldeinheiten zu bezahlen.

4.2 Axiomatische Begründung der Erwartungsnutzentheorie nach LUCE / RAIFFA (1957)

Diese Überlegungen von BERNOULLI wurden gegen Mitte des 20. Jahrhunderts wieder aufgegriffen. Zunächst wurde die Maximierung des Erwartungsnutzens von VON NEUMANN / MORGENSTERN (1944) axiomatisch[255] begründet. Nach VON NEUMANN / MORGENSTERN (1944) wurde die Erwartungsnutzentheorie von mehreren Autoren axiomatisch begründet, wobei diese Axiomensysteme sehr ähnlich sind.[256] An dieser Stelle soll anhand des Axiomensystems von LUCE / RAIFFA (1957) exemplarisch gezeigt werden, wie mit Hilfe dieser Axiome ein Verhalten gemäß dem BERNOULLI-Prinzip bzw. der Erwartungsnutzentheorie erklärt werden kann.[257]

LR(I) Ordinales Prinzip

Das Ordnungsaxiom besagt, dass das Individuum jedes beliebige Paar von Ergebnissen Y_1 und Y_2 in eine Reihenfolge bringen kann, welche die Präferenzen des Individuums widerspiegelt.[258] Damit gilt für ein beliebiges Paar von Ergebnissen:

$$Y_1 \succ Y_2 \quad \vee \quad Y_1 \prec Y_2 \quad \vee \quad Y_1 \sim Y_2$$

Das zweite Axiom, das zum ordinalen Prinzip gezählt wird, ist das Transitivitätsaxiom. Die Beziehung zwischen den Ergebnissen, die mittels des Ordnungsaxioms gereiht werden, ist transitiv.[259] Somit gilt:

$$Y_1 \succ Y_2 \quad \wedge \quad Y_2 \succ Y_3 \quad \Rightarrow \quad Y_1 \succ Y_3$$

LR (II) Stetigkeitsprinzip

Es sei eine Lotterie angenommen, die mit der Wahrscheinlichkeit w_1 das Ergebnis Y_1 und mit $w_2 = 1 - w_1$ das Ergebnis Y_2 ergibt. Neben

---

[255] Ein Axiomensystem ist ein System von Verhaltenspostulaten, deren Einhaltung eine notwendige und hinreichende Bedingung für ein rationales Verhalten im Sinne der Erwartungsnutzentheorie darstellt.

[256] Vgl. LAUX (2003), S. 171

[257] Neben dem Axiomensystem von LUCE / RAIFFA (1957) wurden noch andere Systeme entwickelt, um das
BERNOULLI-Prinzip zu fundieren, z.B. von SCHNEEWEISS (1967) oder BAMBERG / COENENBERG (1996). Diese Axiomensysteme unterscheiden sich aber nur unwesentlich vom Konzept von LUCE / RAIFFA (1957), so dass die Gültigkeit des BERNOULLI-Prinzips von der Gültigkeit bzw. der Akzeptanz der Axiome von LUCE / RAIFFA (1957) abhängig gemacht werden kann. Die Darstellung der Axiome ist angelehnt an LAUX (2003), S. 171 – 179.

[258] Vgl. LUCE / RAIFFA (1957), S. 25

[259] Vgl. LUCE / RAIFFA (1957), S. 25

der Lotterie existiere noch das sichere Ergebnis Y_3. Wenn nun für das Individuum die Präferenzordnung $Y_1 \succ Y_3 \succ Y_2$ gilt, dann muss eine Wahrscheinlichkeit w* existieren, bei der das Individuum zwischen der Lotterie und dem sicheren Ergebnis indifferent ist.[260] Das Individuum ist in der Lage, w* anzugeben. Im Falle von $w < w^*$ wird dann das sichere Ergebnis bevorzugt, bei $w > w^*$ die Lotterie. Gemäß dem Stetigkeitsprinzip erfolgt bei einer kontinuierlich ansteigenden Wahrscheinlichkeit w ein stetiger Übergang von einer Bevorzugung des sicheren Ergebnisses über Indifferenz bis zu einer Bevorzugung der Lotterie. Bezogen auf die Nutzenzuordnung bedeutet dies, dass jedem Ergebnis genau ein Nutzenwert zugeordnet wird. Das ergibt jedoch nicht notwendigerweise einen stetigen Verlauf der Nutzenfunktion.

LR (III) Substitutionsprinzip

Es sei eine Lotterie angenommen, welche mit der Wahrscheinlichkeit w_1 das Ergebnis Y_1 und mit $w_2 = 1 - w_1$ das Ergebnis Y_2 erbringt. Daneben sei eine zweistufige Lotterie angenommen, die mit der gleichen Wahrscheinlichkeit w_1 das Ergebnis Y_1 erzielt. Mit der Wahrscheinlichkeit $w_2 = 1 - w_1$ ergebe sich jedoch eine zweite Lotterie, die mit w_3 das Ergebnis Y_3 und mit $w_4 = 1 - w_3$ das Ergebnis Y_4 ergibt. Somit beträgt die Eintrittswahrscheinlichkeit für Y_3 vor Durchführung der ersten Stufe $w_2 \cdot w_3$, für das Ergebnis Y_4 beträgt sie entsprechend $w_2 \cdot w_4$.

Außerdem sei angenommen, dass das Individuum zwischen einem sicheren Ergebnis Y_2 und jener Lotterie indifferent sei, die mit w_3 das Ergebnis Y_3 und mit $w_4 = 1 - w_3$ das Ergebnis Y_4 ergibt. Das Substitutionsprinzip besagt nun, dass die einstufige und die zweistufige Lotterie für das Individuum gleichwertige Wahrscheinlichkeitsverteilungen besitzen, so dass sich das Individuum bezüglich der beiden Lotterien indifferent verhält.[261]

LR (IV) Reduktionsprinzip

Gegeben sei die zweistufige Lotterie aus Axiom III, wobei $Y_1 = Y_3$ angenommen wird. Zudem existiere eine einstufige Lotterie, die mit der

---

[260] Vgl. LUCE / RAIFFA (1957), S. 27
[261] Vgl. LUCE / RAIFFA (1957), S. 27

Wahrscheinlichkeit $w_5 = w_1 + w_2 \cdot w_3$ das Ergebnis $Y_5 = Y_1 = Y_3$ und mit $w_6 = w_2 \cdot w_4 = 1 - w_5$ das Ergebnis $Y_6 = Y_4$ erbringt. Aufgrund dieser Konstruktion sind die Eintrittswahrscheinlichkeiten für $Y_1 = Y_3$ und Y_4 bei beiden Lotterien identisch. Gemäß dem Reduktionsprinzip ist das Individuum bezüglich dieser beiden Lotterien indifferent.[262]

LR (V) Monotonieprinzip

Gegeben sei die Lotterie aus Axiom II. Außerdem existiere eine zweite einstufige Lotterie, welche mit w_7 das Ergebnis $Y_7 = Y_1$ und mit w_8 das Ergebnis $Y_8 = Y_2$ erreiche. Eine Reihung der Ergebnisse ergebe $Y_7 = Y_1 \succ Y_8 = Y_2$. Das Monotonieprinzip besagt, dass das Individuum die erste (zweite) Lotterie bevorzugt, wenn $w_1 > w_7$ $(w_1 < w_7)$ und somit $w_2 < w_8$ $(w_2 > w_8)$ gilt.[263]

LR (VI) Transitivitätsprinzip bezüglich der Handlungsalternativen

Das Individuum verfügt nicht nur über eine transitive Präferenzordnung der Ergebnisse, wie dies in Axiom I angenommen wird, sondern auch über eine transitive Präferenzordnung der Handlungsalternativen.[264] Damit gilt für drei beliebige Handlungsalternativen:

$$h_1 \succ h_2 \quad \wedge \quad h_2 \succ h_3 \quad \Rightarrow \quad h_1 \succ h_3$$

Worin besteht nun der Zusammenhang zwischen diesen Axiomen und dem BERNOULLI-Prinzip? Im Folgenden soll anhand eines Beispiels gezeigt werden, dass das BERNOULLI-Prinzip als Entscheidungsprinzip logisch aus den oben genannten Axiomen folgt.[265] Akzeptiert man diese Axiome, so hat man auch das BERNOULLI-Prinzip zu akzeptieren.

---

[262] Vgl. LUCE / RAIFFA (1957), S. 26

[263] Vgl. LUCE / RAIFFA (1957), S. 28

[264] Vgl. LUCE / RAIFFA (1957), S. 28

[265] Dieses Beispiel eines Entscheidungsproblems ist übernommen von LAUX (2003), S. 175 – 179.

Gegeben sei eine Entscheidungssituation mit zwei Handlungsalternativen, drei Umweltzuständen und den folgenden Geldeinheiten als Ergebnisse:

	d_1 mit $w_1 = 0{,}25$	d_2 mit $w_2 = 0{,}25$	d_3 mit $w_3 = 0{,}5$
h_1	10000	2000	3000
h_2	6000	8000	−1000

Tab. 4: Beispiel einer Ergebnismatrix
Quelle: LAUX (2003), S. 175

Gemäß dem Ordnungsaxiom ist das Individuum in der Lage, eine Präferenzordnung der Ergebnisse aufzustellen. Es sei angenommen, dass das Individuum einen höheren Gewinn einem niedrigeren vorzieht. Daraus folgt $Y_{11} \succ Y_{22} \succ Y_{21} \succ Y_{13} \succ Y_{12} \succ Y_{23}$.[266]

Nun müssen den Ergebnissen Nutzenwerte zugeordnet werden. Die Nutzenwerte des besten und des schlechtesten Ergebnisses werden auf $u(Y_{11}) = 1$ und $u(Y_{23}) = 0$ normiert. Aufgrund des Stetigkeitsprinzips kann das Individuum eine Indifferenzwahrscheinlichkeit w* angeben, bei welcher es indifferent ist in Bezug auf ein bestimmtes sicheres Ergebnis und einer Lotterie, die Y_{11} mit der Wahrscheinlichkeit w* und Y_{23} mit $1 - w^*$ erbringt. Diese Indifferenzwahrscheinlichkeiten werden im Rahmen eines Vergleichs jedes Ergebnisses mit dieser speziellen Lotterie ermittelt und dienen im Folgenden als Nutzenwerte der jeweiligen Ergebnisse. Damit ergibt sich für alle Ergebnisse mit Ausnahme von Y_{11} und Y_{23}: $1 > u(Y_{hd}) > 0$.

	d_1 mit $w_1 = 0{,}25$	d_2 mit $w_2 = 0{,}25$	d_3 mit $w_3 = 0{,}5$	Nutzenerwartungswerte
h_1	$u(10000) = 1$	$u(2000)$	$u(3000)$	$\frac{1}{4} \cdot 1 + \frac{1}{4} \cdot u(2000) + \frac{1}{2} \cdot u(3000)$
h_2	$u(6000)$	$u(8000)$	$u(-1000) = 0$	$\frac{1}{4} \cdot u(6000) + \frac{1}{4} \cdot u(8000) + \frac{1}{2} \cdot 0$

Tab. 5: Beispiel einer Entscheidungsmatrix
Quelle: LAUX (2003), S. 176

266 Die Konvention bei der Indexreihenfolge lautet Y_{hd}.

Im Rahmen der Zuordnung von Nutzenwerten wurden für jedes Ergebnis äquivalente Lotterien ermittelt. Gemäß dem Substitutionsprinzip können diese Ergebnisse durch die jeweils äquivalente Lotterie ersetzt werden, da aus Sicht des Individuums gleichwertige Wahrscheinlichkeitsverteilungen vorliegen. Es sollen nun alle Ergebnisse mit Ausnahme von Y_{11} und Y_{23} durch die zugehörige äquivalente Lotterie ersetzt werden, so dass ein zweistufiges Entscheidungsproblem entsteht:

	d_1 mit $w_1 = 0{,}25$	**d_2 mit $w_2 = 0{,}25$**	**d_3 mit $w_3 = 0{,}5$**
h_1	10000	Y_{21}: 10000 mit $w_{21} = u(2000)$ Y_{22}: -1000 mit $w_{22} = 1 - u(2000)$	Y_{31}: 10000 mit $w_{31} = u(3000)$ Y_{32}: -1000 mit $w_{32} = 1 - u(3000)$
h_2	Y_{11}: 10000 mit $w_{21} = u(6000)$ Y_{12}: -1000 mit $w_{22} = 1 - u(6000)$	Y_{21}: 10000 mit $w_{21} = u(8000)$ Y_{22}: -1000 mit $w_{22} = 1 - u(8000)$	-1000

Tab. 6: Beispiel einer Entscheidungsmatrix nach Anwendung des Substitutionsprinzips
Quelle: Eigene Darstellung

In einem nächsten Schritt wird die Entscheidungsmatrix gemäß dem Reduktionsprinzip wieder zu einem einstufigen Entscheidungsproblem umgewandelt. Im Unterschied zur Ausgangssituation weisen beide Handlungsalternativen nun zwei verschiedene Ergebnisse mit unterschiedlichen Eintrittswahrscheinlichkeiten auf:

h_1	10000 mit $w = \frac{1}{4} + \frac{1}{4} \cdot u(2000) + \frac{1}{2} \cdot u(3000)$	-1000 mit $w = \frac{1}{4} \cdot (1 - u(2000)) + \frac{1}{2} \cdot (1 - u(3000))$
h_2	10000 mit $w = \frac{1}{4} \cdot u(6000) + \frac{1}{4} \cdot u(8000)$	-1000 mit $w = \frac{1}{4} \cdot (1 - u(6000)) + \frac{1}{4} \cdot (1 - u(8000)) + \frac{1}{2}$

Tab. 7: Beispiel eines Vergleichs zweier Handlungsalternativen nach Anwendung des Monotonieprinzips
Quelle: Eigene Darstellung

Nun wählt das Individuum aufgrund des Monotonieprinzips jene Handlungsalternative, bei der die Eintrittswahrscheinlichkeit für das Ergebnis *10000 Geldeinheiten* höher ist. Unter Berücksichtigung der Transitivität bezüglich der Handlungsalternativen ergibt sich schließlich die folgende Bedingung:

$$h_1 \succsim h_2 \quad \text{falls} \quad \frac{1}{4}+\frac{1}{4}\cdot u(2000)+\frac{1}{2}\cdot u(3000) \geq \frac{1}{4}\cdot u(6000)+\frac{1}{4}\cdot u(8000)$$

sowie

$$h_1 \precsim h_2 \quad \text{falls} \quad \frac{1}{4}+\frac{1}{4}\cdot u(2000)+\frac{1}{2}\cdot u(3000) \leq \frac{1}{4}\cdot u(6000)+\frac{1}{4}\cdot u(8000)$$

Diese aus den Axiomen abgeleitete Entscheidungsbedingung ist identisch mit dem BERNOULLI-Entscheidungsprinzip, da jene Handlungsalternative mit dem höchsten Erwartungsnutzen gewählt wird.

4.3 Axiomatische Begründung der Erwartungsnutzentheorie nach TVERSKY / KAHNEMAN (1986)

An dieser Stelle soll ein zweites Axiomensystem dargestellt werden, mit welchem auch ein Verhalten nach der Erwartungsnutzentheorie begründet werden kann.[267]

TK (I) *Dominance*

Gemäß diesem Axiom bevorzugt ein Individuum eine h_1 gegenüber einer h_2, wenn h_1 in mindestens einem Umweltzustand ein für das Individuum vorteilhafteres Ergebnis und in allen anderen Umweltzuständen ein gleich vorteilhaftes Ergebnis liefert als h_2. Es ist unmittelbar einsichtig, dass rationales Verhalten die Wahl der dominierenden Alternative erfordert.

[267] Dieses System wird hier deshalb als weiteres Axiomensystem dargestellt, weil mithilfe der Axiome von TVERSKY / KAHNEMAN (1986) leichter gezeigt werden kann, dass die in Kapitel 5 angeführten Verhaltensweisen nicht im Einklang mit der Erwartungsnutzentheorie stehen.

TK (II) ***Invariance***

Dieses Axiom fordert von einem rationalen Entscheider, dass er bei inhaltlich identischen Entscheidungssituationen immer dieselbe Alternative wählt, auch wenn ihm die Entscheidungssituationen auf unterschiedliche Weise geschildert und vermittelt werden. Die Beschreibung bzw. Darstellung der Entscheidungssituation darf also keinen Einfluss auf das Entscheidungsverhalten ausüben. Auch hier ist klar, dass kein rationales Verhalten im Sinne einer normativen Entscheidungstheorie vorliegen kann, wenn bei inhaltlich identischen Entscheidungssituationen unterschiedliche Alternativen gewählt werden.

TK (III) ***Transitivity***

Dieses Transitivitätsaxiom steht in engem Zusammenhang mit dem ordinalen Prinzip von LUCE / RAIFFA (1957). Auch dieses Axiom erfordert, dass das Individuum allen Ergebnissen einen Nutzenwert zuordnen und dadurch alle Ergebnisse in eine Präferenzordnung bringen kann.

$$Y_1 \succ Y_2 \quad \Leftrightarrow \quad u(Y_1) > u(Y_2) \qquad \text{für alle Y}$$

Dieses Axiom ist eine notwendige und hinreichende Bedingung für die Darstellung der Präferenzen der Individuen bezüglich der Ergebnisse in Form einer ordinalen Nutzenfunktion.

TK (IV) ***Cancellation***

Das Cancellation-Axiom besagt, dass eine vom Individuum gewünschte Rangordnung von Handlungsalternativen bestehen bleibt, wenn die Handlungsalternativen in der identischen Art und Weise verändert werden:

$$h_1 \succ h_2 \quad \Leftrightarrow \quad h_1 \cdot g \succ h_2 \cdot g$$
$$h_1 \prec h_2 \quad \Leftrightarrow \quad h_1 \cdot g \prec h_2 \cdot g$$
$$h_1 = h_2 \quad \Leftrightarrow \quad h_1 \cdot g = h_2 \cdot g$$

Diese mit g bezeichneten Veränderungen haben unabhängig von der Wahl des Individuums das gleiche Ergebnis zur Folge. Dabei existiert eine Reihe von Möglichkeiten, wie die Handlungsalternativen in gleicher Weise verändert werden können. Denkbar ist die Multiplikation der Eintrittswahrscheinlichkeiten oder aller Ergebnisse mit einem identischen Faktor.

4.4 Fazit

Die beiden in den Abschnitten 4.2 und 4.3 dargestellten Axiomensysteme beschreiben Marktteilnehmer, die ihre Entscheidungen gemäß der Erwartungsnutzentheorie fällen. Da die Erwartungsnutzentheorie als normative Entscheidungstheorie weitestgehend unumstritten ist,[268] lässt sich die Aussage treffen, dass ein Entscheider dann einen optimalen Zielerreichungsgrad sicherstellt und damit rational handelt, wenn er gemäß der Erwartungsnutzentheorie entscheidet.

Die traditionellen Wechselkursmodelle setzen Marktteilnehmer voraus, welche im Sinne der Erwartungsnutzentheorie rational handeln. Demnach entwickelt sich der Wechselkurs dann entsprechend den traditionellen Modellen, wenn die Marktteilnehmer im Einklang mit der Erwartungsnutzentheorie handeln. Weichen sie jedoch von diesem rationalen Verhalten ab, dann können auf dem Markt Kursverläufe resultieren, die mithilfe der traditionellen Modelle nicht erklärt werden können.

Tatsächlich wurde in Kapitel 3 festgestellt, dass auf dem Devisenmarkt eine Reihe von Entscheidungsanomalien[269] herrscht. Es existiert also Entscheidungsverhalten, welches vom durch die obigen Axiome beschriebenen Entscheidungsverhalten abweicht. Da die traditionellen Wechselkursmodelle aber die mikroökonomische Ebene des Entscheidungsverhaltens der Marktteilnehmer ausblenden und ein Handeln ausschließlich auf der Basis der Fundamentaldaten voraussetzen, könnten die Entscheidungsanomalien ein Grund für die schwachen empirischen Ergebnisse der traditionellen Wechselkursmodelle sein.

Um diesen Anomalien weiter auf den Grund zu gehen, sollen im Folgenden die theoretischen Grundlagen der entdeckten Anomalien dargestellt werden.

---

[268] Vgl. KAHNEMAN / TVERSKY (1979), S. 263

[269] Die Verwendung des Begriffs Anomalie erfordert die Definition einer „normalen" Entscheidung. Diese Benchmark ist ein rationales Entscheidungsverhalten im Sinne der Maximierung des erwarteten Nutzens, welches durch die obigen Axiome beschrieben ist.

5 Theoretische Grundlagen der auf dem Devisenmarkt identifizierten Entscheidungsanomalien

5.1 Framing

Eine Entscheidungssituation ist festgelegt durch die Handlungsalternativen, die Umweltzustände mit den zugehörigen Eintrittswahrscheinlichkeiten und die einzelnen Ergebnisse. TVERSKY / KAHNEMAN (1981) unterschieden zwischen dieser objektiven Beschreibung einer Entscheidungssituation und der subjektiven, vom Menschen als Entscheidungssubjekt wahrgenommenen und begriffenen Entscheidungssituation. Dabei postulierten sie, dass eine Entscheidung unterschiedlich ausfallen kann, wenn eine objektiv identische Entscheidungssituation dem Entscheidungssubjekt auf unterschiedliche Art und Weise vermittelt wird.[270]

Diese unterschiedliche Darstellung derselben Entscheidungssituation wird als *Framing*, die vom Individuum wahrgenommene Entscheidungssituation als *Entscheidungsrahmen* (*decision frame*) bezeichnet. Dieser Entscheidungsrahmen ist einerseits von der objektiven Entscheidungssituation, andererseits aber auch von gesellschaftlichen Normen und persönlichen Gewohnheiten und Charaktermerkmalen abhängig.[271] Damit kann auch die Auswahl einer Handlungsalternative, also die Entscheidung selbst, individuell unterschiedlich ausfallen. Dennoch vertraten TVERSKY / KAHNEMAN (1981) die Auffassung, dass bei gleicher Art und Weise der Vermittlung einer Entscheidungssituation grundsätzlich alle Menschen gleiche Verhaltensmuster an den Tag legen.[272]

Je nachdem, welche Bestandteile einer Entscheidungssituation unterschiedlich dargestellt werden, kann zwischen einem Framing der Ergebnisse, einem Framing der Handlungsalternativen und einem Framing der Eintrittswahrscheinlichkeiten unterschieden werden.

---

[270] Damit steht dieses Entscheidungsverhalten in direktem Widerspruch zum Invariance-Axiom. Vgl. TVERSKY / KAHNEMAN (1981), S. 453

[271] Vgl. TVERSKY / KAHNEMAN (1981), S. 453

[272] Vgl. TVERSKY / KAHNEMAN (1981), S. 453

5.1.1 Framing von Ergebnissen

Das Framing von Ergebnissen wurde von TVERSKY / KAHNEMAN (1981) mittels des folgenden Entscheidungsproblems demonstriert, welches 152 Studierenden vorgelegt wurde. Diese hypothetische Entscheidungssituation wurde unter dem Namen *Asian Disease*-Problem bekannt:

(1)
„Stellen Sie sich vor, die Vereinigten Staaten bereiten sich auf den Ausbruch einer ungewöhnlichen asiatischen Krankheit vor, an welcher voraussichtlich 600 Menschen sterben werden. Zwei alternative Programme zur Bekämpfung der Krankheit stehen zur Debatte. Nehmen Sie dabei folgende wissenschaftliche Vorhersagen für die beiden Programme an:

- Falls Programm A umgesetzt wird, werden 200 Menschen gerettet.
- Falls Programm B umgesetzt wird, werden mit einer Wahrscheinlichkeit von 1/3 600 Menschen gerettet und wird mit einer Wahrscheinlichkeit von 2/3 niemand gerettet.“[273]

Eine zweite Gruppe von 155 Studierenden bearbeitete das gleiche Entscheidungsproblem, wobei als Ergebnis der Programme nicht die Anzahl der überlebenden Menschen, sondern die Anzahl der Opfer angegeben wurde.

(2)

- „Falls Programm C umgesetzt wird, werden 400 Menschen sterben.
- Falls Programm D umgesetzt wird, wird mit einer Wahrscheinlichkeit von 1/3 niemand sterben und werden mit einer Wahrscheinlichkeit von 2/3 600 Menschen sterben.“[274]

Die Programme A und C sind objektiv identisch, ebenso die Programme B und D. Jedoch werden A und B als *Gewinnrahmen*, C und D dagegen als *Verlustrahmen* beschrieben. Ein Gewinnrahmen ist eine Entscheidungssituation, bei der ausschließlich Ergebnisse eintreten können, die für den Entscheider entweder eine Beibehaltung des Status quo oder eine Verbesserung seiner Situation bedeuten. Analog dazu können in einem Verlustrahmen ausschließlich Ergebnisse eintreten, die für den Entscheider entweder eine Beibehaltung des Status quo oder eine Verschlechterung seiner Situation bedeuten. Entscheidend ist also nicht, ob die Ergebnisse absolute Gewinne oder Verluste darstel-

[273] TVERSKY / KAHNEMAN (1981), S. 453
[274] TVERSKY / KAHNEMAN (1981), S. 453

len, sondern ob sie der Entscheider als Gewinne oder Verluste, also als Verbesserung oder Verschlechterung seines Status quo wahrnimmt.

Das Framing der Ergebnisse als Gewinne bzw. Verluste hatte eine massive Auswirkung auf das Entscheidungsverhalten der Probanden. Es entschieden sich im Gewinnrahmen 72 Prozent der Probanden für die sichere Rettung von 200 Menschen (A) und 28 Prozent für die risikobehaftete Handlungsalternative B. Im Verlustrahmen dagegen entschieden sich 22 Prozent der Studierenden für den sicheren Tod von 400 Menschen (und damit für die sichere Rettung von 200 Menschen) im Rahmen von Programm C. 78 Prozent wählten die risikobehaftete Handlungsalternative D.

Wie ist dieses Ergebnis zu erklären? Die Darstellung der Alternativen A und B als Gewinnrahmen beim Entscheidungsproblem (1) führt dazu, dass der Entscheider von 600 Todesopfern ausgeht. Dieser Status quo wird auch als *Referenzpunkt* bezeichnet. Von diesem Referenzpunkt aus werden entweder Menschen gerettet oder es bleibt bei 600 Todesopfern. In diesem Fall handelten die Entscheider risikoavers. Die überwiegende Mehrheit der Probanden zog eine sichere Rettung von Menschenleben einer risikobehafteten Handlungsalternative mit dem gleichen Erwartungswert geretteter Menschen vor.

Die Alternativen C und D wurden als Verlustrahmen beschrieben. Diese Formulierung führt dazu, dass der Entscheider von einem Referenzpunkt von zunächst keinen Opfern ausgeht. Von dieser Basis aus sterben entweder Menschen oder es fallen der Krankheit keine Menschen zum Opfer. Hier war eine Handlungsalternative, die den sicheren Tod von Menschen bedeutet, für die meisten Versuchsteilnehmer offenbar nicht akzeptabel. Sie entschieden sich mehrheitlich für die risikobehaftete Alternative mit dem gleichen Erwartungswert von Opfern und verhielten sich demnach risikofreudig. Somit verstießen die Entscheider beim *Asian Disease*-Problem gegen das Invariance-Prinzip.

Die Beobachtung, dass Entscheidungen von der unterschiedlichen Darstellung objektiv identischer Entscheidungssituationen abhängig sind, wird allgemein als *Framing-Effekt* bezeichnet.[275] Jener Framing-Effekt, der bei der unterschiedlichen Darstellung von Ergebnissen aufgrund des unterschiedlichen Referenzpunkts auftritt, heißt *Referenzpunkt-Effekt*. Liegt insofern ein

[275] Vgl. SCHMOOK u.a. (2002), S. 289. Diese Entscheidungsanomalie ist eine Heuristik mit dem Ziel, die Komplexität von Entscheidungssituationen zu reduzieren. Vgl. HIRSHLEIFER (2001), S. 1543 – 1545

spezielles Framing von Ergebnissen vor, als die Ergebnisse sowohl als Gewinn als auch als Verlust dargestellt werden, so verhalten sich die Entscheider im Gewinnbereich risikoscheu und im Verlustbereich risikofreudig. Dieser spezielle Referenzpunkt-Effekt wird als *Präferenzumkehr* oder *Reflection-Effekt* bezeichnet.[276]

TVERSKY / KAHNEMAN (1986) zeigten, dass der Referenzpunkt-Effekt auch im monetären Kontext[277] auftritt. Dazu führten sie eine entsprechende Untersuchung durch, bei der sie 126 Probanden das folgende Entscheidungsproblem vorlegten:

(3)
„Nehmen Sie an, Sie seien um $300 reicher als Sie es tatsächlich sind. Wählen Sie nun zwischen

[A] einem sicheren Gewinn von $100 und

[B] einem Gewinn von $200, welcher mit einer Wahrscheinlichkeit von 0,5 eintritt und keinem Gewinn mit einer Wahrscheinlichkeit von 0,5."[278]

Eine Gruppe von 128 Probanden wurde dagegen vor folgende Wahl gestellt:

(4)
„Nehmen Sie an, Sie seien um $500 reicher als Sie es tatsächlich sind. Wählen Sie nun zwischen

[C] einem sicheren Verlust von $100 und

[D] keinem Verlust mit einer Wahrscheinlichkeit von 0,5 und einem Verlust von $200, welcher mit einer Wahrscheinlichkeit von 0,5 eintritt."[279]

Die Entscheidungssituationen (3) und (4) sind insofern strukturell identisch mit (1) und (2), als die Alternativen A und C sowie B und D objektiv die gleichen Ergebnisse beschreiben. A und C bedeuten für den Entscheider $400 mit Sicherheit, wobei B und D einen Erwartungswert von $400 besitzen.

---

[276] Somit ist der Reflection-Effekt ein Spezialfall eines Framing-Effektes. Vgl. SCHMOOK u.a. (2002), S. 288

[277] Als *Entscheidungsprobleme im monetären Kontext* werden jene Entscheidungssituationen bezeichnet, deren Ergebnisse in Geldeinheiten ausgedrückt werden.

[278] TVERSKY / KAHNEMAN (1986), S. 258

[279] TVERSKY / KAHNEMAN (1986), S. 258

TVERSKY / KAHNEMAN (1986) beobachteten ebenso wie beim Asian Disease-Problem auch im monetären Kontext einen Referenzpunkt-Effekt in Form eines Reflection-Effekts: Es entschieden sich 72 Probanden für A, 28 Prozent für B. Dagegen wählten 36 Prozent C und 64 Prozent D. Durch die einleitende Annahme liegt der Referenzpunkt bei A und B bei $300. (3) ist demnach ein Gewinnrahmen, auf den die Entscheider mit Risikoaversion reagieren. Bei C und D wird der Referenzpunkt auf $500 erhöht. (4) ist daher ein Verlustrahmen, auf den die Entscheider mit Risikofreude reagieren.

5.1.2 Mental Accounting

Im Zusammenhang mit der Wahrnehmung von Ergebnissen führten TVERSKY / KAHNEMAN (1981) das Konzept des *Mental Accounting* ein. Den Sachverhalt soll das folgende Entscheidungsproblem illustrieren. Einer Gruppe von 183 Probanden wurde die folgende Frage gestellt:

(5)
„Stellen Sie sich vor, Sie haben sich entschlossen, ein Theaterstück anzusehen. Eine Eintrittskarte kostet $10. Als Sie das Theater betreten, bemerken Sie, dass Sie eine $10-Banknote verloren haben. Würden Sie in diesem Fall immer noch $10 für eine Eintrittskarte bezahlen?“[280]

Eine weitere Gruppe von 200 Personen wurde vor das folgende Entscheidungsproblem gestellt:

(6)
„Stellen Sie sich vor, Sie haben sich entschlossen, ein Theaterstück anzusehen und bereits eine Eintrittskarte für $10 gekauft. Als Sie das Theater betreten, bemerken Sie, dass Sie die Eintrittskarte verloren haben. Würden Sie in diesem Fall eine weitere Eintrittskarte für $10 kaufen?“[281]

In beiden Fällen standen die Entscheider vor der Frage, ob sie $10 für ein Theaterstück ausgeben wollen, wobei sie zuvor einen Verlust von $10 erlitten hatten. Wird lediglich diese Entscheidungssituation betrachtet, so sind die beiden Fragestellungen identisch und es müsste sich in beiden Fällen der gleiche Prozentsatz von Probanden für einen Kauf der Karte entscheiden. TVERSKY / KAHNEMAN (1981) beobachteten aber ein davon abweichen-

[280] TVERSKY / KAHNEMAN (1981), S. 457
[281] TVERSKY / KAHNEMAN (1981), S. 457

des Entscheidungsverhalten. Bei (5) entschieden sich 88 Prozent der Probanden für einen Kauf der Eintrittskarte, 12 Prozent dagegen. Bei (6) wählten 46 Prozent einen erneuten Kauf der Karte, 54 Prozent lehnten das ab. Der einzige Unterschied in beiden Fragestellungen liegt in der Art, wie die $10 verloren gingen. TVERSKY / KAHNEMAN (1981) führten dieses Entscheidungsverhalten darauf zurück, dass die Entscheider bei (6) den Verlust der $10 in Form der Eintrittskarte mit der Entscheidung, eine weitere Eintrittskarte zu kaufen, verknüpften. Dadurch nahmen sie einen Kaufpreis von de facto $20 wahr. Der Verlust einer $10-Banknote dagegen wurde nicht mit der Kaufentscheidung in Verbindung gebracht, so dass hier der tatsächliche Kaufpreis von $10 wahrgenommen wurde. Da ein geringerer Anteil der Probanden bereit ist $20 auszugeben als $10, lehnten bei (6) mehr Entscheider den Kauf ab.

Grundsätzlich werden die Ergebnisse von Entscheidungen isoliert betrachtet, d.h. für die Entscheidung objektiv nicht relevante Informationen spielen bei der Bewertung keine Rolle. Die Analyse der Entscheidungssituation kann man sich bildlich als ein mentales Konto (Mental Account) vorstellen. Bei der Entscheidungssituation (5) existierten die Handlungsalternativen „Kauf" und „kein Kauf". Die Handlungsalternative „Kauf" ist mit Kosten in Höhe von $10 und dem Nutzen des Theaterbesuchs verbunden. Ist der Nutzen höher als der zu bezahlende Geldbetrag, dann sind die „Kosten-Nutzen-Rechnung" und das mentale Konto „positiv". Da mit der zweiten Handlungsalternative weder Kosten noch ein Nutzen verbunden sind, wird der Entscheider die erste Handlungsalternative wählen. Wird das Entscheidungsproblem in dieser Form isoliert betrachtet, spricht man von einem *Minimalkonto*.[282]

Bei der Bildung derartiger Konten können aber auch Informationen Eingang finden, die objektiv nichts mit der Entscheidung zu tun haben. Ein Beispiel dafür ist Entscheidungssituation (6). Der Verlust der Eintrittskarte bedeutet denselben materiellen Verlust wie der Verlust der $10-Banknote. Dennoch tendieren die Entscheider dazu, den Verlust der Eintrittskarte den Kosten für den Theaterbesuch hinzuzufügen. Dem Nutzen des Theaterbesuchs stehen dann Kosten in Höhe von $20 entgegen. Das veranlasst mehr Entscheider dazu, von einem Kauf abzusehen.[283]

---

[282] Vgl. TVERSKY / KAHNEMAN (1981), S. 456 – 457. Bei allen anderen Entscheidungssituationen in diesem Kapitel zu Framing wird die Bildung von Minimalkonten angenommen, da in der Formulierung der Entscheidungssituationen irrelevante Informationen fehlen.

[283] Es liegt hier ein Sonderfall des Framings von Ergebnissen vor. Durch die Variation von Informationen, die für die Entscheidung objektiv irrelevant sind, kann bei den Entscheidern die Wahrnehmung von Ergebnissen manipuliert werden. Das resultiert in einem un-

5.1.3 Framing von Handlungsalternativen

Ein Beispiel für eine unterschiedliche Darstellung von Handlungsalternativen ist die folgende Entscheidungssituation, welche TVERSKY / KAHNEMAN (1981) 150 Probanden vorlegten:

(7)
„Stellen Sie sich vor, Sie stehen gleichzeitig vor den folgenden beiden Entscheidungsproblemen. Lesen Sie sich beide Entscheidungsprobleme durch und geben Sie dann an, welche Alternative Sie jeweils bevorzugen.

Entscheidung (i). Wählen Sie zwischen:

A. einem sicheren Gewinn von $240 und
B. einem Gewinn von $1000, welcher mit einer Wahrscheinlichkeit von 0,25 eintritt und keinem Gewinn mit einer Wahrscheinlichkeit von 0,75.

Entscheidung (ii). Wählen Sie zwischen:

C einem sicheren Verlust von $750,
D einem Verlust von $1000, welcher mit einer Wahrscheinlichkeit von 0,75 eintritt und keinem Verlust mit einer Wahrscheinlichkeit von 0,25."[284]

Alle 150 Probanden mussten beide Entscheidungen treffen. Dabei wählten in der Entscheidungssituation (i), welche einen Gewinnrahmen darstellt, 84 Prozent Alternative A und 16 Prozent Alternative B, obwohl der Erwartungswert bei B sogar geringfügig höher ist. Im Verlustrahmen der Entscheidungssituation (ii) gaben 13 Prozent der Probanden Alternative C den Vorzug, 87 Prozent wählten D. Auch hier zeigt sich wie im Asian Disease-Problem Risikoaversion im Gewinnrahmen und Risikofreude im Verlustrahmen.[285]

Da die Entscheidungen (i) und (ii) gleichzeitig getroffen wurden, konnten auch die Kombinationen der Handlungsalternativen erhoben werden. Möglich sind also A und C, B und C, A und D sowie B und D. Am öftesten wurden A und D mit 73 Prozent gewählt, am seltensten B und C mit nur 3 Prozent.

---

terschiedlichen Entscheidungsverhalten, obwohl das Entscheidungsproblem selbst identisch ist. Es liegt also auch hier ein Verstoß gegen das Invariance-Axiom vor.

[284] TVERSKY / KAHNEMAN (1981), S. 454

[285] Es ist zu beachten, dass hier im Gegensatz zum Asian Disease Problem die Alternativen A und C und die Alternativen B und D nicht jeweils objektiv identisch sind.

TVERSKY / KAHNEMAN (1981) legten 86 dieser 150 Probanden zusätzlich die folgende Entscheidungssituation vor:

(8)
„Wählen Sie zwischen:

A & D einem Gewinn von $240, welcher mit einer Wahrscheinlichkeit von 0,25 eintritt und einem Verlust von $760, welcher mit einer Wahrscheinlichkeit von 0,75 eintritt,

B & C einem Gewinn von $250, welcher mit einer Wahrscheinlichkeit von 0,25 eintritt und einem Verlust von $750, welcher mit einer Wahrscheinlichkeit von 0,75 eintritt.“[286]

In dieser Entscheidungssituation ist die Dominanz von B & C anscheinend für die Probanden offensichtlich, 100 Prozent entschieden sich für B & C, 0 Prozent für A & D. Jedoch sind B & C und A & D identisch mit den gleichnamigen Kombinationen der beiden zuvor dargestellten Entscheidungsprobleme (i) und (ii), bei welchen sich nur 3 Prozent für B und C, aber 73 Prozent für A und D entschieden haben.

Mittels dieser gemeinsamen Analyse von (7) und (8) kann festgestellt werden, dass eine unterschiedliche Darstellung objektiv identischer Handlungsalternativen einen Einfluss auf das Entscheidungsverhalten hat, dass also auch ein Framing von Handlungsalternativen einen Framing-Effekt hervorruft. Dieser Framing-Effekt führt dazu, dass in bestimmten Entscheidungssituationen nicht die dominierende Alternative gewählt und somit neben dem Invariance-Axiom auch das Dominance-Axiom verletzt wird.

5.1.4 Framing von Eintrittswahrscheinlichkeiten und der Certainty-Effekt

Neben Ergebnissen und Handlungsalternativen können auch Wahrscheinlichkeiten auf unterschiedliche Weise dargestellt werden. Um zu untersuchen, ob auch hier ein Framing-Effekt auftritt, haben TVERSKY / KAHNEMAN (1981) die folgenden drei Entscheidungsprobleme jeweils einer anderen Gruppe von Probanden vorgelegt:[287]

[286] TVERSKY / KAHNEMAN (1981), S. 454

[287] Problem (a) wurde 77 Probanden vorgelegt, Problem (b) bearbeiteten 85 Personen und Problem (c) 81 Personen.

(9)
„Welche der folgenden Alternativen bevorzugen Sie?
A ein sicherer Gewinn von $30,
B ein Gewinn von $45, welcher mit einer Wahrscheinlichkeit von 0,8 eintritt und kein Gewinn mit einer Wahrscheinlichkeit von 0,2."[288]

(10)
„Stellen Sie sich das folgende zweistufige Spiel vor. In der ersten Stufe endet das Spiel mit einer Wahrscheinlichkeit von 0,75, wobei kein Gewinn erzielt wird. Mit einer Wahrscheinlichkeit von 0,25 erreicht der Spieler die zweite Stufe. Wird die zweite Stufe erreicht, besteht eine Wahlmöglichkeit zwischen den folgenden beiden Alternativen:
C ein sicherer Gewinn von $30,
D ein Gewinn von $45, welcher mit einer Wahrscheinlichkeit von 0,8 eintritt [und kein Gewinn mit einer Wahrscheinlichkeit von 0,2, Anm. d. Verf.]
Sie müssen Ihre Entscheidung treffen, bevor das Spiel beginnt, bevor also der Ausgang der ersten Stufe bekannt ist. Bitte geben Sie die von Ihnen gewünschte Alternative an."[289]

(11)
„Welche der folgenden Alternativen bevorzugen Sie?
E ein Gewinn von $30, welcher mit einer Wahrscheinlichkeit von 0,25 eintritt [und kein Gewinn mit einer Wahrscheinlichkeit von 0,75, Anm. d. Verf.]
F ein Gewinn von $45, welcher mit einer Wahrscheinlichkeit von 0,2 eintritt [und kein Gewinn mit einer Wahrscheinlichkeit von 0,8, Anm. d. Verf.]"[290]

Die Entscheidungssituationen (9) und (11) unterscheiden sich lediglich darin, dass die Gewinnwahrscheinlichkeiten bei (11) jeweils um den Faktor 4 geringer sind. Hinsichtlich dieser beiden Entscheidungssituationen fordert das Cancellation-Axiom der Erwartungsnutzentheorie, dass Entscheider, die A wählen, auch E wählen müssen. Ebenso müssen Entscheider, die B wählen, auch F wählen.

[288] TVERKY / KAHNEMAN (1981), S. 455
[289] TVERKY / KAHNEMAN (1981), S. 455
[290] TVERKY / KAHNEMAN (1981), S. 455

Ist das nicht der Fall, wählen sie also z.B. A und F, entsteht ein Widerspruch:[291]

(9)

$$u(30) > 0{,}8 \cdot u(45) + 0{,}2 \cdot u(0) \quad |:4$$
$$0{,}25 \cdot u(30) > 0{,}2 \cdot u(45) + 0{,}05 \cdot u(0)$$

(11)

$$0{,}2 \cdot u(45) + 0{,}8 \cdot u(0) > 0{,}25 \cdot u(30) + 0{,}75 \cdot u(0)$$
$$0{,}2 \cdot u(45) + 0{,}05 \cdot u(0) > 0{,}25 \cdot u(30)$$

TVERSKY / KAHNEMAN (1981) beobachteten diesen Widerspruch tatsächlich in erheblichem Maße. Bei (9) wählten 78 Prozent der Probanden den sicheren Gewinn, 22 Prozent die Alternative B.[292] Bei Problem (11) hingegen entschieden sich 42 Prozent für E und 58 Prozent für F. Offensichtlich führt die Veränderung der Eintrittswahrscheinlichkeiten zumindest dann zu Präferenzverschiebungen, wenn bei einem Entscheidungsproblem eine sichere Alternative existiert und bei dem anderen nicht. In diesem Fall wird die sichere Alternative relativ stärker bevorzugt.[293] Daher bezeichneten TVERSKY / KAHNEMAN (1981) diese Verletzung des Cancellation-Axioms als *Certainty-Effekt.*[294] Ursprünglich entdeckt wurde dieser Effekt jedoch schon von ALLAIS (1953) und wird seitdem auch *ALLAIS-Paradoxon* genannt.

Vergleicht man die Entscheidungssituationen (10) und (11), so ist zu erkennen, dass die Handlungsalternativen sowohl hinsichtlich der Ergebnisse als auch hinsichtlich der Eintrittswahrscheinlichkeiten identisch sind. Der Unterschied besteht nur im Framing, also der unterschiedlichen Darstellung der

---

291 Prinzipiell besteht der gleiche Widerspruch auch bei einer Wahl von B und E.

292 Dieses Ergebnis zeigt im Übrigen eine ausgeprägte Risikoaversion im Gewinnrahmen, denn der Erwartungswert von (B) liegt um 20 Prozent über dem sicheren Ergebnis von (A).

293 Der Vergleich der Situationen (A) und (C) ist zwar insofern kein Framing von Eintrittswahrscheinlichkeiten, als hier nicht identische Wahrscheinlichkeiten den Entscheidern auf unterschiedliche Weise vermittelt wurden, denn die Eintrittswahrscheinlichkeiten sind ja unterschiedlich. TVERSKY / KAHNEMAN (1981) stellten das beschriebene Phänomen dennoch in diesem Kontext dar, da eine Veränderung der Eintrittswahrscheinlichkeiten der Alternativen um den gleichen Faktor gemäß der Erwartungsnutzentheorie keine Präferenzverschiebung nach sich ziehen dürfte.

294 Eine ähnliche Untersuchung, welche in KAHNEMAN / TVERSKY (1979) veröffentlicht wurde, bestätigt ebenfalls den *Certainty-Effekt.* Dieser Effekt konnte auch für andere Ergebnisarten, z.B. für Urlaubsreisen und für den Verlust von Menschenleben, belegt werden, vgl. TVERSKY / KAHNEMAN (1981), S. 455.

Eintrittswahrscheinlichkeiten. Die Vorschaltung der zusätzlichen Stufe bei (10) führt dazu, dass sich die ex ante-Gewinnwahrscheinlichkeit bei Alternative C von 1 auf 0,25 und bei D von 0,8 auf 0,2 reduziert. TVERSKY / KAHNEMAN (1981) zeigten, dass die relative Attraktivität von C zu D und von E zu F für die Entscheider aber trotzdem unterschiedlich ist. Bei (10) entscheiden sich nämlich 74 Prozent der Probanden für C und 26 Prozent für D, wogegen sich bei (11) 42 Prozent für E und 58 Prozent für F entscheiden. Eine Reihe von Versuchsteilnehmern verstößt also gegen das Invariance-Axiom.

Die Tatsache, dass das Entscheidungsverhalten bei (10) zudem jenem bei (9) sehr ähnlich ist, deutet darauf hin, dass die Entscheider den Einfluss der ersten Stufe auf die Eintrittswahrscheinlichkeiten bei C und D ignorieren.[295] Das bedeutet, dass C als sichere Alternative wahrgenommen wird, was objektiv jedoch nicht zutrifft. Aus diesem Grund bezeichneten TVERSKY / KAHNEMAN (1981) die Präferenzverschiebung zwischen (10) und (11) als *Pseudocertainty-Effekt*.[296]

Unabhängig davon, ob Eintrittswahrscheinlichkeiten sicher sind oder nicht zeigt ein Vergleich dieser drei Entscheidungsprobleme, dass Entscheider dazu tendieren, Informationen zu ignorieren, die nicht zur Unterscheidung der Handlungsalternativen beitragen.[297] Das ähnliche Entscheidungsverhalten bei (9) und (10) sowie das unterschiedliche Verhalten bei (10) und (11) deuten darauf hin, dass die Probanden die erste Stufe von Entscheidungsproblem (10) ignorieren. Entscheider streben danach, das Problem zu vereinfachen, indem sie scheinbar irrelevante Informationen nicht in die Analyse mit einbeziehen.[298] Diese Vorgehensweise kann jedoch zu inkonsistenten Präferenzen und damit zu systematischen Verletzungen der Axiome der Erwartungsnutzentheorie führen, wie die unterschiedlichen Ergebnisse der objektiv identischen Handlungsalternativen bei (10) und (11) zeigen. Man spricht hierbei von einem *Isolation-Effekt*.[299]

---

[295] Vgl. TVERSKY / KAHNEMAN (1981), S. 455

[296] Auch dieser Effekt konnte in unterschiedlichen Kontexten belegt werden, vgl. TVERSKY / KAHNEMAN (1981), S. 455.

[297] Vgl. KAHNEMAN / TVERSKY (1979), S. 271

[298] Vgl. KAHNEMAN / TVERSKY (1979), S. 271

[299] Vgl. KAHNEMAN / TVERSKY (1979), S. 271

5.1.5 Überschätzung geringer Eintrittswahrscheinlichkeiten

In diesem Zusammenhang ist ein weiterer Effekt zu nennen, welcher die Wahrnehmung von Wahrscheinlichkeiten betrifft. KAHNEMAN / TVERSKY (1979) legten einer Gruppe von 66 Probanden die folgenden zwei Entscheidungsprobleme vor.

(12)
Beim ersten ist zwischen einer Alternative A mit einer Wahrscheinlichkeit von 0,45, 6000 Geldeinheiten zu gewinnen und mit einer Wahrscheinlichkeit von 0,55, nichts zu gewinnen und einer Alternative B mit einer Wahrscheinlichkeit von 0,90, 3000 Geldeinheiten zu gewinnen und mit einer Wahrscheinlichkeit von 0,10 nichts zu gewinnen zu wählen. Der Erwartungswert beider Alternativen beträgt 2700 Geldeinheiten.

(13)
Beim zweiten Entscheidungsproblem ist zwischen einer Alternative C mit einer Wahrscheinlichkeit von 0,001, 6000 Geldeinheiten zu gewinnen und mit einer Wahrscheinlichkeit von 0,999 nichts zu gewinnen und einer Alternative D mit einer Wahrscheinlichkeit von 0,002 3000 Geldeinheiten zu gewinnen und mit einer Wahrscheinlichkeit von 0,998 nichts zu gewinnen zu wählen. Hier ergibt sich bei beiden Alternativen ein Erwartungswert von 6 Geldeinheiten.

Bei (12) wählten 86 Prozent der Probanden B, 14 Prozent entschieden sich für A. Jedoch wählten bei (13) 73 Prozent der Teilnehmer C und nur 27 Prozent D. Dementsprechend müssen sich eine große Zahl von Probanden gleichzeitig für B und C entschieden haben.[300] Dieses Verhalten bedeutet einen Widerspruch in den Präferenzen, da eine Verletzung des Cancellation-Axioms vorliegt:

(12)
$$0{,}45 \cdot u(6000) < 0{,}90 \cdot u(3000)$$

(13)
$$0{,}001 \cdot u(6000) > 0{,}002 \cdot u(3000) \quad | \cdot 450$$
$$0{,}45 \cdot u(6000) > 0{,}90 \cdot u(3000)$$

300 Zu ähnlichen Ergebnissen kommen MACCRIMMON / LARSSON (1979).

KAHNEMAN / TVERSKY (1979) behaupteten aufgrund dieser Resultate, dass Entscheider sehr kleinen Eintrittswahrscheinlichkeiten ein höheres Gewicht beimessen als es durch die Erwartungsnutzentheorie gerechtfertigt wäre.[301] Sehr kleine Eintrittswahrscheinlichkeiten werden also überschätzt.

5.1.6 Empirische Ergebnisse zu den Framing Effekten

Auf Kapitalmärkten und demnach auch auf dem Devisenmarkt wirkt für den Marktteilnehmer in erster Linie der *Einstandspreis*[302] eines Engagements als Referenzpunkt.[303] Das bedeutet, dass während eines laufenden Engagements weniger der absolute Kurs des zugrundeliegenden Werts, sondern in erster Linie die Kursveränderungen zum Einstandspreis wahrgenommen werden. Daraus folgt, dass sich der Marktteilnehmer risikoavers verhält, wenn sich der aktuelle Kurs über dem Einstandspreis befindet und risikofreudig ist, wenn der aktuelle Kurs unter dem Einstandspreis notiert. Dass der Framing-Effekt auf dem Devisenmarkt auftritt, zeigen die Umfragen unter Devisenmarktteilnehmern in MENKHOFF (1998) und MENKHOFF (2004).[304]

Es können sich auch andere Referenzpunkte ergeben. Bei einem über längere Zeit laufenden Engagement kann ein zwischenzeitlich erreichter Höchstkurs als Referenzpunkt wirken.[305] Befindet sich der aktuelle Kurs unterhalb dieses Höchstkurses, aber über dem Einstandskurs, so kann das ein Marktteilnehmer somit auch als Verlustsituation auffassen, weil er offensichtlich nicht den optimalen Ausstiegszeitpunkt erwischt hat. Zudem können einem Marktteilnehmer, der nicht auf eigene Rechnung handelt, auch bestimmte Gewinn- oder Renditeziele vorgegeben sein, die dann für ihn einen Referenzpunkt darstellen.[306]

Grundsätzlich haben die Marktteilnehmer unterschiedliche individuelle Referenzpunkte, so dass sich keine homogene Wirkung auf den Kursverlauf und damit kein systematisches Kursmuster ableiten lässt. Dennoch kann festgehalten werden, dass der Referenzpunkt-Effekt durch die Verletzung des Invariance-Axioms irrationales Verhalten darstellt und daher zumindest für ei-

[301] Vgl. KAHNEMAN / TVERSKY (1979), S. 267

[302] Der Einstandspreis ist der Kaufkurs eines Wertes unter Berücksichtigung sämtlicher Transaktionskosten für diesen Kauf.

[303] VON NITZSCH / FRIEDRICH (1999), S. 56

[304] Vgl. Kapitel 3.2.9

[305] VON NITZSCH / FRIEDRICH (1999), S. 56

[306] VON NITZSCH / FRIEDRICH (1999), S. 57

nen Teil der Diskrepanz zwischen dem von den traditionellen Wechselkursmodellen prognostizierten und dem tatsächlichen Wechselkurs verantwortlich sein kann.

Die Aufdeckung von Framing-Effekten insbesondere in den Arbeiten KAHNEMAN / TVERSKY (1979) und TVERSKY / KAHNEMAN (1981) hat eine Reihe von Autoren motiviert, die Gültigkeit dieser Effekte im Falle unterschiedlicher Entscheidungskontexte, Wahrscheinlichkeiten, Ergebnishöhen und anderer Einflussfaktoren zu überprüfen. Diese Untersuchungen sollten zeigen, wie allgemeingültig Framing-Effekte bei menschlichen Entscheidungen sind. Eine Auswahl derartiger Arbeiten soll im Folgenden zusammengefasst werden.

KÜHBERGER / SCHULTE-MECKLENBECK / PERNER (1999) kamen zum Ergebnis, dass insbesondere im Verlustrahmen die Risikofreude umso größer ist, je wichtiger das zugrundeliegende Gut für den Entscheider ist. Ein sicherer Verlust von Menschenleben ist weniger akzeptabel als ein sicherer Verlust von Geldeinheiten.

In einer Untersuchung stellten MILLER / FAGLEY (1991) fest, dass die Notwendigkeit, Entscheidungen begründen zu müssen, eine Auswirkung auf die Framing-Effekte hat. Wird eine derartige Begründung verlangt, so fallen die Framing-Effekte schwächer aus als wenn die Probanden ihre Entscheidungen unbegründet treffen können. Da Marktteilnehmer auf dem Devisenmarkt zumeist Angestellte von Banken und daher ihren Arbeitgebern rechenschaftspflichtig sind, spricht das Ergebnis von MILLER / FAGLEY (1991) dafür, dass Framing-Effekte auf dem Devisenmarkt schwächer ausfallen als in den konstruierten Entscheidungssituationen von KAHNEMAN / TVERSKY (1979) und TVERSKY / KAHNEMAN (1981).

HERSHEY / SCHOEMAKER (1980) variierten die Eintrittswahrscheinlichkeiten der risikobehafteten Alternativen und kamen dabei zum Ergebnis, dass sich umso mehr Versuchsteilnehmer für die risikobehaftete Alternative entscheiden, je höher die Wahrscheinlichkeit für das gewünschte Ergebnis ist. Das bedeutet, dass die Risikoaversion im Gewinnrahmen umso schwächer und die Risikofreude im Verlustrahmen umso stärker ausgeprägt sind, je höher diese Eintrittswahrscheinlichkeiten sind.

Zudem scheint der persönliche Bezug zur Entscheidung einen Einfluss auf das Entscheidungsverhalten zu haben. ROSZKOWSKI / SNELBECKER (1990) zeigten, dass sich Entscheider tendenziell sowohl im Gewinnrahmen als auch im Verlustrahmen risikoaverser verhalten, wenn sie Anlageentscheidungen über fremdes Geld treffen, als wenn sie lediglich über ihr eigenes Geld disponieren.

Abschließend kann festgehalten werden, dass Framing-Effekte neben der klassischen Formulierung von TVERSKY / KAHNEMAN (1981) auch in vielen weiteren Entscheidungskontexten, so auch bei in Geldeinheiten angegebenen Gewinnen und Verlusten, Gültigkeit besitzen.[307] Dennoch konnte ein derart starker Framing-Effekt wie bei KAHNEMAN / TVERSKY (1979) und TVERSKY / KAHNEMAN (1981) nur in wenigen Untersuchungen gezeigt werden.[308]

5.1.7 Abschließende Bemerkungen zu den Framing-Phänomenen

Die Veröffentlichungen von KAHNEMAN und TVERSKY sowie die späteren Untersuchungen anderer Autoren zeigten, dass die Verletzung der Axiome der Erwartungsnutzentheorie, insbesondere des Dominance-, Invariance- und Cancellation-Axioms, in Form der Framing-Effekte systematisch ist und nicht auf ein zufälliges Fehlverhalten zurückgeführt werden kann.[309] Es ist auch nicht möglich, die Erwartungsnutzentheorie in geeigneter Form an das beobachtete Entscheidungsverhalten anzupassen, da die verletzten Axiome zentrale Säulen der Erwartungsnutzentheorie sind.[310] Durch die Fülle von Untersuchungen, in welchen sowohl der Entscheidungskontext als auch Eintrittswahrscheinlichkeiten und Ergebnishöhe variiert wurden und dabei in den meisten Fällen Framing-Effekte nachgewiesen werden konnten, kann den Framing-Effekten eine generelle Gültigkeit zugesprochen werden.[311]

Die Existenz dieser Framing-Effekte lässt die Erwartungsnutzentheorie als eine unzureichende deskriptive Entscheidungstheorie erscheinen. Eine valide deskriptive Entscheidungstheorie muss die Framing-Effekte berücksichtigen. Aufbauend auf ihren Beobachtungen der Framing-Effekte entwickelten KAHNEMAN / TVERSKY (1979) und TVERSKY / KAHNEMAN (1992) mit der *Prospect Theory* eine Entscheidungstheorie, die dem Anspruch genügen soll, eine zutreffende deskriptive Entscheidungstheorie zu sein.

---

[307] Vgl. SCHMOOK u.a. (2002), S. 292 sowie TVERSKY / KAHNEMAN (1981), S. 457
[308] Vgl. SCHMOOK u.a. (2002), S. 292
[309] Vgl. TVERSKY / KAHNEMAN (1986), S. 252
[310] Vgl. TVERSKY / KAHNEMAN (1986), S. 252f.
[311] Vgl. SCHMOOK u.a. (2002), S. 291f.

5.2 Prospect Theory

Die menschliche Entscheidung wird in der Prospect Theory als dreistufiger Prozess dargestellt. Auf eine Aufbereitungsphase folgen eine Bewertungsphase und schließlich die Entscheidung selbst in Form der Wahl der besten Handlungsalternative.

5.2.1 Aufbereitungsphase

Ausgangspunkt für diese Phase sind vom Individuum beobachtete *Prospects*. Das sind Handlungsalternativen, die durch ein Ergebnis y und eine Eintrittswahrscheinlichkeit w charakterisiert sind. Diese Prospects werden nun nicht wie in der Erwartungsnutzentheorie direkt mit ihren Ergebnissen und Eintrittswahrscheinlichkeiten einer Bewertung unterzogen, sondern die Prospects werden zunächst aufbereitet, indem man sie subjektiv transformiert. Hierbei unterscheidet man vier Maßnahmen, die *Kodierung*, die *Kombination*, die *Trennung* und die *Streichung*.

Als *Kodierung* wird die menschliche Wahrnehmung eines Ergebnisses y bezeichnet, welche vornehmlich auf Veränderungen und nicht auf absolute Werte ausgelegt ist. D.h. man nimmt y als Gewinn bzw. Verlust zu einem anderen Wert, z.B. zum Status quo, wahr und weniger als absoluten Wert. Diese theoretische Stufe der Aufbereitungsphase trägt also dem im Rahmen der Framing-Phänomene auftretenden Referenzpunkt-Effekt Rechnung.

Umfasst eine Entscheidungssituation Prospects mit identischen Ergebnissen, so fasst das Individuum diese Prospects zusammen, indem die Einzelwahrscheinlichkeiten addiert werden. Diese Operation, die der Vereinfachung des Entscheidungsproblems dient, wird als *Kombination* bezeichnet.

Im Rahmen der *Trennung* werden Prospects in sichere und riskante Komponenten aufgeteilt. Die beiden Prospects („USD steigt um 0,01 EUR“ ; 0,60)[312] und („USD steigt um 0,03 EUR“ ; 0,40) werden hierbei in die Prospects („USD steigt um 0,01 EUR“ ; 1,00) und („USD steigt um weitere 0,02 EUR“ ; 0,40) transformiert.

[312] Prospects werden in der Prospect Theory in der Form (y ; w) angegeben.

In einer letzten Stufe der Aufbereitungsphase, der *Streichung*, wird das in der Praxis beobachtete Phänomen des Isolation-Effekts[313] berücksichtigt. Das Entscheidungsproblem wird vereinfacht, indem Informationen eliminiert werden, die scheinbar irrelevant sind.

5.2.2 Bewertungsphase

In einem zweiten Schritt werden die transformierten Prospects vom Individuum bewertet, so dass eine Rangfolge und schließlich eine Entscheidung für eine Handlungsalternative erfolgen können. Hierbei müssen sowohl die Ergebnisse als auch die Eintrittswahrscheinlichkeiten bewertet werden.

5.2.2.1 Bewertung von Ergebnissen

Ähnlich wie bei der Erwartungsnutzentheorie werden auch bei der Prospct Theory den Ergebnissen subjektive Werte zugeordnet, welche Ausdruck der Wertschätzung des Individuums gegenüber den Ergebnissen sind. Die Funktion, über welche diese Zuordnung erfolgt, wird in diesem Modell allerdings nicht *Nutzenfunktion*, sondern schlicht *Wertfunktion* genannt.

Diese Wertfunktion $\upsilon(y)$ weist drei besondere Eigenschaften auf: Im Rahmen der Kodierung werden die beobachteten absoluten Ergebnisse in Veränderungen bezüglich des individuellen Referenzpunkts des Entscheiders transformiert. Aus diesem Grund ist y auch der „Gewinn" bzw. „Verlust", den das Ergebnis im Vergleich zum Referenzpunkt darstellt, und nicht das Ergebnis in absoluter Form.

Zweitens verläuft die Funktion im Wertebereich der Gewinne konkav, im Wertebereich der Verluste dagegen konvex. Dieser Verlauf ist Ausdruck des Postulats von KAHNEMAN / TVERSKY (1979), wonach ein bestimmter, absoluter Gewinn- oder Verlustzuwachs eine umso geringere Änderung des subjektiven Wertes für das Individuum zur Folge hat, je größer dieser Gewinn oder Verlust absolut ist. Gewinne besitzen also einen positiven, aber mit zunehmendem Niveau der Gewinne und Verluste abnehmenden Grenzwert für das Individuum, Verluste ein entsprechendes „Grenzleid".[314] Gleichzeitig

---

[313] Vgl. Kapitel 5.1.4

[314] KAHNEMAN / TVERSKY (1979) begründeten diese Annahme mit Erkenntnissen über die menschliche Wahrnehmung. Vgl. KAHNEMAN / TVERSKY (1979), S. 278. Das

spiegelt dieser Verlauf der Funktion Risikoaversion im Gewinnbereich und Risikofreude im Verlustbereich wider, entsprechend dem in der Praxis beobachteten Reflection-Effekt. Dies kann mit folgendem Versuch illustriert werden.

(14)
KAHNEMAN / TVERSKY (1979) stellten 68 Probanden vor eine Wahl zwischen zwei Alternativen. Die erste Alternative erzielt mit einer Wahrscheinlichkeit von 0,25 einen Gewinn von 6000 Geldeinheiten. Mit der Gegenwahrscheinlichkeit von 0,75 wird nichts gewonnen, aber auch nichts verloren. Die zweite Alternative erbringt mit einer Wahrscheinlichkeit von 0,25 4000 Geldeinheiten, mit weiteren 0,25 2000 Geldeinheiten und mit 0,50 weder Gewinn noch Verlust.[315] Damit weisen beide Alternativen einen Erwartungswert von 1500 Geldeinheiten auf. Die erste Alternative ist aber insofern "riskanter", als nur mit einer Wahrscheinlichkeit von 0,25 gegenüber 0,50 ein Gewinn erzielt wird.[316] Es wählten 18 Prozent der Versuchsteilnehmer Alternative 1, 82 Prozent Alternative 2. Damit galt für die überwiegende Mehrheit:

$$0{,}25 \cdot \upsilon(6000) < 0{,}25 \cdot \upsilon(4000) + 0{,}25 \cdot \upsilon(2000)$$ [317]
$$0{,}25 \cdot \upsilon(6000) < 0{,}25 \cdot [\upsilon(4000) + \upsilon(2000)]$$
$$\upsilon(6000) < \upsilon(4000) + \upsilon(2000)$$

Zwei Einzelbeträge von 4000 und 2000 Geldeinheiten besitzen also für die Entscheider in Summe grundsätzlich einen höheren Wert als ein Betrag in Höhe von 6000 Geldeinheiten.

Postulat eines positiven, aber mit zunehmender Verbrauchsmenge abnehmenden Grenznutzens geht auf Hermann Heinrich GOSSEN (1810 – 1858) zurück und bildet als 1. GOSSEN'sches Gesetz eine wichtige Annahme der mikroökonomischen Theorie.

[315] In diesem einfachen Entscheidungsproblem verändert die Aufbereitungsphase die Entscheidungssituation im Vergleich zur Erwartungsnutzentheorie nicht. Der Referenzpunkt liegt bei 0.

[316] Das höhere Risiko der ersten Variante kann auch in Form einer höheren Varianz von 6750000 gegenüber 2750000 quantifiziert werden.

[317] Eine Transformation der Wahrscheinlichkeiten, wie sie in der Prospect Theory vorgenommen wird, ist in diesem Beispiel noch nicht enthalten, da diese Bewertung der Eintrittswahrscheinlichkeiten erst im folgenden Kapitel vorgestellt wird. Da jedoch der Funktionswert identisch ist, wenn auch die unabhängige Variable, also die Wahrscheinlichkeit, identisch ist, ändert sich am Ergebnis nichts.

Eine konkav verlaufende Wertfunktion wird dieser Beobachtung gerecht:

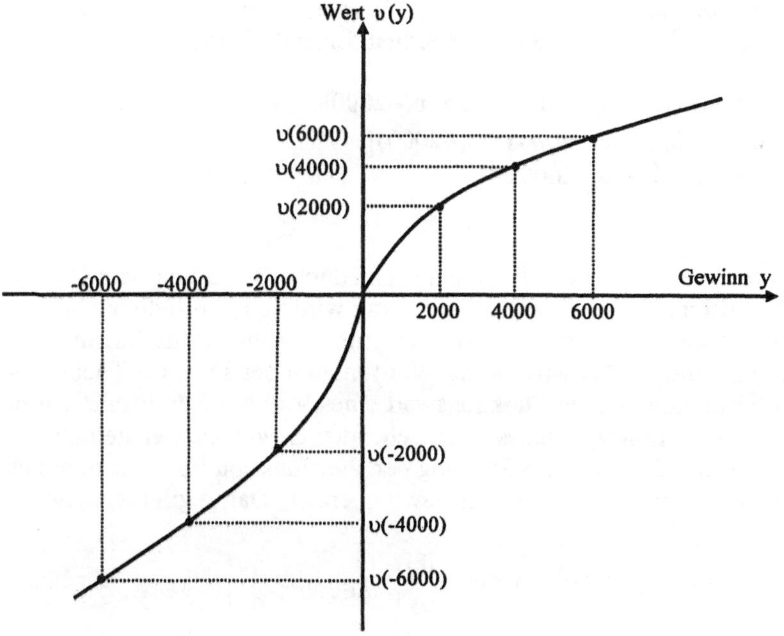

Abb. 1: Wertfunktion der Prospect Theory
Quelle: KAHNEMAN / TVERSKY (1979), S. 279

Dasselbe gilt im Verlustbereich. Der negative Grenzwert einer infinitesimal kleinen Verlustvergrößerung ist betragsmäßig umso kleiner, je höher das absolute Verlustniveau ist. Somit muss die Funktion im entsprechenden Quadranten einen konvexen Verlauf aufweisen. Der konvexe Verlauf wiederum bedeutet Risikofreude, entsprechend dem in der Praxis beobachteten Reflection-Effekt. Auch dieser Verlauf der Wertfunktion wurde von KAHNEMAN / TVERSKY (1979) experimentell untermauert:

(15)
Die Untersuchung gleicht dem Experiment zum Gewinnbereich, wobei die Geldeinheiten mit einem negativen Vorzeichen versehen wurden. Hier entschieden sich nun 70 Prozent der Probanden für jene Alternative, welche mit einer Wahrscheinlichkeit von 0,25 einen Verlust von 6000 Geldeinheiten und

mit der Gegenwahrscheinlichkeit von 0,75 weder einen Verlust noch einen Gewinn erbringt. Nur 30 Prozent wählten die Alternative, die mit einer Wahrscheinlichkeit von 0.25 einen Verlust von 4000 Geldeinheiten, mit 0,25 einen Verlust von 2000 Geldeinheiten und mit 0,50 weder einen Verlust noch einen Gewinn bedeutet.[318] Somit besaß die Mehrheit folgende Präferenz:

$$0{,}25 \cdot \upsilon(-6000) > 0{,}25 \cdot \upsilon(-4000) + 0{,}25 \cdot \upsilon(-2000)$$
$$0{,}25 \cdot \upsilon(-6000) > 0{,}25 \cdot [\upsilon(-4000) + \upsilon(-2000)]$$
$$\upsilon(-6000) > \upsilon(-4000) + \upsilon(-2000)$$

Die dritte Eigenschaft betrifft die unterschiedliche Bewertung von Gewinnen und Verlusten. Ein bestimmter Geldbetrag wird von den Individuen stärker wahrgenommen, wenn er als Verlust auftritt, als wenn er als Gewinn verbucht werden kann.[319] Das wird in der Wertfunktion der Prospect Theory insofern berücksichtigt, als der Funktionswert eines Verlusts betragsmäßig größer ist als der Funktionswert eines entsprechenden Gewinnes. Bei stetiger Betrachtung bedeutet das, dass die Steigung der Wertfunktion im Verlustbereich betragsmäßig größer sein muss als im Gewinnbereich. Damit gilt insgesamt:

$\frac{d\upsilon}{dy} > 0 \quad \text{für} \quad -\infty < y < +\infty \qquad \text{wobei} \quad \left.\frac{d\upsilon}{dy}\right|_{-\infty<y<0} > \left.\frac{d\upsilon}{dy}\right|_{0<y<+\infty}$ für beliebige Kombinationen betragsmäßig identischer Verluste und Gewinne.

$$\frac{d^2\upsilon}{dy^2} > 0 \quad \text{für} \quad -\infty < y < 0$$
$$\frac{d^2\upsilon}{dy^2} = 0 \quad \text{für} \quad y = 0$$
$$\frac{d^2\upsilon}{dy^2} < 0 \quad \text{für} \quad 0 < y < +\infty$$

---

[318] Mit diesem Ergebnis legte die überwiegende Mehrheit der Probanden Risikofreude an den Tag. Es wurde die Handlungsalternative mit der größeren Varianz bevorzugt.

[319] Vgl. KAHNEMAN / TVERSKY (1979), S. 279

5.2.2.2 Bewertung von Eintrittswahrscheinlichkeiten

Ebenso wie die Ergebnisse werden auch die Eintrittswahrscheinlichkeiten mittels einer Funktion, der *Gewichtungsfunktion* $\pi(w)$, subjektiv bewertet. Die aus der Bewertung resultierenden Funktionswerte werden als *Entscheidungsgewichte* bezeichnet. Die Entscheidungsgewichte sind positiv von den Eintrittswahrscheinlichkeiten abhängig. Eine Eintrittswahrscheinlichkeit von 0 bedeutet auch ein Entscheidungsgewicht von 0, $\pi(0)=0$. Das Entscheidungsgewicht eines sicheren Ergebnisses beträgt 1, es gilt also $\pi(1)=1$. Auf diese Weise ist die Gewichtungsfunktion normiert und weist Werte zwischen 0 und 1 auf. Dennoch sind die Entscheidungsgewichte selbst keine Wahrscheinlichkeiten und entsprechen nicht notwendigerweise den Axiomen der Wahrscheinlichkeitsrechnung.[320]

Im nächsten Schritt ist zu klären, wie sich die Gewichtungsfunktion auf Basis der empirischen Erkenntnisse zwischen diesen beiden Extremwerten zu verhalten hat. Bei Entscheidungsproblem (13) aus Kapitel 5.1.5 bevorzugten 73 Prozent der Probanden Prospect (6000 ; 0,001) gegenüber Prospect (3000 ; 0,002). Damit stellten sich die Präferenzen der überwiegenden Mehrheit wie folgt dar:

$$\pi(0{,}001)\cdot\upsilon(6000) > \pi(0{,}002)\cdot\upsilon(3000)$$
$$\frac{\pi(0{,}001)}{\pi(0{,}002)} > \frac{\upsilon(3000)}{\upsilon(6000)}$$

$\frac{\upsilon(3000)}{\upsilon(6000)} > \frac{1}{2}$, da die Wertfunktion im positiven Wertebereich konkav verläuft. Damit muss auch $\frac{\pi(0{,}001)}{\pi(0{,}002)} > \frac{1}{2}$ gelten. Dieses Ergebnis legt den Schluss nahe, dass π bei sehr kleinen w eine subadditive Funktion von w der Form $\pi(\alpha\cdot w) > \alpha\cdot\pi(w)$ für $0<\alpha<1$ ist.[321] Es gilt nach KAHNEMAN / TVERSKY (1979) im Wertebereich sehr kleiner Wahrscheinlichkeiten *Subadditivity*.

---

[320] Vgl. SCHMOOK u.a. (2002), S. 286f.

[321] Vgl. KAHNEMAN / TVERSKY (1979), S. 281

KAHNEMAN / TVERSKY (1979) postulierten darüber hinaus, dass die Entscheidungsgewichte sehr kleiner Eintrittswahrscheinlichkeiten generell größer sind als die Wahrscheinlichkeiten selbst. Das bedeutet, dass für sehr kleine w gilt: $\pi(w) > w$. Eine derartige systematische Überschätzung geringer Wahrscheinlichkeiten (*Overweighting*) zeigte neben dem obigen Beispiel auch die folgende Untersuchung, welche einer Alternative mit geringer Gewinnwahrscheinlichkeit eine sichere Alternative gegenüberstellt:[322]

(16)
Es wurden 72 Probanden gebeten, sich zwischen den Prospects (5000 ; 0,001) und (5 ; 1) zu entscheiden. Beide Prospects weisen einen Erwartungswert von 5 auf, dennoch wählten 72 Prozent der Probanden die unsichere Alternative.[323] Somit ist neben Subadditivity auch Overweighting zu beobachten.

(17)
Diese Überschätzung geringer Wahrscheinlichkeiten gilt auch für Prospects mit negativen Ergebnissen. So bevorzugten 83 Prozent der 72 Probanden einen sicheren Verlust von 5 Geldeinheiten gegenüber dem Prospect (–5000 ; 0,001).[324] Der Overweighting-Effekt kann sowohl die Risikoaversion im Gewinnbereich als auch die Risikofreude im Verlustbereich überkompensieren.

Weitere Erkenntnisse in Hinblick auf die Gewichtungsfunktion enthüllten die folgenden beiden Experimente.

(18)
„Wählen Sie zwischen

A:	2500 mit $w = 0{,}33$	B:	2400 mit $w = 1$
	2400 mit $w = 0{,}66$		
	0 mit $w = 0{,}01$“[325]		

[322] Vgl. KAHNEMAN / TVERSKY (1979), S. 281
[323] Dieses Verhalten steht im Einklang mit der Beobachtung, dass Menschen häufig bereit sind, für die Teilnahme an einem Spiel mit geringer Gewinnwahrscheinlichkeit aber hohen Gewinnsummen mehr als den Gewinnerwartungswert zu bezahlen. Ein Beispiel hierfür ist Lotto. Vgl. KAHNEMAN / TVERSKY (1979), S. 281
[324] Dieses Phänomen äußert sich auch in der Nachfrage nach Versicherungspolicen, die einen höheren Preis aufweisen als der Erwartungswert des versicherten Schadens. Menschen sind also oft bereit, sich gegen einen sehr unwahrscheinlichen, aber hohen Verlust zu versichern, auch wenn der Preis dafür höher als der Verlusterwartungswert ist. Vgl. KAHNEMAN / TVERSKY (1979), S. 281
[325] Vgl. KAHNEMAN / TVERSKY (1979), S. 265

(19)
„Wählen Sie zwischen

C: 2500 mit $w = 0{,}33$
0 mit $w = 0{,}67$

D: 2400 mit $w = 0{,}34$
0 mit $w = 0{,}66$"[326]

Bei (18) wählten 82 Prozent der 72 Probanden die sichere Alternative B, obwohl A mit 2409 einen geringfügig höheren Erwartungswert besitzt. Dieses Phänomen ist Ausdruck des Certainty-Effekts, welcher in Kapitel 5.1.4 dargestellt wurde. (19) beinhaltet mit D auch eine Alternative mit geringerem Gewinn aber höherer Eintrittswahrscheinlichkeit. Jedoch ist die Wahrscheinlichkeit bei D nur geringfügig höher und auch ungleich 1, so dass der Certainty-Effekt hier nicht zum Tragen kommt. Und tatsächlich wählte mit 83 Prozent der Probanden die überwiegende Mehrheit Alternative C. Hier entschied sich also die Mehrheit für die Alternative mit dem höheren Erwartungswert.

Welche Schlüsse lassen sich aus diesen Ergebnissen für die Bewertung der Eintrittswahrscheinlichkeiten ziehen? (18) enthüllt folgende Mehrheitspräferenzen:

$$\upsilon(2400) > \pi(0{,}33) \cdot \upsilon(2500) + \pi(0{,}66) \cdot \upsilon(2400)$$
$$[1 - \pi(0{,}66)]\upsilon(2400) > \pi(0{,}33) \cdot \upsilon(2500)$$

Die Mehrheit bei (19) zeigte folgende Präferenzen:

$$\pi(0{,}34) \cdot \upsilon(2400) < \pi(0{,}33) \cdot \upsilon(2500)$$

Diese Präferenzen stehen nur dann im Einklang mit dem Transitivitätsaxiom, wenn gilt:

$$1 - \pi(0{,}66) > \pi(0{,}34)$$
$$\pi(0{,}66) + \pi(0{,}34) < 1$$

Aufgrund dieser Ergebnisse postulierten KAHNEMAN / TVERSKY (1979), dass für alle $0 < w < 1$ gilt: $\pi(p) + \pi(1 - w) < 1$. Sie bezeichneten dieses Phänomen *Subcertainty*-Effekt. Da für sehr kleine Wahrscheinlichkeiten

326 Vgl. KAHNEMAN / TVERSKY (1979), S. 266

Overweighting, also $\pi(w) > w$ gilt, muss für einen Wertebereich größerer Wahrscheinlichkeiten $\pi(w) < w$ gelten, um die Subcertainty-Bedingung zu erfüllen.

Auf Basis dieser Überlegungen präsentierten KAHNEMAN / TVERSKY (1979) eine hypothetische Gewichtungsfunktion, welche jedoch für die Wertebereiche nahe $w = 0$ und $w = 1$ nicht wohldefiniert ist:

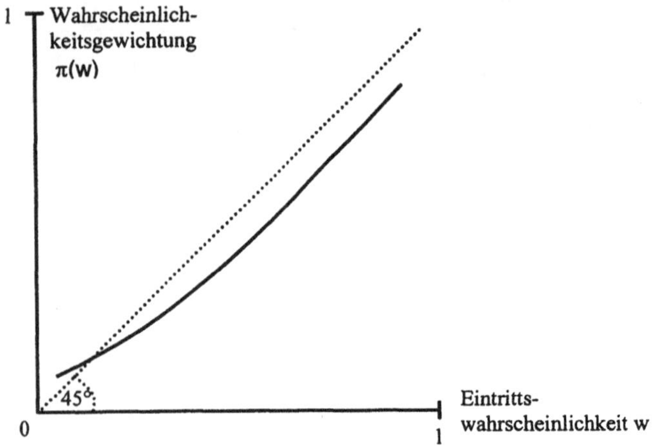

Abb. 2: Ursprüngliche Funktion der Wahrscheinlichkeitsgewichtung der Prospect Theory
Quelle: KAHNEMAN / TVERSKY (1979), S. 283

Damit gilt insgesamt:

$$0 < \frac{d\pi}{dw} < 1 \quad \text{für } 0 < w < 1 \text{ mit Ausnahme von } w \text{ nahe } 0 \text{ und } w \text{ nahe } 1.$$

$$\frac{d^2\pi}{dw^2} > 0 \quad \text{für } 0 < w < 1 \text{ mit Ausnahme von } w \text{ nahe } 0 \text{ und } w \text{ nahe } 1.$$

In der späteren Veröffentlichung TVERSKY / KAHNEMAN (1992) wurde dann die Gewichtungsfunktion auch an den Rändern definiert. Dies erreichten die Autoren, indem sie in einer Reihe von Experimenten Kombinationen von w und π ermittelten und anschließend mittels einer nichtlinearen Regression eine Gewichtungsfunktion berechneten, welche die beobachteten Kombinationen bestmöglich abbildet.[327] Dabei ergab sich folgende Gewichtungsfunktion:

$$\pi(w) = \frac{w^{\alpha}}{\left(w^{\alpha} + (1-w)^{\alpha}\right)^{\frac{1}{\alpha}}}$$

Für den Parameter α ermittelten die Autoren aufgrund ihrer Experimente den Wert 0,61 im Gewinnrahmen und 0,69 im Verlustrahmen. Somit gilt auch hier:

$$\frac{d\pi}{dw} > 0 \quad \text{für} \quad 0 < w < 1$$

Die Neigung der Gewichtungsfunktion ist nun nicht wie in KAHNEMAN / TVERSKY (1979) durchgehend konvex. Vielmehr folgt auf einen konkaven Abschnitt bei sehr niedrigen Eintrittswahrscheinlichkeiten ein konvexer Abschnitt, der bis zum Ende des Definitionsbereichs von w reicht.

Durch diese Neufassung ist nun der gesamte Verlauf der Funktion einer Interpretation auf Basis der beobachteten Entscheidungsanomalien zugänglich.[328] Im Bereich sehr kleiner Wahrscheinlichkeiten werden diese, wie oben festgestellt, überschätzt. Deshalb gilt in diesem Bereich $\pi(w) > w$, die Gewichtungsfunktion verläuft oberhalb der 45°-Linie. In der Nähe des Nullpunkts jedoch wird die Steigung der Gewichtungsfunktion wieder größer und erreicht bei $w = 0$ den Funktionswert $\pi(w) = 0$. Dieser Verlauf in der Nähe des Nullpunktes spiegelt die Beobachtung wider, wonach Ergebnisse mit kaum wahrnehmbaren Wahrscheinlichkeiten vom Entscheider oft bereits im Rahmen der Aufbereitungsphase als unmögliche Ergebnisse ausgeschlossen werden.[329]

---

[327] Vgl. TVERSKY / KAHNEMAN (1992), S. 305 – 309

[328] Neben dem oben dargestellten Overweighting-Effekt für negative Ergebnisse gelten auch alle anderen angeführten Effekte gleichermaßen für Gewinne wie Verluste, so dass im Gegensatz zur Wertfunktion bei der Gewichtungsfunktion die selbe Funktion sowohl für Gewinne als auch für Verluste relevant ist, auch wenn die ermittelten Parameterwerte geringfügig voneinander abweichen. Vgl. TVERSKY / KAHNEMAN (1992), S. 316

[329] Vgl. KAHNEMAN / TVERSKY (1979), S. 282

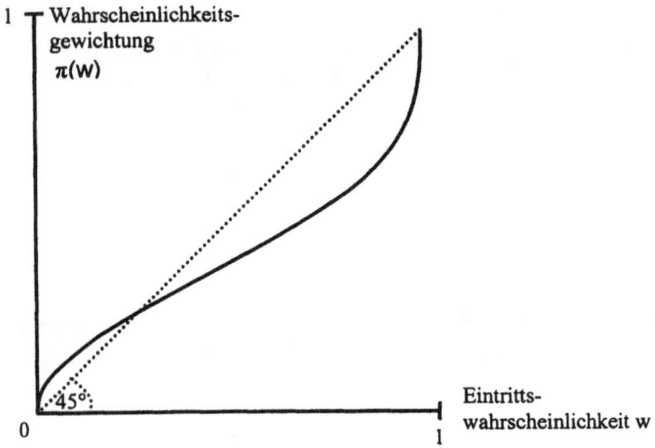

Abb. 3: Modifizierte Funktion der Wahrscheinlichkeitsgewichtung der Prospect Theory
Quelle: TVERSKY / KAHNEMAN (1992), S. 311

Der Wertebereich mittlerer Wahrscheinlichkeiten dagegen ist von einer Gewichtungsfunktion gekennzeichnet, deren Steigung kleiner als 1 ist. Das bedeutet, dass die Funktion bei steigenden w zunächst die 45°-Linie schneidet und dann bei höheren w $\pi(w) < w$ gilt. Dieser Verlauf der Gewichtungsfunktion liegt im Subcertainty-Effekt begründet. Bei hohen Eintrittswahrscheinlichkeiten verläuft die Gewichtungsfunktion zunehmend steiler, bis sie im Endpunkt $\pi(1) = 1$ erreicht. Ergebnisse mit Eintrittswahrscheinlichkeiten nahe 1 werden von Entscheidern in der Aufbereitungsphase oft als sichere Ergebnisse wahrgenommen, so dass ein Certainty-Effekt einsetzt und der Funktionswert der Gewichtungsfunktion mit steigendem w überproportional zunimmt.

5.2.3 Entscheidung

In der Bewertungsphase transformiert der Entscheider also Ergebnisse und Eintrittswahrscheinlichkeiten in Werte und Entscheidungsgewichte. Er wählt schließlich jene Handlungsalternative h mit der höchsten Summe aus möglichen Werten multipliziert mit deren Entscheidungsgewichten aus. Somit lautet die Zielfunktion:

$$\sum_{i=1}^{D} \pi(w(d_i)) \cdot \upsilon(E_{hi}) \quad \rightarrow \quad \max_h !$$

5.3 Theorie der kognizierten Kontrolle

5.3.1 Grundlagen

Die zu den Motivationstheorien zählende *Theorie der kognizierten Kontrolle* geht in erster Linie auf die Arbeiten von WHITE (1959) und DE CHARMS (1968) zurück.[330] WHITE (1959) verwies zunächst auf das insbesondere bei jungen Menschen und Tieren beobachtbare Verhalten, die eigene Umwelt zu erforschen und zu verändern. Dieser Lernprozess ist notwendig, um das eigene Überleben sicherzustellen.[331] Eng mit einem derartigen Verhalten verknüpft ist das Streben nach Kontrolle. Je stärker man seine Umwelt kontrollieren kann, d.h. je weniger hilflos man dieser ausgesetzt ist, desto sicherer ist man, desto eher ist ein Überleben möglich. Beim Menschen in früheren Zeiten war die Kontrolle der Umwelt oft eine Frage von Leben und Tod. Heutzutage ist Kontrolle meist nicht mehr in dieser Weise lebenswichtig, WHITE (1959) vertrat jedoch die Auffassung, dass wahrgenommene Umweltkontrolle auch heute noch ein als angenehm empfundenes Gefühl der eigenen Wirksamkeit und Kompetenz hervorruft.[332]

Auch laut DE CHARMS (1968) ist das menschliche Streben, die Umwelt zu kontrollieren, eine notwendige Konsequenz aus der Evolution: "Man's primary motivational propensity is to be effective in producing changes in his environment."[333] Dabei empfindet es das Individuum als angenehm, im Rahmen der Ausübung von Kontrolle der Verursacher von Veränderungen in der Umwelt zu sein.[334]

Im Folgenden soll dieses Streben nach Kontrolle präzisiert werden. In der Literatur wurden mehrere Definitionen des Begriffs *Kontrolle* entwickelt,

---

330 Weitere Arbeiten, auf denen die Theorie der kognizierten Kontrolle basiert, sind HENDRICK (1942), FENICHEL (1945), HEIDER (1958) und BANDURA (1977). Die Meinung, Menschen hätten das Bedürfnis, Situationen zu kontrollieren, findet sich aber bereits bei NIETZSCHE (1912) und ADLER (1929).

331 Vgl. WHITE (1959), S. 329

332 Vgl. WHITE (1959), S. 329

333 DE CHARMS (1968), S. 269

334 Vgl. DE CHARMS (1968), S. 269f.

grundsätzlich wird unter *Kontrolle* aber die menschliche Überzeugung verstanden, durch eigenes Handeln die Wahrscheinlichkeit für erwünschte Ereignisse erhöhen und die Wahrscheinlichkeit für unerwünschte Ereignisse senken zu können.[335] Bei dieser Definition fällt auf, dass nicht eine tatsächliche Kontrolle einer Situation entscheidend ist, sondern die Überzeugung des Individuums, es habe die Situation unter Kontrolle.[336] Diese Überzeugung, bezeichnet man als *kognizierte Kontrolle*.[337]

5.3.2 Verschiedene Arten kognizierter Kontrolle

VON NITZSCH / FRIEDRICH (1999) unterschieden fünf Arten von kognizierter Kontrolle, die sich hinsichtlich der Stärke des Kontrollgefühls unterscheiden.[338] Diese Arten werden im Folgenden erläutert und sind bezüglich der Stärke des Kontrollgefühls absteigend gereiht.

Fähigkeit zur Beeinflussung

Ist ein Individuum davon überzeugt, mittels des eigenen Handelns eine Situation so beeinflussen zu können, dass die eigenen Ziele besser erreicht werden, entsteht das stärkste Kontrollgefühl. Diese Art kognizierter Kontrolle dürfte aber auf Finanzmärkten im Allgemeinen[339] und auf Devisenmärkten im Speziellen nur von geringer Bedeutung sein. Es ist nicht davon auszugehen, dass ein Devisenmarktteilnehmer angesichts des großen Marktvolumens der Meinung ist, mit den eigenen Transaktionen den Kurs merklich beeinflussen zu können.

---

335 Diese Formulierung entspricht den weithin akzeptierten Definitionen von BRICKMANN u.a. (1982), SKINNER / CHAPMAN / BALTES (1988) und SKINNER (1990).

336 In der Literatur wird überwiegend davon ausgegangen, dass nicht die tatsächliche Kontrolle über eine Situation, sondern die Überzeugung, man hätte die Situation unter Kontrolle, für diese Theorie und deren Konsequenzen für die Individuen relevant ist. Vgl. FREY / JONAS (2002), S. 14f.

337 Vgl. FREY / JONAS (2002), S. 15

338 Vgl. VON NITZSCH / FRIEDRICH (1999), S. 82 – 86. Eine ähnlich breite Auffassung von kognizierter Kontrolle vertritt THOMPSON (1981), die vier Formen von kognizierter Kontrolle unterscheidet. Andere Autoren wie z.B. WEISZ / ROTHBAUM / BLACKBURN (1984) oder HECKHAUSEN / SCHULZ (1995) unterscheiden dagegen zwischen primärer Kontrolle, also einer tatsächlichen Einflussmöglichkeit, und sekundärer Kontrolle als einer lediglich "eingebildeten" Einflussmöglichkeit.

339 Vgl. VON NITZSCH / FRIEDRICH (1999), S. 83

Fähigkeit zur Vorhersage

Bei dieser Variante besteht zwar keine eingebildete oder tatsächliche Beeinflussbarkeit, das Individuum ist jedoch der Meinung, das Ergebnis einer Situation vorhersagen zu können. Aus seiner Sicht liegt damit eine Entscheidungssituation unter Sicherheit vor. Diese Fähigkeit zur Vorhersage eines Ergebnisses ruft ein starkes Gefühl der Kontrolle hervor. In Kapitel 3.2.7 wurde festgestellt, dass viele Marktteilnehmer den Wechselkurs trotz der komplexen Entscheidungssituation für prognostizierbar halten.

Kenntnis der Einflussvariablen in einer Entscheidungssituation

Die Analyse der Umfrageergebnisse in Kapitel 3.2 legt nahe, dass ein Großteil der Marktteilnehmer davon ausgeht, dass entweder sie selbst oder andere Marktteilnehmer die Einflussvariablen auf den Wechselkurs kennen. Zwar sind manche davon überzeugt, dass die Fundamentaldaten die relevanten Einflussvariablen sind, andere halten die Technische Analyse oder die Flow-Analyse für entscheidend. Aber unabhängig davon, was konkret die relevanten Einflussvariablen sind, glauben die meisten Marktteilnehmer diese Einflüsse zu kennen. Sie befinden sich in der Situation eines Marktteilnehmers, der sich ausreichend informiert und in der Lage fühlt, seine Informationen in einer Weise auszuwerten, die es ihm ermöglicht, den Umweltzuständen subjektive Wahrscheinlichkeiten zuzuordnen. Beispielsweise könnte der Marktteilnehmer zu der Einschätzung gelangen, der Dollar werde bis zu seinem Anlagehorizont mit einer Wahrscheinlichkeit von 70% gegenüber dem Euro aufwerten und mit der Gegenwahrscheinlichkeit von 30% abwerten. Im Gegensatz zur zweiten Ausprägung, der Fähigkeit zur Vorhersage, sieht sich der Marktteilnehmer hier einer Entscheidungssituation unter Risiko gegenüber. Die Entscheidungssituation ist für den Marktteilnehmer so überschaubar, dass sich ein gewisses Gefühl der Kontrolle einstellt.

Fähigkeit zur retrospektiven Erklärung von Ereignissen

Hier sei der Fall angenommen, dass das Individuum weder eine Situation zu seinen Gunsten beeinflussen kann noch in der Lage ist, durch Vorhersage oder zumindest einer präskriptiven Analyse der risikobehafteten Entscheidungssituation seine Entscheidungen am erwarteten Ergebnis auszurichten. Es ist also einer Situation „ausgeliefert" und kann durch eigenes Handeln die Konsequenzen einer Situation für sich nicht verbessern. Selbst bei dieser Variante, bei der ein Individuum über keine objektive Kontrolle der Situation verfügt, kann eine kognizierte Kontrolle auftreten. Ein Gefühl der Kontrolle ergibt sich nun dadurch, dass das Individuum erwartet, durch die Kenntnis der Einflussfaktoren und deren Wirkungszusammenhänge in einer zukünftigen, ähnlichen Entscheidungssituation durch aktives Handeln die Konsequenzen für sich positiv zu verändern.[340] Die retrospektive Erklärung bildet bei dem Individuum also die Hoffnung, bei einer zukünftigen, ähnlichen Entscheidungssituation die Einflussvariablen zu kennen.

Diese Variante eines Kontrollgefühls kann anhand der Devisenmarktumfragen nicht explizit belegt werden. Dennoch kann man davon ausgehen, dass viele Marktteilnehmer auf dem Devisenmarkt entweder meinen, sie hätten diese Fähigkeit oder zumindest den Wunsch haben, bereits eingetretene Wechselkursveränderungen retrospektiv erklären zu können. Diesem Phänomen begegnet man täglich in der Wirtschaftspresse. Dort wird ständig versucht, nachträgliche Erklärungen für Kursbewegungen zu finden. Derartige Erklärungen würden im Rahmen der Berichterstattung nicht diese große Bedeutung haben, wenn die Konsumenten nicht das starke Bedürfnis nach einer Erklärung der Kursbewegungen hätten.

Möglichkeit der „Schönfärberei“

Die „Schönfärberei“ eines eingetretenen Ereignisses stellt die schwächste Ursache für kognizierte Kontrolle dar.[341] Dieses Phänomen kann dann auftreten, wenn das Individuum erstens keine der vorhergehenden Möglichkeiten kognizierter Kontrolle nutzen kann und zweitens das Ereignis eine negative Auswirkung auf das Individuum hat. Das unangenehme Gefühl, der Situation machtlos ausgeliefert gewesen zu sein, kann das Individuum nur dadurch etwas abschwächen, indem es die negativen Konsequenzen weniger negativ wahrnimmt, als sie tatsächlich sind. Das Individuum wird versuchen, dem Ereignis positive Seiten abzugewinnen.[342] Es könnte beispielsweise der Überzeugung sein, an Erfahrung hinzugewonnen zu haben und zukünftige Situationen besser meistern zu können, ohne freilich wie in der vorhergegangenen Variante der Überzeugung zu sein, die Ursachen des Ereignisses und deren Wirkungszusammenhänge tatsächlich durchschaut zu haben.

Es ist also davon auszugehen, dass Devisenmarktteilnehmer überzeugt sind, auf diese oder jene Art Kontrolle auf die Entscheidungssituation ausüben zu können. Falls sie dies nicht nur glauben, sondern diese Kontrolle tat-

[340] Vgl. OSNABRÜGGE / STAHLBERG / FREY (1985), S. 147
[341] Vgl. VON NITZSCH / FRIEDRICH (1999), S. 86
[342] Vgl. FREY / JONAS (2002), S. 27

sächlich ausüben können, dann besteht kein Grund anzunehmen, dass deren Handlungen nicht rational sind. Haben sie diese Kontrolle aber nicht, dann unterliegen sie einer Kontrollillusion. Eine Kontrollillusion kann systematische Entscheidungsfehler nach sich ziehen.

5.3.3 Kontrollillusion

Laut LANGER (1975) zeigt sich eine Kontrollillusion dadurch, dass ein Individuum in einer Entscheidungssituation unter Risiko jenem Umweltzustand eine höhere subjektive Wahrscheinlichkeit zuordnet als objektiv gerechtfertigt ist, der vom Individuum in der Entscheidungssituation als wünschenswert angesehen wird.[343]

Ähnlich den Erkenntnissen von GLASS (1977) zur Stärke der Kontrollmotivation ist laut THOMPSON (1999) eine Kontrollillusion bei einem Individuum umso deutlicher ausgeprägt, je stärker die entsprechende Situation die Merkmale einer "Leistungssituation" aufweist. Weitere Merkmale, die THOMPSON (1999) in ihrer Untersuchung als positiv wirkende Einflussfaktoren auf eine Kontrollillusion identifizierte, sind persönlicher Bezug, Familiarität und vorheriges Wissen über erwünschte Ereignisse. Die hier betrachteten Entscheidungssituationen auf dem Devisenmarkt weisen in besonderem Maße diese Merkmale auf. Es liegt eindeutig eine Leistungssituation vor, bei der meist erhebliche Geldbeträge auf dem Spiel stehen. Zudem ist der Marktteilnehmer als letztendlich verantwortlicher Entscheider in die Situation persönlich involviert (Familiarität). Schließlich hat der Marktteilnehmer eine klare Vorstellung von dem erwünschten Ereignis, was beispielsweise ein Anstieg des Dollars sein kann. Somit ist davon auszugehen, dass bei Devisenmarktteilnehmern Kontrollillusion in verhältnismäßig großem Ausmaß vorkommt.

LANGER (1975) wies eine Kontrollillusion sogar bei relativ einfachen, zufallsabhängigen Situationen nach. In einem objektiv zufallsabhängigen Kartenspiel beispielsweise zeigten die Probanden dann Kontrollillusion in Form einer erhöhten Erfolgszuversicht und wetteten höhere Beträge, wenn der Mitspieler weniger kompetent wirkte.[344]

Eine Kontrollillusion kann zur Folge haben, dass Marktteilnehmer ein höheres Risiko in Form von höheren Transaktionsvolumina eingehen, als bei

---

[343] Vgl. LANGER (1975), S. 311
[344] Vgl. LANGER (1975), S. 313 – 315

einer rationalen Beurteilung der Entscheidungssituation gerechtfertigt wäre, da kognizierte Kontrolle zu einer erhöhten Erfolgszuversicht führt.[345] Weitere Entscheidungsanomalien können auftreten, wenn der Marktteilnehmer erkennt, dass er objektiv keine Kontrolle hat, wenn er also einen Kontrollverlust erleidet.

5.3.4 Verlust von kognizierter Kontrolle

Bei allen fünf in Kapitel 5.3.2 dargestellten Varianten kann ein Verlust von kognizierter Kontrolle auftreten bzw. der Aufbau von kognizierter Kontrolle scheitern.

Besitzt ein Individuum die Überzeugung, eine Situation durch das eigene Handeln beeinflussen und auf diese Weise ein gewünschtes Ergebnis erreichen zu können, so verliert das Individuum das Kontrollgefühl, wenn das eigene Handeln nicht das gewünschte Ergebnis zur Folge hat, wenn das Individuum also erkennt, dass es die kognizierte Beeinflussungsmöglichkeit nicht besitzt. Ebenso findet ein Kontrollverlust statt, wenn das Individuum zunächst von der eigenen Fähigkeit zur Vorhersage eines Ereignisses überzeugt ist, dieses aber nicht in der erwarteten Form eintritt. Bei der dritten Variante von kognizierter Kontrolle befindet sich das Individuum in einer Entscheidungssituation unter Risiko, da es nur eine unvollständige Kenntnis der Einflussfaktoren hat und somit den möglichen Umweltzuständen lediglich subjektive Wahrscheinlichkeiten zuordnen kann. Hier kommt es zu einem Verlust von kognizierter Kontrolle, wenn die Einflussfaktoren nicht in der erwarteten Richtung oder Stärke wirken und als Folge sich die subjektiven Wahrscheinlichkeiten als falsch erweisen. Eine retrospektive Erklärung des Ereignisses und damit der Aufbau von kognizierter Kontrolle schlägt fehl, wenn es dem Individuum nicht gelingt, ein konsistentes Kognitionensystem zu schaffen, das im Einklang mit dem eingetretenen Ereignis steht. Das kann dann der Fall sein, wenn die Informationen, die das Individuum ex post aufnimmt und der Erklärung des Ereignisses dienen sollen, widersprüchlich sind. Der Aufbau von kognizierter Kontrolle mittels "Schönfärberei" des Ereignisses scheitert dann, wenn das Individuum nicht in der Lage ist, dem Ereignis positive Seiten abzugewinnen.

Verliert ein Individuum kognizierte Kontrolle, kann das schwerwiegende Folgen für das Entscheidungsverhalten haben. Im folgenden Abschnitt wird

---

[345] Vgl. VON NITZSCH / FRIEDRICH (1999), S. 91

das Modell von FREY / JONAS (2002) vorgestellt, welches Erklärungen für die empirisch beobachteten Konsequenzen von Kontrollverlust liefert.

5.3.5 Konsequenzen eines Kontrollverlusts

5.3.5.1 Grundlagen

Ausgangspunkt ist der Wunsch des Individuums, seine Umwelt zu kontrollieren. Aufgrund dieser Motivation werden alle Ereignisse, die das Individuum in seiner Umwelt wahrnimmt, hinsichtlich der Relevanz für das Individuum geprüft. Besitzt das Ereignis diese Relevanz, dann wird festgestellt, ob das Ereignis den Zielen des Individuums entspricht. Ist das der Fall, kogniziert das Individuum Kontrolle, andernfalls kogniziert es Kontrollverlust.

Diese allgemeine Formulierung beinhaltet alle oben genannten konkreten Arten kognizierter Kontrolle, also sowohl die kognizierte Fähigkeit zur Beeinflussung als primäre kognizierte Kontrolle als auch die vier Arten sekundärer kognizierter Kontrolle wie die kognizierte Fähigkeit zur Vorhersage, die kognizierte Kenntnis der Einflussvariablen einer Entscheidungssituation, die kognizierte Fähigkeit zur retrospektiven Erklärung von Ereignissen sowie die kognizierte Möglichkeit der "Schönfärberei".

FREY / JONAS (2002) unterschieden vier mögliche Verhaltensweisen im Falle eines kognizierten Kontrollverlusts. Zwei mögliche Verhaltensweisen davon sind primäre Kontrollwiederherstellungsversuche. Das Individuum versucht hier durch aktive, die Umwelt beeinflussende Handlungen wieder kognizierte Kontrolle zu erlangen. Hierbei wird zwischen direkten und indirekten primären Kontrollwiederherstellungsversuchen unterschieden.

5.3.5.2 Direkte primäre Kontrollwiederherstellungsversuche

Bei einem direkten Versuch wiederholt bzw. verstärkt das Individuum Handlungen der Kontrollausübung, benutzt alternative Methoden, um dieselbe Kontrolle wiederherzustellen oder versucht über alternative Unterziele dasselbe Oberziel zu erreichen.[346]

---

[346] Vgl. FREY / JONAS (2002), S. 36

Die Möglichkeit direkter primärer Kontrollwiederherstellungsversuche steht nicht nur bei jener Art kognizierter Kontrolle zur Verfügung, bei der das Individuum eine Fähigkeit zur Beeinflussung einer Situation kognizielt, sondern diese Reaktionsmöglichkeit besteht bei allen Arten kognizierter Kontrolle. Denn die aktive Handlung ist nicht darauf gerichtet, eine Situation zu kontrollieren, sondern hat eine Wiederherstellung der ursprünglichen kognizierten Kontrolle zum Ziel. Damit können primäre Kontrollwiederherstellungsversuche auch auf dem Devisenmarkt auftreten. Angenommen, ein Devisenmarktteilnehmer ordnet einem Anstieg des US-Dollars gegenüber dem Euro in einem bestimmten Zeitraum die subjektive Wahrscheinlichkeit von 90 % und einer Abwertung des US-Dollars die Gegenwahrscheinlichkeit von 10 % zu. Fällt der Dollar dann in diesem Zeitraum, besteht noch kein Grund, an den subjektiven Wahrscheinlichkeiten zu zweifeln, da der Umweltzustand mit der geringeren Eintrittswahrscheinlichkeit ja durchaus auch eintreten konnte. Werden nun im Zeitablauf keine Marktinformationen bekannt, die den Marktteilnehmer zu einer Änderung seiner Einschätzung veranlassen, und fällt der Dollar auch in diesen folgenden Zeiträumen, wird der Marktteilnehmer möglicherweise beginnen, an seinen subjektiven Wahrscheinlichkeiten zu zweifeln. Das bedeutet, er kogniziert Kontrollverlust. Ein direkter primärer Kontrollwiederherstellungsversuch kann nun darin bestehen, nach relevanten Marktinformationen zu suchen, die dem Individuum möglicherweise bei der ursprünglichen Analyse entgangen sind. Das Ziel dieser Handlung ist es, mit Hilfe von revidierten subjektiven Wahrscheinlichkeiten die ursprüngliche kognizierte Kontrolle wiederherzustellen.

5.3.5.3 Indirekte primäre Kontrollwiederherstellungsversuche

Dagegen liegt ein indirekter primärer Kontrollwiederherstellungsversuch vor, wenn das Individuum Kontrolle an ein anderes Individuum oder eine Instanz abtritt, von dem bzw. von der es eine bessere Erreichung der eigenen Ziele erwartet.[347] Dabei kann das Individuum entweder in einer Situation eine Handlung bzw. in einer Entscheidungssituation die Auswahl selbst durchführen, sich aber von der Meinung der vermeintlich Kontrolle besitzenden Instanz leiten lassen, oder aber die Handlung bzw. die Auswahl in einer Entscheidungssituation von Dritten ausführen lassen.

Indirekte primäre Kontrollwiederherstellungsversuche sind nicht auf eine Art kognizierter Kontrolle beschränkt, so dass auch diese Versuche auf den

[347] Vgl. FREY / JONAS (2002), S. 36

Devisenmarkt übertragen werden können: Zum einen kann der Marktteilnehmer die Devisentransaktionen zwar noch selbst auszuführen, sich bei der Einschätzung des zukünftigen Kursverlaufs aber von bestimmten Instanzen leiten lassen, die nach Meinung des Marktteilnehmers nach wie vor Kontrolle besitzen.[348] Derartige Instanzen können Artikel in der Fachpresse, einschlägige Berichte im Fach-TV, "Börsengurus" usw. sein.[349] Wie in Kapitel 3 dargestellt wurde zeigte beispielsweise MENKHOFF (1998), dass Meinungen von Meinungsführern tatsächlich von vielen Marktteilnehmern als relevante Informationen auf dem Devisenmarkt angesehen werden. Des Weiteren kann sich der Marktteilnehmer an der Mehrheitsmeinung auf dem Markt orientieren.[350] Dadurch gelangt der Devisenmarktteilnehmer nicht über einen selbst durchgeführten Informationsaufnahme- und Informationsverarbeitungsprozess zu bestimmten subjektiven Wahrscheinlichkeiten der Umweltzustände einer Entscheidungssituation, sondern er übernimmt diese Einschätzung von Dritten, da er diesen Dritten eine größere Kompetenz zuschreibt als sich selbst. Damit wird Kontrolle an Dritte delegiert. Erweist sich die Einschätzung der vermeintlich kompetenteren Instanz als korrekt, kann der Marktteilnehmer auf diese indirekte Weise kognizierte Kontrolle wiederherstellen. Für den Aktienmarkt haben SCHACHTER u.a. (1986) diesen Effekt nachgewiesen. Sie zeigten, dass Marktteilnehmer in Phasen fallender Aktienkurse der täglichen Kolumne *Heard on the Street*[351] im *Wall Street Journal* und den dort veröffentlichten Aktienempfehlungen mehr Bedeutung beimaßen als in Phasen steigender Aktienkurse.[352]

Zum anderen kann der Marktteilnehmer die Entscheidung und die entsprechende Ausführung, also die Durchführung der Transaktionen, an Dritte delegieren. Das bedeutet eine Übertragung von Liquidität an Vermögensverwalter bzw. einen Kauf von entsprechenden Fonds und Zertifikaten.

---

[348] Vgl. VON NITZSCH / FRIEDRICH (1999), S. 93

[349] Vgl. VON NITZSCH / FRIEDRICH (1999), S. 93 – 94

[350] Das Verhalten, sich an der Mehrheitsmeinung zu orientieren, ist auch durch den Herdentrieb motiviert. Vgl. Kapitel 5.4 sowie die darauffolgenden Kapitel.

[351] In dieser Kolumne werden Meinungen von bekannten Marktteilnehmern wie z.B. Analysten und Fondmanagern veröffentlicht. Diese Artikel enthalten regelmäßig klare Kauf- und Verkaufempfehlungen zu bestimmten Aktien. Vgl. SCHACHTER u.a. (1986), S. 268.

[352] Vgl. SCHACHTER u.a. (1986), S. 266 – 269. Die Autoren gehen davon aus, dass in Phasen fallender Aktienkurse der Großteil der Marktteilnehmer Geld verliert. Das bedeutet, dass Short-Positionen eine untergeordnete Rolle spielen müssen. Das ist plausibel, da im betrachteten Zeitraum der 70er Jahre Termingeschäfte noch keine große Bedeutung hatten. Das bedeutet schließlich, dass in Phasen fallender Aktienkurse der Großteil der Marktteilnehmer Kontrollverlust kogniziert.

5.3.5.4 Sekundäre Kontrollwiederherstellungsversuche

Nach FREY / JONAS (2002) besteht die dritte mögliche Verhaltensweise in einer Änderung der eigenen Kognitionen eines Individuums. In Abgrenzung zu den primären Kontrollwiederherstellungsversuchen manifestieren sich diese sekundären Versuche nicht in die Umwelt beeinflussenden Handlungen, sondern die Aktionen beschränken sich auf das Bewusstsein des Individuums.

Dazu zählen kognitive Umstrukturierungsstrategien wie z.B. eine Ausdehnung der Zeitachse für die Zielerreichung oder eine Senkung des Anspruchsniveaus.[353] Ebenso ist die Suche nach retrospektiven Erklärungen für das eingetretene Ereignis ein sekundärer Kontrollwiederherstellungsversuch. Dabei wird versucht, über eine kognizierte Fähigkeit zur retrospektiven Erklärung kognizierte Kontrolle aufzubauen. Des Weiteren besteht die Möglichkeit der "Schönfärberei", wobei das Individuum die Konsequenzen des eingetretenen Ereignisses weniger negativ wahrnimmt als sie tatsächlich sind und dadurch ein geringes Maß an kognizierter Kontrolle zurückgewinnen kann.[354]

Auch diese sekundären Kontrollwiederherstellungsversuche lassen sich bei allen Arten der kognizierten Kontrolle anwenden und sind damit auch für den Devisenmarkt relevant. Übertragen auf das oben genannte Beispiel des Devisenmarktteilnehmers unternimmt dieser einen sekundären Kontrollwiederherstellungsversuch, wenn er zu der Überzeugung gelangt, dass sich die von ihm errechneten subjektiven Wahrscheinlichkeiten schon noch als korrekt erweisen werden, wenn er nur einen genügend langen Zeitraum zugrunde legt. In diesem Fall dehnt er seinen Anlagehorizont aus, indem er entweder an der Position festhält und auf einen Umschwung wartet oder sich einredet, spätere Engagements werden die Verluste der aktuellen Position schon kompensieren, so dass die eigenen Ziele doch noch erreicht werden können. Ebenso kann er sein Anspruchsniveau senken, indem er sich mit geringeren Gewinnen zufrieden gibt, als ursprünglich geplant war. Sekundäre Kontrollwiederherstellungsversuche liegen auch vor, wenn der Marktteilnehmer für die eingetretene Kursbewegung nachträglich eine geeignete Erklärung findet oder die Auswir-

353 Vgl. FREY / JONAS (2002), S. 36

354 Vgl. Die beiden Strategien *retrospektive Erklärung* und *Schönfärberei* wurden in Kapitel 5.3.2 als zwei selbständige Arten kognizierter Kontrolle beschrieben. Diese können gleichzeitig als Versuche zur Wiederherstellung von kognizierter Kontrolle bezeichnet werden, da sie als Arten kognizierter Kontrolle auf einer Situation basieren, die vom Individuum objektiv nicht zu kontrollieren ist und da durch diese Strategien versucht wird, einen Verlust von kognizierter Kontrolle zu vermeiden.

kungen seiner falschen Positionierung weniger negativ kogniziert als sie tatsächlich sind. Insbesondere die letzten beiden Verhaltensweisen sorgen nur für ein geringes Maß an kognizierter Kontrolle, da der objektive Kontrollverlust und die sich aus der falschen Positionierung ergebenden Verluste bestehen bleiben.

5.3.5.5 Hilflosigkeit

Als vierte Möglichkeit kann sich schließlich Hilflosigkeit einstellen. Auch diese Verhaltensweise kann bei allen Arten kognizierter Kontrolle auftreten. Übertragen auf den Devisenmarkt bedeutet eine sinkende Motivation, in Zukunft Kontrolle ausüben zu wollen die zurückgehende Fähigkeit, Wirkungszusammenhänge zu erkennen. Eine möglicherweise aktuell offene Position wird entweder geschlossen oder offengehalten, weil der Marktteilnehmer der Meinung ist, "jetzt sei es ohnehin schon egal". Letztendlich führt kognizierte Hilflosigkeit zu einem Rückzug vom Markt.

5.3.5.6 Beziehung zwischen den Verhaltensweisen

Nach FREY / JONAS (2002) laufen die oben genannten Verhaltenweisen zur Wiederherstellung von kognizierter Kontrolle grundsätzlich sequentiell ab, indem zuerst direkte und dann indirekte primäre Kontrollwiederherstellungsversuche gestartet werden. Schlagen diese fehl, wird auf die sekundären Versuche zurückgegriffen. Bleibt auch hier der Erfolg aus, stellt sich Hilflosigkeit ein.[355]

5.4 Herdenverhalten

Die Ergebnisse in Kapitel 3 lassen den Schluss zu, dass das Herdenverhalten das wichtigste systematische Entscheidungsmuster auf dem Devisenmarkt ist. Aus diesem Grund soll dem Herdenverhalten in dieser Arbeit eine herausgehobene Stellung zugestanden werden. So sind auch die folgenden Kapitel dieser Arbeit von der Untersuchung des Herdenverhaltens geprägt: Zunächst werden in diesem Kapitel die theoretischen Grundlagen des Herdenverhaltens

[355] FREY / JONAS (2002) stellen aber auch fest, dass zur Beziehung zwischen den verschiedenen Verhaltensweisen und insbesondere zum zeitlichen Ablauf derzeit noch wenig Forschungsergebnisse vorliegen. Vgl. FREY / JONAS (2002), S. 38

skizziert. Im darauf folgenden Kapitel wird ein Modell vorgestellt, in welchem Marktteilnehmer Herdenverhalten an den Tag legen. Danach wird dieses Modell durch Auflösung bestimmter Annahmen an die Verhältnisse auf dem Devisenmarkt angepasst und die Konsequenzen insbesondere für den Verlauf des Wechselkurses herausgearbeitet.

Herdenverhalten liegt vor, wenn ein Individuum sein Verhalten absichtlich an das Verhalten einer Gruppe von anderen Individuen angleicht.[356] Durch einen sozialen Kontakt wie beispielsweise Beobachtung oder Kommunikation nimmt das Individuum das Verhalten der Gruppe wahr und handelt daraufhin in gleicher Weise.

5.4.1 Entwicklung des Herdentriebs

Eine derartige Imitation des Verhaltens anderer Individuen, zu denen man in Kontakt steht, ist eine oft zu beobachtende menschliche Verhaltensweise.[357] Diese hat sich im Lauf der menschlichen Evolution ausgeprägt.[358] In der Entwicklung des Menschen spielte diese Imitation eine oft lebenswichtige Rolle. Beobachtete beispielsweise ein urzeitlicher Mensch, dass andere Menschen die Flucht ergriffen, so waren seine Überlebenschancen höher, wenn er auch flüchtete, selbst wenn er den Grund für die Flucht nicht unmittelbar wahrnehmen konnte. Meist verfügten andere Gruppenmitglieder über Informationen bezüglich der Gefahr, etwa ein Raubtier. Wartete der Mensch, bis er aufgrund von selbst aufgenommenen Informationen[359] entscheiden konnte, ob eine Flucht angebracht ist oder nicht, war eine Flucht meist nicht mehr erfolgreich. Die Evolution führte dazu, dass jene Menschen, die derartige, lebenserhaltende Verhaltensweisen an den Tag legten, sich gegenüber den anderen langfristig durchsetzten. Aus diesem Grund wurde der Herdentrieb ein Bestandteil des menschlichen Verhaltens. In jüngster Zeit haben sich die Lebensumstände des Menschen natürlich drastisch verändert, so dass der Herdentrieb meist nicht mehr lebensnotwendig ist. Jedoch ist diese Zeitspanne im Vergleich zur gesamten Entwicklungszeit des Menschen so kurz, dass der Herdentrieb im modernen Menschen im Wesentlichen noch verankert ist.

---

[356] Vgl. HIRSHLEIFER / TEOH (2003), S. 27 und BIKHCHANDANI / SHARMA (2001), S. 281

[357] Vgl. BIKHCHANDANI / HIRSHLEIFER / WELCH (1992), S. 992f.

[358] Vgl. BIKHCHANDANI / HIRSHLEIFER / WELCH (1998), S. 152

[359] Derartige Informationen werden auch als *private Informationen* bezeichnet.

Es ist also nicht nur eine deskriptive Tatsache, dass Menschen in vielen Situationen ein Herdenverhalten an den Tag legen, sondern dies kann auch aus normativer Sicht begründet werden: Es kann notwendig sein, Entscheidungen anderer Menschen in das eigene Kalkül mit einzubeziehen, um den eigenen Erwartungsnutzen zu maximieren und damit rational zu handeln. Dies ist insbesondere dann der Fall, wenn keine perfekte Informationstransparenz herrscht, wenn also ein Individuum nicht notwendigerweise direkten Zugang zu allen entscheidungsrelevanten Informationen hat und wenn es Grund zur Annahme hat, dass andere Individuen über die ihm fehlenden relevanten Informationen verfügen.[360]

Die Analysen der Devisenmarktumfragen zeigen, dass Herdenverhalten eine weit verbreitete Verhaltensweise auf dem Devisenmarkt ist. Eine Beobachtung, dass eine überwiegende Mehrheit von Marktteilnehmern eine Währung gegenüber einer anderen nachfragt oder anbietet, bedeutet jedoch nicht, dass hier notwendigerweise Herdenverhalten eine Rolle spielt. Es kann auch sein, dass jeder einzelne Marktteilnehmer aus dieser überwiegenden Mehrheit ohne beeinflussenden Kontakt durch andere Marktteilnehmer mittels zur gleichen Entscheidung gelangt.[361] Herdenverhalten liegt nur dann vor, wenn ein Marktteilnehmer sich durch Beobachtung von oder Kommunikation mit anderen Marktteilnehmern in seiner Entscheidung beeinflussen lässt und somit die Aufnahme und die Analyse von eigenen, privaten Informationen nicht die einzigen Entscheidungsgrundlagen sind.

5.4.2 Verschiedene Formen von Herdenverhalten

Es werden drei Formen von Herdenverhalten unterschieden. Das reputationsbedingte Herdenverhalten zeigt sich insbesondere bei Marktteilnehmern, die Dritten Rechenschaft über ihre Transaktionstätigkeit und den daraus resultierenden Erfolg ablegen müssen.[362] SCHARFSTEIN / STEIN (1990) gingen davon aus, dass diese Marktteilnehmer die eigene Fähigkeit, zutreffende

---

[360] Da die Imitation anderer Individuen bei unvollkommener Informationstransparenz optimal sein kann, hat die Evolution des Menschen dazu geführt, dass sich dieses Herdenverhalten im Verhalten des Menschen einprägt und so zu einer deskriptiven Tatsache geworden ist.

[361] Dieses Verhalten von Marktteilnehmern, das mit dem oben dargestellten absichtlichen Herdenverhalten nichts zu tun hat, wird auch als *unabsichtliches Herdenverhalten* oder *spurious herding* bezeichnet. Vgl. BIKHCHANDANI / SHARMA (2001), S. 281

[362] Dies sind beispielsweise Fondsmanager oder für den Eigenhandel zuständige Angestellte einer Devisenhandelsbank. Vgl. BIKHCHANDANI / SHARMA (2001), S. 290 – 292

Prognosen zu entwickeln und auf dem Markt erfolgreich zu sein, relativ zu den anderen Marktteilnehmern nicht beurteilen können.[363] Ist nun auf dem Markt gleichgerichtetes Verhalten zu beobachten, so steht der Marktteilnehmer vor der Entscheidung, sich entweder dem Verhalten der Mehrheit der Marktteilnehmer anzuschließen oder dies nicht zu tun. Kommt er durch seine eigenen Analysen zu einem Ergebnis, welches ein mit der Mehrheit der Marktteilnehmer gleichgerichtetes Verhalten zur Folge hätte, so besteht kein Widerspruch zwischen privatem Signal und den öffentlichen Signalen und er wird seinem privaten Signal folgen.[364] Kommt er jedoch zu einem anderen Ergebnis, dann besteht ein Konflikt zwischen dem eigenen privaten Signal und den öffentlichen Signalen der anderen Marktteilnehmer. Zu beachten ist hier, dass nicht nur die üblichen Gewinn- und Risikokomponenten der Transaktionen die Argumente der Nutzenfunktion des Marktteilnehmers bilden, sondern auch die eigene Karriere in dem jeweiligen Unternehmen. Unter Berücksichtigung der Unsicherheit bezüglich der eigenen Fähigkeiten ist es für den Marktteilnehmer nun optimal, trotz eines widersprechenden privaten Signals das Verhalten der Mehrheit der anderen Marktteilnehmer zu imitieren und somit ein absichtliches Herdenverhalten an den Tag zu legen. Stellt sich das private Signal als fehlerhaft und das Signal der Mehrheit der anderen Marktteilnehmer als korrekt heraus, so gelingt es dem Marktteilnehmer, durch sein Herdenverhalten die eigene Unfähigkeit zu verschleiern und damit der eigenen Karriere nicht zu schaden. Ist das private Signal korrekt und das Signal der Mehrheit der Marktteilnehmer fehlerhaft, so ist der Schaden an der Karriere des Marktteilnehmers begrenzt, da er meist relativ zu den anderen Marktteilnehmern bewertet wird. Durch das absichtliche Herdenverhalten schließt der Marktteilnehmer den Fall aus, dass sein privates Signal im Gegensatz zum öffentlichen Signal fehlerhaft ist und er danach handelt. Denn in diesem Fall wird seine Unfähigkeit bloßgestellt, was den größten Schaden für die Karriere des Marktteilnehmers bedeuten würde.

In einem engen Zusammenhang zum reputationsbedingten Herdenverhalten steht das vergütungsbedingte Herdenverhalten.[365] Es wird davon ausgegangen, dass die Vergütung eines abhängig beschäftigten Marktteilnehmers von der Kursentwicklung eines vergleichbaren Werts, einer *Benchmark*, ab-

[363] Vgl. SCHARFSTEIN / STEIN, S. 467 – 470. Mit dem reputationsbedingten Herdenverhalten befassen sich auch TRUEMAN (1994), ZWIEBEL (1995), PRENDERGAST / STOLE (1996) und GRAHAM (1999).

[364] Dies ist ein Beispiel für das oben beschriebene unabsichtliche Herdenverhalten. Der Marktteilnehmer verhält sich zwar wie die Mehrheit der Marktteilnehmer, die Entscheidung dies zu tun ist jedoch nicht vom Verhalten der anderen Marktteilnehmer abhängig.

[365] Vgl. BIKHCHANDANI / SHARMA (2001), S. 292f.

hängig ist.[366] In einem Modell von MAUG / NAIK (1996) ist die Vergütung eines Marktteilnehmers positiv von der eigenen Performance und negativ von der Performance der Benchmark abhängig. Wird der Marktteilnehmer nun als risikoavers angenommen, so hat er einen Anreiz, sein Portfolio möglichst nah an der Benchmark auszurichten. Eine eigene Performance, die nahezu deckungsgleich mit der Entwicklung der Benchmark verläuft, stiftet dem Marktteilnehmer einen höheren Nutzen als eine Performance, die mit einer genügend ähnlichen Wahrscheinlichkeit besser bzw. schlechter verläuft als die Benchmark. Bezogen auf den Gesamtmarkt ergibt sich auf diese Weise ein Herdenverhalten der auf die beschriebene Weise vergüteten Marktteilnehmer in Richtung der Benchmark.

Eine dritte Form stellt das informationsbasierte Herdenverhalten dar. Bei dieser Form wird nun, wie oben angesprochen, angenommen, dass keine perfekte Informationstransparenz herrscht.[367] Daher kann es für einen rationalen Marktteilnehmer erforderlich sein, die Entscheidungen anderer Marktteilnehmer zu beobachten und diese ins eigene Kalkül mit einzubeziehen, da diese Marktteilnehmer über fehlende Informationen verfügen könnten. Die Modelle der Kapitel 6 bis 9 basieren auf dieser Variante des Herdenverhaltens.

5.4.3 Anmerkungen zur Rationalität des Herdenverhaltens

In Kapitel 3 wurde das Entscheidungsverhalten von Devisenmarktteilnehmern anhand einer Reihe von Umfragen untersucht. Dabei wurde eine Vielzahl von auffälligen Entscheidungsmustern identifiziert, welche von einer signifikanten Anzahl von Marktteilnehmern auf den wichtigsten Devisenhandelsplätzen der Welt an den Tag gelegt wurden. Diese Entscheidungsmuster haben also einen spürbaren Einfluss auf den Wechselkurs. Die lediglich auf die Makroebene abstellenden traditionellen Wechselkursmodelle setzen voraus, dass die Marktteilnehmer Änderungen in den relevanten Fundamentaldaten der beiden bei einem Wechselkurs beteiligten Währungsräume direkt in Angebot und Nachfrage "übersetzen". Die Devisenmarktumfragen zeigen aber, dass bei weitem nicht alle Marktteilnehmer diese Fundamentaldaten als die einzigen relevanten Einflussfaktoren auf den Wechselkurs ansehen. Dies

---

[366] Auf dem Aktienmarkt werden zumeist Indizes wie der DAX 30 oder ein MSCI-Index als Benchmark herangezogen. Auf dem Devisenmarkt stellt der Wechselkurs selbst eine gewisse Richtlinie dar. Auch die durchschnittliche Performance der anderen Marktteilnehmer kann für einen Marktteilnehmer eine Messlatte darstellen.

[367] Vgl. BIKHCHANDANI / SHARMA (2001), S. 284

allein kann schon ein Grund für die mangelnde empirische Erklärungskraft der traditionellen Wechselkursmodelle sein. Jedoch reicht diese Feststellung nicht aus, um Aussagen über die Art und Stärke der "Ablenkung" des tatsächlichen Wechselkurses von dem von den traditionellen Wechselkursmodellen prognostizierten Wechselkurs zu treffen. Angesichts der Fülle der in Kapitel 3 identifizierten Einflussfaktoren sowie deren unterschiedliche Wirkung bei verschiedenen Anlagehorizonten, Devisenhandelsplätzen etc. erscheint es fast aussichtslos, diese Faktoren modelltheoretisch in eine systematische Abweichung von dem ausschließlich auf Fundamentaldaten basierenden Wechselkurs der traditionellen Modelle gießen zu wollen. Im Laufe der Arbeit hat sich jedoch herausgestellt, dass das Verhalten anderer Marktteilnehmer ein ganz wesentlicher Einflussfaktor abseits der Fundamentaldaten ist. Daher erscheint es sinnvoll, die Auswirkungen dieses Entscheidungsmusters auf den Kursverlauf zu untersuchen.

Welche Rolle spielt nun der Begriff "Rationalität" in diesem Kontext? Eine Entscheidung ist dann rational zu nennen, wenn sie in optimaler Weise der Zielerreichung des Entscheiders dient. Da die Erwartungsnutzentheorie als präskriptive Entscheidungstheorie weitestgehend unumstritten ist, kann eine Entscheidung dann als rational bezeichnet werden, wenn die Axiome dieser Theorie erfüllt sind und der Entscheider entsprechend den erwarteten Nutzen der Entscheidung maximiert. Ein Vergleich der Kapitel 3 und 4 zeigt unmittelbar, dass viele Devisenmarktteilnehmer in diesem Sinne irrational handeln. Einige der bedeutendsten Entscheidungsanomalien wurden in diesem Kapitel behandelt. Insbesondere um die Framing-Effekte in eine normative Entscheidungstheorie zu integrieren, entwickelten KAHNEMAN / TVERSKY (1979) und TVERSKY / KAHNEMAN (1992) die Prospect Theory als Alternative zur Erwartungsnutzentheorie. Das Herdenverhalten nimmt unter diesen Entscheidungsmustern nicht nur aufgrund seiner großen Bedeutung eine Sonderstellung ein, sondern auch in Hinblick auf die Rationalität der Entscheider. In der Praxis liegt auf dem Devisenmarkt keine vollkommene Informationstransparenz vor. Das heißt, andere Marktteilnehmer können über relevante Informationen verfügen, die einem Marktteilnehmer fehlen. Um nun eine Entscheidung zu treffen, welche den Zielen der Marktteilnehmer in bestmöglicher Weise dient, ist es erforderlich, auch diese Informationen in das eigene Kalkül mit einzubeziehen. Daher ist die Berücksichtigung dieser fremden Informationen nicht irrational. Vielmehr erscheint es angezeigt, den Rationalitätsbegriff zu erweitern und Herdenverhalten mit einzubeziehen. In diesem Sinne basieren die folgenden Modelle zum Herdenverhalten auch ausschließlich auf rationalen Marktteilnehmern. Das Herdenverhalten dieser Marktteilnehmer kann als *rational herding* bezeichnet werden.

6 Basismodell eines informationsbasierten Herdenverhaltens unter Preisrigidität

In diesem Kapitel wird ein Modell des informationsbasierten Herdenverhaltens vorgestellt, welches von BIKHCHANDANI / HIRSHLEIFER / WELCH (1992) veröffentlicht wurde. Dieses Modell wird hier als "Basismodell" bezeichnet, da es die Grundlage für die Diskussion der Modellannahmen und für die weiterentwickelten Modelle der Kapitel 7 bis 9 bildet.

6.1 Annahmen

Angenommen werden risikoneutrale, rational handelnde Marktteilnehmer, die sequentiell entscheiden, ein bestimmtes Wertpapier zu kaufen oder den Kauf zu unterlassen. Die Reihenfolge, in welcher die Marktteilnehmer ihre Entscheidung treffen, ist exogen gegeben und allen Marktteilnehmern bekannt. Der Preis des Wertpapiers ist auf 0 normiert und konstant.[368] Jeder Marktteilnehmer führt eine rationale Informationsaufnahme und -analyse mit dem Ziel durch, seinen Erwartungsnutzen zu maximieren. Das Ergebnis dieser Analyse ist ein binäres privates Signal, welches die Ausprägungen „B“ für „Kaufsignal“ und „N“ für „Unterlassenssignal“ annehmen kann. Ferner wird angenommen, dass nicht alle relevanten Informationen allen Marktteilnehmern zur Verfügung stehen.

Dies bedeutet, dass Aufnahme und Analyse der einem Marktteilnehmer zur Verfügung stehenden Informationen und das daraus resultierende private Signal nicht notwendigerweise zu einer nutzenmaximierenden Entscheidung führen. Möglicherweise haben andere Marktteilnehmer Zugang zu fehlenden relevanten Informationen, so dass ein rational handelnder Marktteilnehmer auch diese, für ihn nicht direkt zugänglichen Informationen in das eigene Kalkül mit einbeziehen muss.

---

[368] Dass der Kurs des Wertpapiers im gesamten Modell unveränderlich ist, stellt eine sehr restriktive Annahme dar. Vor allem für den Devisenmarkt, auf den das Konzept angewendet werden soll, ist die Annahme zu restriktiv, um die Wirklichkeit adäquat abbilden zu können. Daher wird im folgenden Kapitel untersucht, ob die Aussagen des Modells gegenüber einer Preisflexibilisierung robust sind.

Dabei muss geklärt werden, wie sich die Transmission von Informationen zwischen den Marktteilnehmern vollzieht. Einerseits könnte ein Marktteilnehmer alle Informationen, welche die anderen Marktteilnehmer aufnehmen, beobachten, andererseits nur deren privates Signal oder sogar nur deren Entscheidung. Es erscheint plausibel, dass nur die Entscheidungen anderer Marktteilnehmer beobachtet werden können, denn andere Marktteilnehmer sind in den seltensten Fällen in den Informationsaufnahme- und Informationsanalyseprozess eines Marktteilnehmers eingebunden.

Zudem ist es durch die Annahme sequentieller Entscheidungen einem Marktteilnehmer nur möglich, jene Entscheidungen zu beobachten, die vor seiner eigenen Entscheidung stattgefunden haben. Jede beobachtete Entscheidung ist ein öffentliches Signal, welches in Verbindung mit dem jeweiligen privaten Signal die Entscheidungsgrundlage des Marktteilnehmers bildet.[369] Dabei wird angenommen, dass alle Signale mit der gleichen Gewichtung in die Entscheidungsbildung eingehen.

Der Kauf des Wertpapiers ruft bei allen Marktteilnehmern jeweils Kosten C in Höhe von 0,5 hervor. Der Kurs des Wertpapiers kann sich zwar annahmegemäß nicht ändern, das Wertpapier wirft ex post jedoch eine Rendite ab, die entweder 1 oder 0 betragen kann. Dies legt die beiden möglichen Umweltzustände "positive Rendite" und "keine positive Rendite" fest. Entschließt sich ein Marktteilnehmer zu einem Kauf, dann ist die Konsequenz des Kaufs unter Berücksichtigung von C eine Zufallsvariable $\tilde{r}$. Diese Zufallsvariable nimmt im Umweltzustand "positive Rendite" die Ausprägung 0,5 an. Diese Ausprägung wird als "Gewinnereignis" G bezeichnet. Im Umweltzustand "keine positive Rendite" nimmt $\tilde{r}$ die Ausprägung $-0{,}5$ an. Daher wird diese Ausprägung als "Verlustereignis" V bezeichnet. Die zweite mögliche Handlungsalternative ist neben einem Kauf das Unterlassen eines Kaufs. Die Konsequenz dieser Handlungsalternative ist sicher, nämlich bei beiden Umweltzuständen jeweils 0.

[369] Es wird angenommen, dass sowohl die Aufnahme der direkt zugänglichen Informationen als auch die Beobachtung fremder Entscheidungen für alle Marktteilnehmer mit vernachlässigbaren Kosten verbunden sind.

Die folgende Ergebnismatrix fasst das Entscheidungsproblem eines Marktteilnehmers zusammen:

Umweltzustand → **↓ Handlungsalternative**	**positive Rendite**	**keine positive Rendite**
Kauf	$G = 0{,}5$	$V = -0{,}5$
Unterlassung	0	0

Tab. 8: Ergebnismatrix des Basismodells eines informationsbasierten Herdenverhaltens unter Preisrigidität
Quelle: Eigene Darstellung

Dabei gelten die folgenden unbedingten Eintrittswahrscheinlichkeiten für die beiden Ereignisse:

$$w(G) = 0{,}5$$
$$w(V) = 0{,}5$$

Dem Marktteilnehmer ist zum Zeitpunkt seiner Entscheidung nicht bekannt, welcher Umweltzustand herrscht. Wie oben beschrieben, beobachtet er alle bisher getroffenen Entscheidungen und führt eine eigene Informationsaufnahme und -analyse durch, um ein privates Signal zu erhalten. Dieses private Signal kann sich nach getroffener Entscheidung als richtig oder falsch erweisen. Die bedingten Wahrscheinlichkeiten, dass der Marktteilnehmer ein privates Kauf- oder ein privates Unterlassenssignal produziert, werden wie folgt angenommen:

$$w(B|G) = p \qquad \text{mit} \quad 0{,}5 < p < 1$$
$$w(N|G) = 1 - p$$
$$w(B|V) = 1 - p$$
$$w(N|V) = p$$

In einem Marktumfeld, in dem nicht alle relevanten Informationen allen Marktteilnehmern zur Verfügung stehen, gibt die Variable p den Grad der Vollständigkeit der relevanten Informationen an, welche dem Marktteilnehmer direkt zur Verfügung stehen. Je vollständiger die Menge der Informationen ist, auf die ein Marktteilnehmer direkt zugreifen kann und die folglich in das private Signal eingehen, desto höher ist p. Somit ist p ein Maß für die Informationstransparenz. Da im Modell keine vollständige Informationstransparenz vorgesehen ist, kann p den Wert 1 nicht annehmen.[370] Zweitens soll die Wahrscheinlichkeit, ein richtiges privates Signal zu produzieren, regelmäßig höher sein als die Wahrscheinlichkeit, ein falsches Signal zu entwickeln. Dies wird erreicht, indem $p > 0{,}5$ angenommen wird. Die Informationstransparenz auf dem Markt ist für jeden Marktteilnehmer gleich. Das heißt p nimmt für alle Marktteilnehmer den gleichen Wert an.[371]

Alle Marktteilnehmer stehen vor dem binären Entscheidungsproblem, entweder zu kaufen oder einen Kauf zu unterlassen. Die Marktteilnehmer entscheiden sich regelmäßig für jene Handlungsalternative, die ihnen den höheren Erwartungswert bietet. Ist der Erwartungswert beider Alternativen identisch, so ist das Entscheidungsverhalten zufällig. Die Marktteilnehmer entscheiden sich in diesem Fall mit einer Wahrscheinlichkeit von jeweils 0,5 für eine der beiden Alternativen.

6.2 Sequentielles Entscheidungsverhalten der Marktteilnehmer

6.2.1 Entscheidungsverhalten von M_1

Der erste Marktteilnehmer M_1, der noch keine Entscheidungen vor ihm beobachten kann, erhält ein privates Signal und muss dann berechnen, wie hoch die Wahrscheinlichkeit für das Gewinnereignis unter dieser Bedingung ist. Unter Anwendung des Theorems von BAYES ergibt sich:

$$w(G|B) = \frac{w(B|G)\cdot w(G)}{w(B|G)\cdot w(G) + w(B|V)\cdot w(V)} = \frac{p\cdot 0{,}5}{p\cdot 0{,}5 + (1-p)\cdot 0{,}5} = p$$

[370] Dies würde bedeuten, dass das private Signal immer richtig ist.

[371] Der Grad der Vollständigkeit der Informationen, auf die ein Marktteilnehmer direkt Zugriff hat, ist also für alle Marktteilnehmer gleich. Das bedeutet aber nicht, dass alle Marktteilnehmer notwendigerweise über die gleichen relevanten Informationen verfügen und daher bei $0{,}5 < p < 1$ manche Informationen gar keinem Marktteilnehmer zur Verfügung stehen. Denn dann wäre es für einen Entscheider nicht mehr rational, Entscheidungen anderer Marktteilnehmer ins eigene Kalkül mit einzubeziehen, da in diese Entscheidungen keine weiteren, dem Marktteilnehmer nicht direkt zur Verfügung stehende Informationen eingeflossen sein können.

Die Wahrscheinlichkeit, dass der Verlustfall unter der gleichen Bedingung eintritt, muss der Gegenwahrscheinlichkeit entsprechen:

$$w(V|B) = \frac{w(B|V) \cdot w(V)}{w(B|V) \cdot w(V) + w(B|G) \cdot w(G)} = \frac{(1-p) \cdot 0{,}5}{(1-p) \cdot 0{,}5 + p \cdot 0{,}5} = 1 - p$$

Erhält der Marktteilnehmer aufgrund seiner Analysen ein Kaufsignal, so gilt für ihn der folgende Erwartungswert, falls er sich für einen Kauf entscheidet:

$$E_{M_1;|B|=1,|N|=0}\tilde{r} = w(G|B) \cdot G + w(V|B) \cdot V = p \cdot 0{,}5 + (1-p) \cdot (-0{,}5) = p - 0{,}5 > 0$$

Entscheidet er sich für die zweite mögliche Handlungsalternative, nämlich für das Unterlassen eines Kaufs, so erzielt er mit Sicherheit den Wert 0. Da die Kaufentscheidung einen positiven Erwartungswert aufweist, wird der rationale risikoneutrale Marktteilnehmer kaufen.

$$w(G|N) = \frac{w(N|G) \cdot w(G)}{w(N|G) \cdot w(G) + w(N|V) \cdot w(V)} = \frac{(1-p) \cdot 0{,}5}{(1-p) \cdot 0{,}5 + p \cdot 0{,}5} = 1 - p$$

$$w(V|N) = \frac{w(N|V) \cdot w(V)}{w(N|V) \cdot w(V) + w(N|G) \cdot w(G)} = \frac{p \cdot 0{,}5}{p \cdot 0{,}5 + (1-p) \cdot 0{,}5} = p$$

$$E_{M_1;|B|=0,|N|=1}\tilde{r} = w(G|N) \cdot G + w(V|N) \cdot V = (1-p) \cdot 0{,}5 + p \cdot (-0{,}5) = 0{,}5 - p < 0$$

Unter der Bedingung eines privaten Unterlassenssignals ist es für den Marktteilnehmer optimal, von einem Kauf abzusehen.

6.2.2 Entscheidungsverhalten von M_2

Ein zweiter Marktteilnehmer M_2 produziert ebenfalls ein privates Signal und beobachtet zusätzlich die Entscheidung von M_1. Es wird in diesem Modell nun insofern Herdenverhalten berücksichtigt als M_2 neben seinem privaten Signal auch die Entscheidung von M_1 als Signal berücksichtigt. Somit entspricht die Beobachtung eines Kaufs B_1 bei M_1 einem zusätzlichen Signal B.[372] Analog entspricht die Beobachtung einer Unterlassung N_1 einem zusätzlichen Signal N. M_2 kann also mit vier verschiedenen Signalkombinationen konfrontiert sein:[373]

$$w(B \cap B_1|G) = [w(B|G)]^2 = p^2$$
$$w(B \cap N_1|G) = w(N \cap B_1|G) = w(B|G) \cdot w(N|G) = p \cdot (1-p)$$
$$w(N \cap N_1|G) = [w(N|G)]^2 = (1-p)^2$$

Entsprechend gilt:

$$w(B \cap B_1|V) = [w(B|V)]^2 = (1-p)^2$$
$$w(B \cap N_1|V) = w(N \cap B_1|V) = w(B|V) \cdot w(N|V) = (1-p) \cdot p$$
$$w(N \cap N_1|V) = [w(N|V)]^2 = p^2$$

Nun steht M_2 vor der Entscheidung, aufgrund seines eigenen Signals sowie einer Beobachtung entweder zu kaufen oder nicht zu kaufen:

$$w(G|B \cap B_1) = \frac{w(B \cap B_1|G) \cdot w(G)}{w(B \cap B_1|G) \cdot w(G) + w(B \cap B_1|V) \cdot w(V)} =$$

372 Die mit einem Index belegten Signale B oder N sind im Folgenden also Käufe oder Unterlassungen jener Marktteilnehmer, deren Rang in der sequentiellen Entscheidungsfolge durch den Index ausgedrückt wird. B_1 ist also ein beobachteter Kauf von M_1, nicht jedoch dessen privates Signal. Das Signal ohne Index ist das private Signal des betrachteten Marktteilnehmers. Frühere Käufe und Unterlassungen anderer Marktteilnehmer sowie das private Signal des betrachteten Marktteilnehmers werden hier dennoch mit demselben Buchstaben abgekürzt, da ein früherer Kauf und eine frühere Unterlassung sowohl in der Wirkungsweise wie auch in der Stärke wie ein privates Signal auf den betrachteten Marktteilnehmer wirken.

373 Die einzelnen Signale werden als voneinander unabhängig angenommen.

$$= \frac{p^2 \cdot 0{,}5}{p^2 \cdot 0{,}5 + (1-p)^2 \cdot 0{,}5} = \frac{p^2}{p^2 + (1-p)^2}$$

$$w(V|B \cap B_1) = 1 - \frac{p^2}{p^2 + (1-p)^2}$$

$$E_{M_2;|B|=2,|N|=0}\tilde{r} = w(G|B \cap B_1) \cdot G + w(V|B \cap B_1) \cdot V =$$
$$= \frac{p^2}{p^2 + (1-p)^2} \cdot 0{,}5 + \left(1 - \frac{p^2}{p^2 + (1-p)^2}\right) \cdot (-0{,}5) =$$
$$= \frac{p^2}{p^2 + (1-p)^2} - 0{,}5 > 0$$

Erhält der Marktteilnehmer insgesamt zwei Kaufsignale, so erfordert rationales Handeln eine Kaufentscheidung.

$$w(G|B \cap N_1) = \frac{w(B \cap N_1|G) \cdot w(G)}{w(B \cap N_1|G) \cdot w(G) + w(B \cap N_1|V) \cdot w(V)} =$$
$$= \frac{p \cdot (1-p) \cdot 0{,}5}{p \cdot (1-p) \cdot 0{,}5 + (1-p) \cdot p \cdot 0{,}5} = 0{,}5$$

$$w(G|N \cap B_1) = \frac{w(N \cap B_1|G) \cdot w(G)}{w(N \cap B_1|G) \cdot w(G) + w(N \cap B_1|V) \cdot w(V)} =$$
$$= \frac{(1-p) \cdot p \cdot 0{,}5}{(1-p) \cdot p \cdot 0{,}5 + p \cdot (1-p) \cdot 0{,}5} = 0{,}5$$

$$w(V|B \cap N_1) = w(V|N \cap B_1) = 0{,}5$$

$$E_{M_2;|B|=1,|N|=1}\tilde{r} = w(G|B \cap N_1) \cdot G + w(V|B \cap N_1) \cdot V =$$
$$= w(G|N \cap B_1) \cdot G + w(V|N \cap B_1) \cdot V =$$
$$= 0{,}5 \cdot 0{,}5 + 0{,}5 \cdot (-0{,}5) = 0$$

Erhält M_2 ein Kauf- und ein Verkaufsignal, so ist er indifferent zwischen der Kaufentscheidung und der Entscheidung nicht zu kaufen. Dabei ist es unerheblich, ob das Kauf- bzw. Verkaufsignal sein privates Signal oder das beobachtete öffentliche Signal ist. Entsprechend den Modellannahmen entscheidet sich M_2 hier jeweils mit einer Wahrscheinlichkeit von 0,5 für einen Kauf bzw. für ein Unterlassen des Kaufs.

$$w(G|N \cap N_1) = \frac{w(N \cap N_1|G) \cdot w(G)}{w(N \cap N_1|G) \cdot w(G) + w(N \cap N_1|V) \cdot w(V)} =$$

$$= \frac{(1-p)^2 \cdot 0{,}5}{(1-p)^2 \cdot 0{,}5 + p^2 \cdot 0{,}5} = \frac{(1-p)^2}{(1-p)^2 + p^2}$$

$$w(V|N \cap N_1) = 1 - \frac{(1-p)^2}{(1-p)^2 + p^2}$$

$$E_{M_2;|B|=0,|N|=2}\tilde{r} = w(G|N \cap N_1) \cdot G + w(V|N \cap N_1) \cdot V =$$

$$= \frac{(1-p)^2}{(1-p)^2 + p^2} \cdot 0{,}5 + \left(1 - \frac{(1-p)^2}{(1-p)^2 + p^2}\right) \cdot (-0{,}5) =$$

$$= \frac{(1-p)^2}{(1-p)^2 + p^2} - 0{,}5 < 0$$

Erhält M_2 insgesamt zwei Verkaufsignale, so erfordert rationales Handeln ein Unterlassen des Kaufs. Sind privates Signal und Beobachtung gleichgerichtet, so wird M_2 den Signalen folgen. Sind Signal und Beobachtung dagegen widersprüchlich, dann ist seine Entscheidung zufällig und M_2 entscheidet sich mit einer Wahrscheinlichkeit von 0,5 für eine der beiden Alternativen.

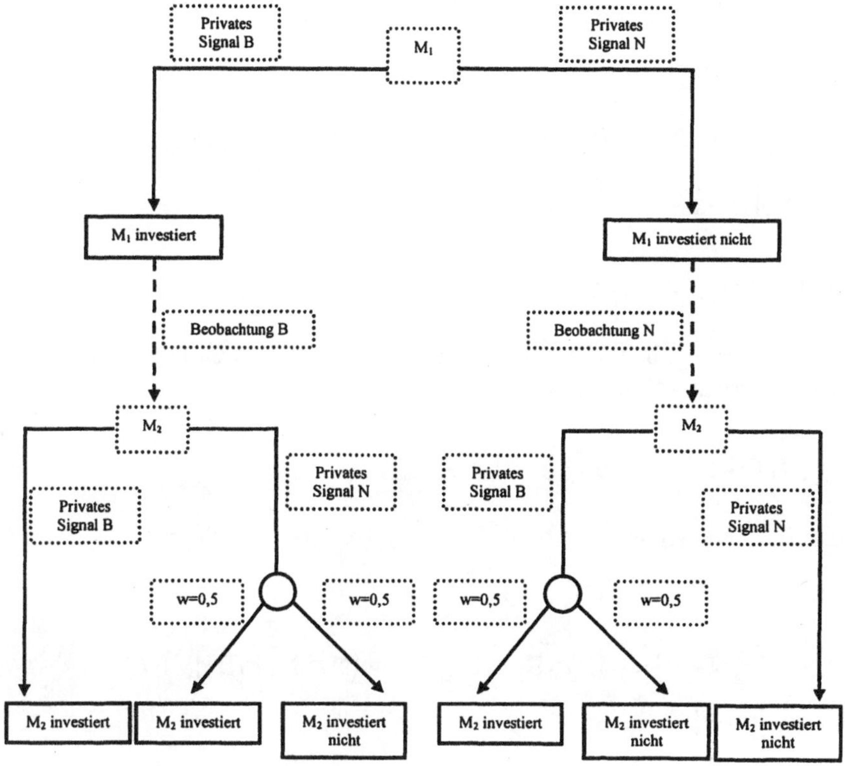

Abb. 4: Entscheidungspfade von M_1 und M_2 im Basismodell
Quelle: Eigene Darstellung

6.2.3 Entscheidungsverhalten von M_3

Ein dritter Marktteilnehmer M_3 erhält ein privates Signal und beobachtet die Entscheidungen der ersten beiden Marktteilnehmer. Dies ergibt für einen dritten Marktteilnehmer in Summe drei entscheidungsrelevante Signale und acht verschiedene Signalkombinationen.

Die Wahrscheinlichkeiten für jede einzelne Kombination unter der Bedingung des Gewinnereignisses sind:

$$w(B \cap B_1 \cap B_2 | G) = [w(B|G)]^3 = p^3$$

$$w(B \cap B_1 \cap N_2|G) = w(B \cap N_1 \cap B_2|G) = w(N \cap B_1 \cap B_2|G) =$$
$$= [w(B|G)]^2 \cdot w(N|G) = p^2 \cdot (1-p)$$

$$w(B \cap N_1 \cap N_2|G) = w(N \cap B_1 \cap N_2|G) = w(N \cap N_1 \cap B_2|G) =$$
$$= [w(N|G)]^2 \cdot w(B|G) = (1-p)^2 \cdot p$$

$$w(N \cap N_1 \cap N_2|G) = [w(N|G)]^3 = (1-p)^3$$

Die Wahrscheinlichkeiten für jede einzelne Kombination unter der Bedingung des Verlustereignisses sind:

$$w(B \cap B_1 \cap B_2|V) = [w(B|V)]^3 = (1-p)^3$$

$$w(B \cap B_1 \cap N_2|V) = w(B \cap N_1 \cap B_2|V) = w(N \cap B_1 \cap B_2|V) =$$
$$= [w(B|V)]^2 \cdot w(N|V) = (1-p)^2 \cdot p$$

$$w(B \cap N_1 \cap N_2|V) = w(N \cap B_1 \cap N_2|V) = w(N \cap N_1 \cap B_2|V) =$$
$$= [w(N|V)]^2 \cdot w(B|V) = p^2 \cdot (1-p)$$

$$w(N \cap N_1 \cap N_2|V) = [w(N|V)]^3 = p^3$$

Dies ergibt die untenstehenden Gewinnwahrscheinlichkeiten unter der Bedingung der einzelnen Signalkombinationen:

$$w(G|B \cap B_1 \cap B_2) = \frac{w(B \cap B_1 \cap B_2|G) \cdot w(G)}{w(B \cap B_1 \cap B_2|G) \cdot w(G) + w(B \cap B_1 \cap B_2|V) \cdot w(V)} =$$
$$= \frac{p^3 \cdot 0{,}5}{p^3 \cdot 0{,}5 + (1-p)^3 \cdot 0{,}5} = \frac{p^3}{p^3 + (1-p)^3}$$

$$w(V|B \cap B_1 \cap B_2) = 1 - \frac{p^3}{p^3 + (1-p)^3}$$

$$E_{M_3;|B|=3,|N|=0}\widetilde{r} = w(G|B \cap B_1 \cap B_2) \cdot G + w(V|B \cap B_1 \cap B_2) \cdot V =$$
$$= \frac{p^3}{p^3 + (1-p)^3} \cdot 0{,}5 + \left(1 - \frac{p^3}{p^3 + (1-p)^3}\right) \cdot (-0{,}5) =$$
$$= \frac{p^3}{p^3 + (1-p)^3} - 0{,}5 > 0$$

Erhält M_3 drei Kaufsignale, so wird er den Signalen folgen.

$$w(G|B \cap B_1 \cap N_2) = \frac{w(B \cap B_1 \cap N_2|G) \cdot w(G)}{w(B \cap B_1 \cap N_2|G) \cdot w(G) + w(B \cap B_1 \cap N_2|V) \cdot w(V)} =$$
$$= \frac{p^2 \cdot (1-p) \cdot 0{,}5}{p^2 \cdot (1-p) \cdot 0{,}5 + (1-p)^2 \cdot p \cdot 0{,}5} = p$$

$$w(G|B \cap N_1 \cap B_2) = \frac{w(B \cap N_1 \cap B_2|G) \cdot w(G)}{w(B \cap N_1 \cap B_2|G) \cdot w(G) + w(B \cap N_1 \cap B_2|V) \cdot w(V)} =$$
$$= \frac{p^2 \cdot (1-p) \cdot 0{,}5}{p^2 \cdot (1-p) \cdot 0{,}5 + (1-p)^2 \cdot p \cdot 0{,}5} = p$$

$$w(G|N \cap B_1 \cap B_2) = \frac{w(N \cap B_1 \cap B_2|G) \cdot w(G)}{w(N \cap B_1 \cap B_2|G) \cdot w(G) + w(N \cap B_1 \cap B_2|V) \cdot w(V)} =$$
$$= \frac{p^2 \cdot (1-p) \cdot 0{,}5}{p^2(1-p) \cdot 0{,}5 + (1-p)^2 \cdot p \cdot 0{,}5} = p$$

$$w(V|B \cap B_1 \cap N_2) = w(V|B \cap N_1 \cap B_2) = w(V|N \cap B_1 \cap B_2) = 1 - p$$

$$E_{M_3;|B|=2,|N|=1}\widetilde{r} = w(G|B \cap B_1 \cap N_2) \cdot G + w(V|B \cap B_1 \cap N_2) \cdot V =$$
$$= w(G|B \cap N_1 \cap B_2) \cdot G + w(V|B \cap N_1 \cap B_2) \cdot V =$$
$$= w(G|N \cap B_1 \cap B_2) \cdot G + w(V|N \cap B_1 \cap B_2) \cdot V =$$
$$= p \cdot 0{,}5 + (1-p) \cdot (-0{,}5) = p - 0{,}5 > 0$$

Erhält M_3 zwei Kaufsignale und ein Unterlassenssignal, dann ist es für ihn optimal zu kaufen. Dabei ist bedeutungslos, welches der drei Signale das Signal N ist. Der Erwartungswert ist für M_3 hier identisch mit dem Erwartungswert, den M_1 bei einem privaten Kaufsignal erhält. Bei M_3 heben sich zwei entgegengesetzte Signale in ihrer Wirkung auf, das dritte Signal entscheidet somit, ob der Erwartungswert positiv oder negativ ist.

$$w(G|N \cap N_1 \cap B_2) = \frac{w(N \cap N_1 \cap B_2|G) \cdot w(G)}{w(N \cap N_1 \cap B_2|G) \cdot w(G) + w(N \cap N_1 \cap B_2|V) \cdot w(V)} =$$

$$= \frac{(1-p)^2 \cdot p \cdot 0{,}5}{(1-p)^2 \cdot p \cdot 0{,}5 + p^2 \cdot (1-p) \cdot 0{,}5} = 1-p$$

$$w(G|N \cap B_1 \cap N_2) = \frac{w(N \cap B_1 \cap N_2|G) \cdot w(G)}{w(N \cap B_1 \cap N_2|G) \cdot w(G) + w(N \cap B_1 \cap N_2|V) \cdot w(V)} =$$

$$= \frac{(1-p)^2 \cdot p \cdot 0{,}5}{(1-p)^2 \cdot p \cdot 0{,}5 + p^2 \cdot (1-p) \cdot 0{,}5} = 1-p$$

$$w(G|B \cap N_1 \cap N_2) = \frac{w(B \cap N_1 \cap N_2|G) \cdot w(G)}{w(B \cap N_1 \cap N_2|G) \cdot w(G) + w(B \cap N_1 \cap N_2|V) \cdot w(V)} =$$

$$= \frac{(1-p)^2 \cdot p \cdot 0{,}5}{(1-p)^2 \cdot p \cdot 0{,}5 + p^2 \cdot (1-p) \cdot 0{,}5} = 1-p$$

$$w(V|N \cap N_1 \cap B_2) = w(V|N \cap B_1 \cap N_2) = w(V|B \cap N_1 \cap N_2) = p$$

$$\begin{aligned} E_{M_3;|B|=1,|N|=2}\tilde{r} &= w(G|N \cap N_1 \cap B_2) \cdot G + w(V|N \cap N_1 \cap B_2) \cdot V = \\ &= w(G|N \cap B_1 \cap N_2) \cdot G + w(V|N \cap B_1 \cap N_2) \cdot V = \\ &= w(G|B \cap N_1 \cap N_2) \cdot G + w(V|B \cap N_1 \cap N_2) \cdot V = \\ &= (1-p) \cdot 0{,}5 + p \cdot (-0{,}5) = 0{,}5 - p < 0 \end{aligned}$$

Erhält M_3 zwei Signale N und ein Signal B, dann ist es für ihn optimal, einen Kauf zu unterlassen. Dabei ist es unerheblich, welches der drei Signale das Signal B ist. Auch hier heben sich zwei entgegengesetzte Signale in ihrer Wirkung auf und das dritte Signal entscheidet, ob der Erwartungswert positiv oder negativ ist. Der Erwartungswert ist für M_3 der gleiche wie für M_1, wenn dieser ein privates Unterlassenssignal produziert.

$$w(G|N \cap N_1 \cap N_2) = \frac{w(N \cap N_1 \cap N_2|G) \cdot w(G)}{w(N \cap N_1 \cap N_2|G) \cdot w(G) + w(N \cap N_1 \cap N_2|V) \cdot w(V)} =$$

$$= \frac{(1-p)^3 \cdot 0{,}5}{(1-p)^3 \cdot 0{,}5 + p^3 \cdot 0{,}5} = \frac{(1-p)^3}{(1-p)^3 + p^3}$$

$$w(V|N \cap N_1 \cap N_2) = 1 - \frac{(1-p)^3}{(1-p)^3 + p^3}$$

$$E_{M_3;|B|=0,|N|=3}\tilde{r} = w(G|N \cap N_1 \cap N_2) \cdot G + w(V|N \cap N_1 \cap N_2) \cdot V =$$

$$= \frac{(1-p)^3}{(1-p)^3 + p^3} \cdot 0{,}5 + \left(1 - \frac{(1-p)^3}{(1-p)^3 + p^3}\right) \cdot (-0{,}5) =$$

$$= \frac{(1-p)^3}{(1-p)^3 + p^3} - 0{,}5 < 0$$

Erhält M_3 drei Verkaufsignale, so wird er den Signalen folgen. Da M_3 insgesamt drei Signale erhält, ist seine Entscheidung eindeutig. Es kann bei M_3 also nicht der Fall eintreten, dass die Gewinnwahrscheinlichkeit 0,5 beträgt und der Marktteilnehmer bezüglich eines Kaufs oder Verkaufs indifferent ist. M_3 wird immer dann investieren (nicht investieren), wenn mindestens zwei Kaufsignale (Verkaufsignale) vorliegen.

6.2.4 Entscheidungsverhalten von M_4

Schließlich soll noch das Entscheidungsverhalten von M_4 explizit betrachtet werden.

Die Wahrscheinlichkeiten für jede einzelne Kombination unter der Bedingung des Gewinnereignisses sind:

$$w(B \cap B_1 \cap B_2 \cap B_3 | G) = [w(B|G)]^4 = p^4$$

$$w(B \cap B_1 \cap B_2 \cap N_3 | G) = w(B \cap B_1 \cap N_2 \cap B_3 | G) =$$
$$= w(B \cap N_1 \cap B_2 \cap B_3 | G) = w(N \cap B_1 \cap B_2 \cap B_3 | G) =$$
$$= [w(B|G)]^3 \cdot w(N|G) = p^3 \cdot (1-p)$$

$$w(B \cap B_1 \cap N_2 \cap N_3 | G) = w(B \cap N_1 \cap B_2 \cap N_3 | G) =$$
$$= w(N \cap B_1 \cap B_2 \cap N_3 | G) = w(N \cap B_1 \cap N_2 \cap B_3 | G) =$$
$$= w(N \cap N_1 \cap B_2 \cap B_3 | G) = w(B \cap N_1 \cap N_2 \cap B_3 | G) =$$
$$= [w(B|G)]^2 \cdot [w(N|G)]^2 = p^2 \cdot (1-p)^2$$
$$w(N \cap N_1 \cap N_2 \cap B_3 | G) = w(N \cap N_1 \cap B_2 \cap N_3 | G) =$$
$$= w(N \cap B_1 \cap N_2 \cap N_3 | G) = w(B \cap N_1 \cap N_2 \cap N_3 | G) =$$
$$= w(B|G) \cdot [w(N|G)]^3 = p \cdot (1-p)^3$$

$$w(N \cap N_1 \cap N_2 \cap N_3 | G) = [w(N|G)]^4 = (1-p)^4$$

Unter der Bedingung des Verlustereignisses ergeben sich folgende Wahrscheinlichkeiten für das Auftreten der jeweiligen Signalkombination:

$$w(B \cap B_1 \cap B_2 \cap B_3 | V) = [w(B|V)]^4 = (1-p)^4$$

$$w(B \cap B_1 \cap B_2 \cap N_3 | V) = w(B \cap B_1 \cap N_2 \cap B_3 | V) =$$
$$= w(B \cap N_1 \cap B_2 \cap B_3 | V) = w(N \cap B_1 \cap B_2 \cap B_3 | V) =$$
$$= [w(B|V)]^3 \cdot w(N|V) = (1-p)^3 \cdot p$$

$$w(B \cap B_1 \cap N_2 \cap N_3 | V) = w(B \cap N_1 \cap B_2 \cap N_3 | V) =$$
$$= w(N \cap B_1 \cap B_2 \cap N_3 | V) = w(N \cap B_1 \cap N_2 \cap B_3 | V) =$$
$$= w(N \cap N_1 \cap B_2 \cap B_3 | V) = w(B \cap N_1 \cap N_2 \cap B_3 | V) =$$

$$= [w(B|V)]^2 \cdot [w(N|V)]^2 = (1-p)^2 \cdot p^2$$

$$w(N \cap N_1 \cap N_2 \cap B_3|V) = w(N \cap N_1 \cap B_2 \cap N_3|V) =$$
$$= w(N \cap B_1 \cap N_2 \cap N_3|V) = w(B \cap N_1 \cap N_2 \cap N_3|V) =$$
$$= w(B|V) \cdot [w(N|V)]^3 = (1-p) \cdot p^3$$

$$w(N \cap N_1 \cap N_2 \cap N_3|V) = [w(N|V)]^4 = p^4$$

Dies ergibt unter Anwendung des Theorems von BAYES folgende Gewinn- und Verlustwahrscheinlichkeiten unter der Bedingung der einzelnen Signalkombinationen sowie die entsprechenden Erwartungswerte bei einer Kaufentscheidung:

$$w(G|B \cap B_1 \cap B_2 \cap B_3) = \frac{p^4}{p^4 + (1-p)^4}$$

$$w(V|B \cap B_1 \cap B_2 \cap B_3) = 1 - \frac{p^4}{p^4 + (1-p)^4}$$

$$E_{M_4;|B|=4,|N|=0}\tilde{r} = \frac{p^4}{p^4 + (1-p)^4} - 0{,}5 > 0$$

$$w(G|B \cap B_1 \cap B_2 \cap N_3) = w(G|B \cap B_1 \cap N_2 \cap B_3) =$$
$$= w(G|B \cap N_1 \cap B_2 \cap B_3) = w(G|N \cap B_1 \cap B_2 \cap B_3) = \frac{p^2}{p^2 + (1-p)^2}$$

$$w(V|B \cap B_1 \cap B_2 \cap N_3) = w(V|B \cap B_1 \cap N_2 \cap B_3) =$$
$$= w(V|B \cap N_1 \cap B_2 \cap B_3) = w(V|N \cap B_1 \cap B_2 \cap B_3) = 1 - \frac{p^2}{p^2 + (1-p)^2}$$

$$E_{M_4;|B|=3,|N|=1}\tilde{r} = \frac{p^2}{p^2 + (1-p)^2} - 0{,}5 > 0$$

$$w(G|B \cap B_1 \cap N_2 \cap N_3) = w(G|B \cap N_1 \cap B_2 \cap N_3) =$$
$$= w(G|N \cap B_1 \cap B_2 \cap N_3) = w(G|N \cap B_1 \cap N_2 \cap B_3) =$$
$$= w(G|N \cap N_1 \cap B_2 \cap B_3) = w(G|B \cap N_1 \cap N_2 \cap B_3) = 0{,}5$$

$$w(V|B \cap B_1 \cap N_2 \cap N_3) = w(V|B \cap N_1 \cap B_2 \cap N_3) =$$
$$w(V|N \cap B_1 \cap B_2 \cap N_3) = w(V|N \cap B_1 \cap N_2 \cap B_3) =$$
$$= w(V|N \cap N_1 \cap B_2 \cap B_3) = w(V|B \cap N_1 \cap N_2 \cap B_3) = 0{,}5$$

$$E_{M_4;|B|=2,|N|=2}\tilde{r} = 0$$

$$w(G|N \cap N_1 \cap N_2 \cap B_3) = w(G|N \cap N_1 \cap B_2 \cap N_3) =$$
$$= w(G|N \cap B_1 \cap N_2 \cap N_3) = w(G|B \cap N_1 \cap N_2 \cap N_3) = \frac{(1-p)^2}{(1-p)^2 + p^2}$$
$$w(V|N \cap N_1 \cap N_2 \cap B_3) = w(V|N \cap N_1 \cap B_2 \cap N_3) =$$
$$w(V|N \cap B_1 \cap N_2 \cap N_3) = w(V|B \cap N_1 \cap N_2 \cap N_3) = 1 - \frac{(1-p)^2}{(1-p)^2 + p^2}$$

$$E_{M_4;|B|=1,|N|=3}\tilde{r} = \frac{(1-p)^2}{(1-p)^2 + p^2} - 0{,}5 < 0$$

$$w(G|N \cap N_1 \cap N_2 \cap N_3) = \frac{(1-p)^4}{(1-p)^4 + p^4}$$
$$w(V|N \cap N_1 \cap N_2 \cap N_3) = 1 - \frac{(1-p)^4}{(1-p)^4 + p^4}$$
$$E_{M_4;|B|=0,|N|=4}\tilde{r} = \frac{(1-p)^4}{(1-p)^4 + p^4} - 0{,}5 < 0$$

Übersteigt die Anzahl der Kaufsignale jene der Unterlassenssignale, dann ist der Erwartungswert eines Kaufs positiv und der rationale, risikoneutrale

Marktteilnehmer wird einen Kauf durchführen. Analog dazu wird er nicht kaufen, wenn er mehr Unterlassenssignale als Kaufsignale besitzt. Verfügt er über gleich viele Kauf- und Verkaufsignale, dann ist er indifferent zwischen einem Kauf und einer Unterlassung. In diesem Fall ist gemäß den Modellannahmen seine Entscheidung zufällig. Er wird dann mit einer Wahrscheinlichkeit von jeweils 0,5 kaufen bzw. einen Kauf unterlassen.

6.2.5 Entscheidungsverhalten von M_n

Nachdem das Entscheidungsverhalten der ersten vier Marktteilnehmer charakterisiert wurde, ist die Systematik der Erwartungswerte in Abhängigkeit der vorliegenden Signale erkennbar. Daher kann das Entscheidungsverhalten für einen beliebigen Marktteilnehmer M_n verallgemeinert werden. Der erste Schritt ist dabei die Darstellung der Wahrscheinlichkeiten für eine bestimmte Signalkombination unter der Bedingung des Gewinn- bzw. Verlustereignisses. M_n verfügt regelmäßig über insgesamt n Signale, nämlich $n-1$ öffentliche und ein privates Signal. Eine Unterscheidung zwischen öffentlichen Signalen und privatem Signal wird nicht vorgenommen, da öffentliche Signale und private Signale mit der gleichen Gewichtung in die Entscheidungsfindung eingehen und auch deren Reihenfolge keinen Einfluss auf die Entscheidung hat. Diese n Signale bestehen aus $n-m$ Kauf- und m Verkaufsignalen:

$$w\left(\left[\bigcap_{i=1}^{n-m} B_i\right] \cap \left[\bigcap_{j=1}^{m} N_j\right] \middle| G\right) = p^{n-m}(1-p)^m$$

$$w\left(\left[\bigcap_{i=1}^{n-m} B_i\right] \cap \left[\bigcap_{j=1}^{m} N_j\right] \middle| V\right) = p^m(1-p)^{n-m}$$

Mit Hilfe des Theorems von BAYES erhält man die Wahrscheinlichkeiten für eine der beiden Kursentwicklungen unter der Bedingung der jeweiligen Signalkombination:

$$w\left(G\left|\left[\bigcap_{i=1}^{n-m} B_i\right]\cap\left[\bigcap_{j=1}^{m} N_j\right]\right.\right)=$$

$$=\frac{w\left(\left[\bigcap_{i=1}^{n-m} B_i\right]\cap\left[\bigcap_{j=1}^{m} N_j\right]\middle|G\right)\cdot w(G)}{w\left(\left[\bigcap_{i=1}^{n-m} B_i\right]\cap\left[\bigcap_{j=1}^{m} N_j\right]\middle|G\right)\cdot w(G)+w\left(\left[\bigcap_{i=1}^{n-m} B_i\right]\cap\left[\bigcap_{j=1}^{m} N_j\right]\middle|V\right)\cdot w(V)}=$$

$$=\frac{p^{n-m}(1-p)^m\cdot 0{,}5}{p^{n-m}(1-p)^m\cdot 0{,}5+p^m(1-p)^{n-m}\cdot 0{,}5}$$

$$=\frac{p^{n-2m}}{p^{n-2m}+(1-p)^{n-2m}}$$

$$w\left(V\left|\left[\bigcap_{i=1}^{n-m} B_i\right]\cap\left[\bigcap_{j=1}^{m} N_j\right]\right.\right)=$$

$$=1-\frac{p^{n-2m}}{p^{n-2m}+(1-p)^{n-2m}}=\frac{(1-p)^{n-2m}}{p^{n-2m}+(1-p)^{n-2m}}$$

Auf der Basis dieser Wahrscheinlichkeiten lässt sich nun der Erwartungswert eines Kaufs für M_n berechnen:

$$E_{M_n;|B|=n-m,|N|=m}\tilde{r}=w\left(G\left|\left[\bigcap_{i=1}^{n-m} B_i\right]\cap\left[\bigcap_{j=1}^{m} N_j\right]\right.\right)\cdot G+w\left(V\left|\left[\bigcap_{i=1}^{n-m} B_i\right]\cap\left[\bigcap_{j=1}^{m} N_j\right]\right.\right)\cdot V=$$

$$=\frac{p^{n-2m}}{p^{n-2m}+(1-p)^{n-2m}}\cdot 0{,}5+\left(1-\frac{p^{n-2m}}{p^{n-2m}+(1-p)^{n-2m}}\right)\cdot(-0{,}5)=$$

$$= \frac{p^{n-2m}}{p^{n-2m} + (1-p)^{n-2m}} - 0{,}5$$

An den Rändern des Definitionsbereichs von p geht dieser Erwartungswert für beliebige Werte von $n - 2m$ gegen 0 bzw. gegen 0,5:

$$\lim_{p \to 0.5} E_{M_n;|B|=n-m,|N|=m}\,\tilde{r} = 0$$

$$\lim_{p \to 1} E_{M_n;|B|=n-m,|N|=m}\,\tilde{r} = 0{,}5$$

Bei beispielhaft gewählten Werten der Informationstransparenz von $p = 0{,}6\,,0{,}7\,,0{,}8\,,0{,}9$ zeigt die folgende Grafik die Abhängigkeit des Erwartungswerts vom Saldo der Signale, ausgedrückt durch die Anzahl der überschüssigen Kaufsignale $n - 2m$:

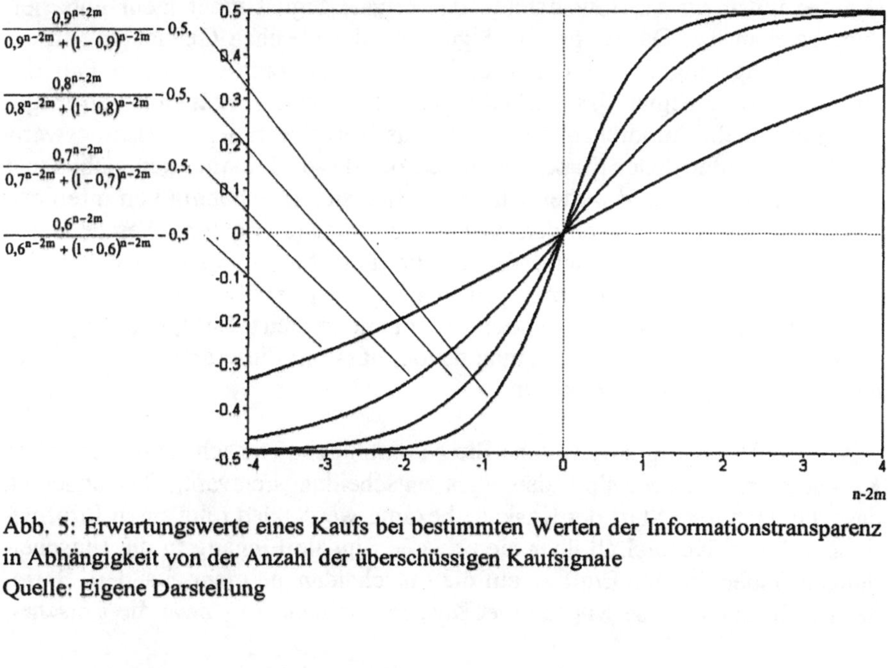

Abb. 5: Erwartungswerte eines Kaufs bei bestimmten Werten der Informationstransparenz in Abhängigkeit von der Anzahl der überschüssigen Kaufsignale
Quelle: Eigene Darstellung

Wie oben bereits festgestellt wurde, ist der Erwartungswert genau dann positiv, wenn mehr Kauf- als Unterlassenssignale vorliegen. Da die einzige andere Handlungsalternative, nämlich das Unterlassen eines Kaufs, immer 0 einbringt, wird M_n hier regelmäßig kaufen. Liegen mehr Unterlassens- als Kaufsignale vor, dann ist der Erwartungswert negativ und M_n wird einen Kauf unterlassen. Der Betrag des Erwartungswerts, der maximal 0,5 erreichen kann, spielt bei der Entscheidungsfindung keine Rolle. Entscheidend sind nur die Vorzeichen, da die Kaufentscheidung immer mit der Unterlassensentscheidung, welche 0 einbringt, verglichen wird. Besitzt M_n gleich viele Kauf- wie Unterlassenssignale, dann sind die Erwartungswerte beider Handlungsalternativen 0 und der Marktteilnehmer ist indifferent. Annahmegemäß ist seine Entscheidung dann zufällig, er wird sich mit einer Wahrscheinlichkeit von jeweils 0,5 für einen Kauf bzw. einen Verkauf entscheiden.

6.3 Bildung von Informationskaskaden

In der obigen Darstellung des Entscheidungsverhaltens der ersten vier Marktteilnehmer zeigt sich, dass immer dann, wenn die Anzahl der beobachteten Käufe (Unterlassungen) die Anzahl der beobachteten Unterlassungen (Käufe) um mehr als 1 übersteigt, das private Signal nicht mehr entscheidungsrelevant ist. Da das private Signal mit der gleichen Gewichtung in die Entscheidung eingeht wie ein öffentliches Signal, kann in diesem Fall das einzelne private Signal das Verhältnis von Kauf- und Verkaufsignalen insgesamt nicht mehr „umdrehen“ und damit das Vorzeichen des Erwartungswerts nicht mehr ändern. Der Marktteilnehmer, der dieser Situation gegenübersteht sowie alle folgenden Marktteilnehmer werden sich unabhängig von ihren privaten Signalen immer nach den öffentlichen Signalen richten. Dies bedeutet, dass die relevanten Informationen, auf die diese Marktteilnehmer direkt Zugriff haben und die sie zu ihren privaten Signalen verarbeiten, nicht mehr in den öffentlichen Informationspool und damit in den Marktpreis eingehen. Tritt dieser Fall ein, so spricht man davon, dass mit diesem Marktteilnehmer eine Informationskaskade beginnt.

Alle privaten Signale, welche die Marktteilnehmer nach dem Start einer Kaskade produzieren, sind also nicht entscheidungsrelevant. Das bedeutet, dass die nach dem Start der Kaskade bekannt werdenden relevanten Informationen, die im Normalfall über die privaten Signale Eingang in die Entscheidungen finden, keinen Einfluss auf die Entscheidungen mehr ausüben. Befindet sich beispielsweise M_3 in einer Kaskade, so kann M_4 zwar die Entscheidung von M_3 beobachten, jedoch nicht mehr auf die Ausprägung des privaten Signals von M_3 schließen.

Die sequentiellen Entscheidungen der Marktteilnehmer sind insofern idiosynkratisch, als geringe Änderungen in der Kombination von Signalen und zufälligen[374] Entscheidungen bei den ersten Marktteilnehmern darüber entscheiden können, ob und ggf. welche Kaskade sich bildet.[375]

Eine zweite Eigenschaft der Entscheidungen ist, dass sie in Bezug auf das sequentielle Auftreten von privaten Signalen pfadabhängig sind: Zwei private B- und zwei private N-Signale können beispielsweise in der Reihenfolge BBNN oder NNBB auftreten. Der Unterschied in der Reihenfolge hat gravierende Konsequenzen. Im ersten Fall bildet sich bei M_3 eine Kaskade,[376] bei der ab M_3 alle Marktteilnehmer kaufen, die letzten beiden N-Signale besitzen keinen Einfluss mehr auf den Markt.

Analog dazu bildet sich im zweiten Fall eine Kaskade, bei der sich ab M_3 alle Marktteilnehmer gegen einen Kauf entscheiden. Bei der Reihenfolge BNNB dagegen kauft M_2 mit einer Wahrscheinlichkeit von 0,5, was den Start einer Kaskade bei M_3 zur Folge hätte.[377] Die Grafik auf der folgenden Seite zeigt die verschiedenen Pfade, die bei den ersten drei Entscheidern möglich sind sowie die Startpunkte der Informationskaskaden.

Nun lassen sich auch die ex ante-Wahrscheinlichkeiten dafür errechnen, dass nach der Entscheidung von M_n keine Kaskade, eine Kaufkaskade oder eine Unterlassenskaskade existiert.

Eine Kaskade kann frühestens nach der Entscheidung des zweiten Marktteilnehmers beginnen. Das heißt nach der Entscheidung von M_2 kann nur

[374] Die Entscheidung ist genau dann zufällig, wenn gleich viele Kauf- und Verkaufsignale vorliegen.

[375] Vgl. BIKHCHANDANI / SHARMA (2001), S. 288

[376] Man spricht davon, dass sich bei M_n eine Kaskade bildet, wenn durch die Entscheidung von M_{n-1} aus der Sicht von M_n eine öffentliche Signalart die andere um mehr als 1 überwiegt. Das private Signal ist für M_n nun nicht entscheidungsrelevant, für M_{n-1} war es schon noch relevant.

[377] Vgl. BIKHCHANDANI / SHARMA (2001), S. 288

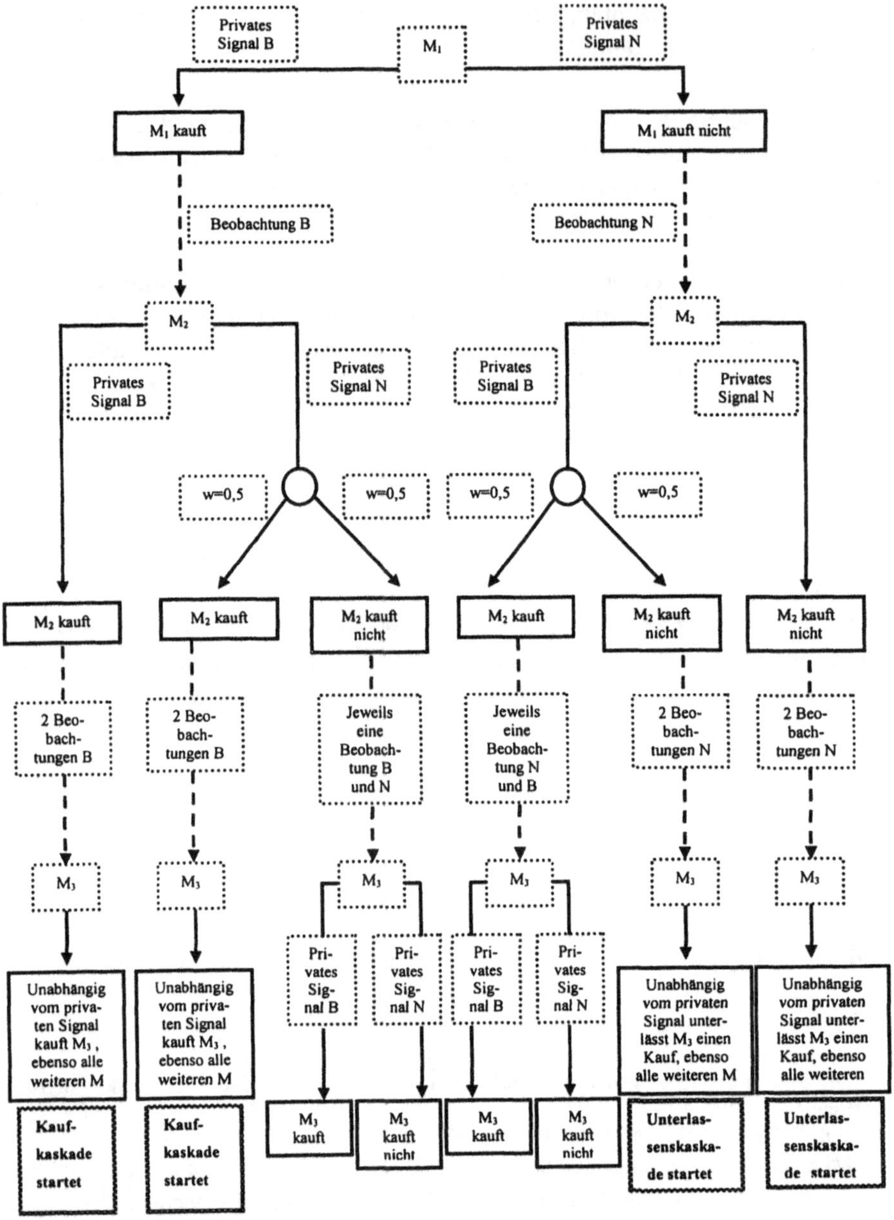

Abb. 6: Entscheidungspfade von M_1, M_2 und M_3 im Basismodell
Quelle: Eigene Darstellung

dann eine Kaskade existieren, wenn diese durch M_2 initiiert[378] wird. Eine Kaskade wird durch M_2 genau dann nicht initiiert, wenn einer dieser ersten beiden Marktteilnehmer kauft und der andere nicht kauft. Dieser Fall tritt dann ein, wenn entweder M_1 ein K-Signal erhält und M_2 ein N-Signal erhält und sich gegen einen Kauf entscheidet, oder wenn M_1 ein N-Signal erhält und M_2 ein K-Signal erhält und sich für einen Kauf entscheidet. Unter der Bedingung des Gewinnereignisses ergibt sich:

$$\begin{aligned} w_{M_2}(\otimes K|G) &= w(B|G)\cdot w(N|G)\cdot 0{,}5 + w(N|G)\cdot w(B|G)\cdot 0{,}5 = \\ &= p\cdot(1-p)\cdot 0{,}5 + (1-p)\cdot p\cdot 0{,}5 = \\ &= p - p^2 \end{aligned}$$

Unter der Bedingung des Verlustereignisses V folgt:

$$\begin{aligned} w_{M_2}(\otimes K|V) &= w(B|V)\cdot w(N|V)\cdot 0{,}5 + w(N|V)\cdot w(B|V)\cdot 0{,}5 = \\ &= (1-p)\cdot p\cdot 0{,}5 + p\cdot(1-p)\cdot 0{,}5 = \\ &= p - p^2 \end{aligned}$$

Eine Kaufkaskade wird durch M_2 genau dann initiiert, wenn entweder M_1 und M_2 ein privates Kaufsignal produzieren oder M_1 ein privates Kaufsignal und M_2 ein privates Signal der Unterlassung produziert, sich aber dann auch für einen Kauf entscheidet. Unter der Bedingung G ergibt dies gleichzeitig die Wahrscheinlichkeit, dass nach M_2 die für die Marktteilnehmer vorteilhafte[379] Kaufkaskade beginnt.

$$w_{M_2}(KK|G) = w(B|G)^2 + w(B|G)\cdot w(N|G)\cdot 0{,}5 =$$

---

[378] Eine Kaskade initiieren bedeutet in diesem Kontext, dass durch die Entscheidung des betreffenden Marktteilnehmers, der sich selbst noch nicht in einer Kaskade befindet, die öffentlichen Signale für den darauffolgenden Marktteilnehmer so ausgerichtet sind, dass sich bei diesem darauffolgenden Marktteilnehmer eine Kaskade bildet. Dieser darauffolgende Marktteilnehmer befindet sich also in einer Kaskade, der Initiator nicht.

[379] Für die Marktteilnehmer ist unter der Bedingung des Gewinnereignisses eine Kaufkaskade und unter der Bedingung des Verlustereignisses eine Unterlassenskaskade vorteilhaft.

$$= p^2 + p \cdot (1-p) \cdot 0{,}5 = \frac{p^2 + p}{2}$$

Die Wahrscheinlichkeit, dass unter der Bedingung V durch M_2 eine Kaufkaskade startet, ist die Wahrscheinlichkeit, dass die für die Marktteilnehmer nachteilige[380] Kaskade startet:

$$w_{M_2}(KK|V) = w(B|V)^2 + w(B|V) \cdot w(N|V) \cdot 0{,}5 =$$
$$= (1-p)^2 + (1-p) \cdot p \cdot 0{,}5 = \frac{p^2 - 3p + 2}{2}$$

Eine Unterlassenskaskade beginnt nach M_2 genau dann, wenn entweder M_1 und M_2 ein privates Signal des Unterlassens produzieren oder M_1 ein privates Signal des Unterlassens und M_2 ein privates Kaufsignal produziert, sich aber dann gegen einen Kauf entscheidet. Unter der Bedingung G ist dies gleichzeitig die Wahrscheinlichkeit, dass M_2 eine nachteilige Kaskade initiiert:

$$w_{M_2}(UK|G) = w(N|G)^2 + w(N|G) \cdot w(B|G) \cdot 0{,}5 =$$
$$= (1-p)^2 + (1-p) \cdot p \cdot 0{,}5 = \frac{p^2 - 3p + 2}{2}$$

Die Wahrscheinlichkeit, dass unter der Bedingung V eine Unterlassenskaskade und damit eine vorteilhafte Kaskade beginnt, ergibt sich aus:

$$w_{M_2}(UK|V) = w(N|V)^2 + w(N|V) \cdot w(B|V) \cdot 0{,}5 =$$
$$= p^2 + p \cdot (1-p) \cdot 0{,}5 = \frac{p^2 + p}{2}$$

---

380 Für die Marktteilnehmer ist unter der Bedingung des Gewinnereignisses eine Unterlassenskaskade und unter der Bedingung des Verlustereignisses eine Kaufkaskade nachteilig.

Es zeigt sich, dass unabhängig von der Bedingung die Wahrscheinlichkeit, dass nach der Entscheidung von M_2 keine Kaskade startet, $p-p^2$ ist. Genauso beträgt die Wahrscheinlichkeit, dass nach M_2 eine für die Marktteilnehmer vorteilhafte Kaskade existiert, immer $\frac{p^2+p}{2}$. Die Wahrscheinlichkeit, dass eine nachteilige Kaskade existiert, beträgt immer $\frac{p^2-3p+2}{2}$.

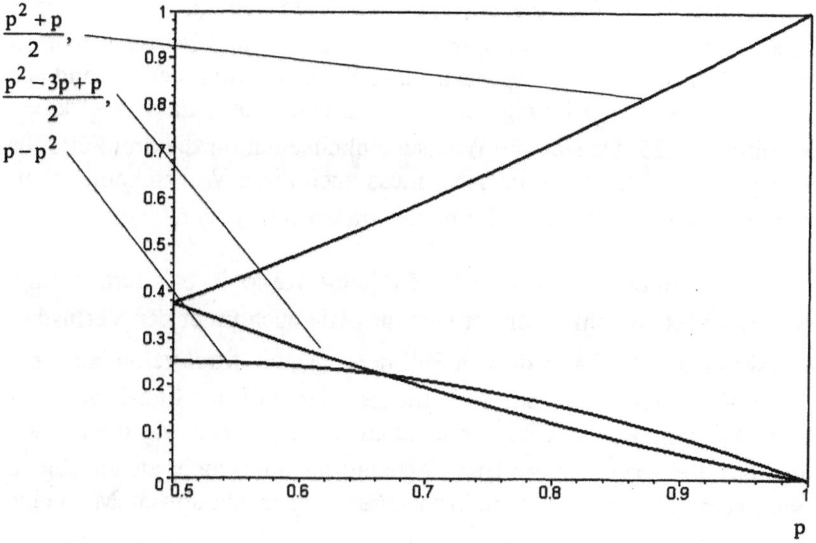

Abb. 7: Wahrscheinlichkeiten für den Beginn einer vorteilhaften, einer nachteiligen und keiner Kaskade nach der Entscheidung von M_2 in Abhängigkeit vom Niveau der Informationstransparenz
Quelle: Eigene Darstellung

Geht p gegen 0, dann geht die Wahrscheinlichkeit, dass M_2 eine für die Marktteilnehmer vorteilhafte Kaskade startet, gegen 0,375. Je höher p ist, desto höher ist auch diese Wahrscheinlichkeit. Am oberen Rand des Definitionsbereichs von p geht diese Wahrscheinlichkeit gegen 1. Je höher die Informationstransparenz ist, desto höher ist die Wahrscheinlichkeit, dass M_2 einerseits korrekte öffentliche Signale erhält und andererseits ein korrektes privates

Signal entwickelt. Das bedeutet, es werden bei steigendem p unter der Bedingung des Gewinnereignisses verstärkt Kauf- und unter der Bedingung des Verlustereignisses verstärkt Unterlassenssignale produziert. In der Nähe der vollkommenen Informationstransparenz werden unter der Bedingung von G fast ausschließlich B-Signale und unter der Bedingung von V fast ausschließlich N-Signale entwickelt. Damit steigt auch die Wahrscheinlichkeit, dass eine der beiden Bedingungen, die dazu führen, dass M_2 eine Kaskade initiiert, auf einen Wert nahe 1. Am unteren Rand des Definitionsbereichs von p dagegen ist die Informationstransparenz so niedrig und die Signale damit so wenig aussagekräftig in Hinblick auf G und V, dass die Wahrscheinlichkeit, dass M_2 eine unvorteilhafte Kaskade initiiert, auch 0,375 beträgt. Bei höheren p muss diese Wahrscheinlichkeit entsprechend abnehmen und bei einer nahezu vollkommenen Informationstransparenz gegen 0 gehen. Am unteren Rand des Definitionsbereichs von p beträgt die Wahrscheinlichkeit, dass M_2 keine Kaskade initiiert, 0,25. Da sich die Wahrscheinlichkeiten für die drei Fälle für jedes $0{,}5 < p < 1$ zu 1 addieren müssen, muss auch diese Wahrscheinlichkeit bei einer nahezu vollkommenen Informationstransparenz gegen 0 gehen.

Die Wahrscheinlichkeit, dass nach M_2 keine Kaskade existiert, beträgt wie oben berechnet sowohl unter der Gewinn- wie auch unter der Verlustbedingung jeweils $p - p^2$. Da in diesem Fall dem zweiten Marktteilnehmer ein öffentliches Kaufsignal und ein öffentliches Unterlassens-Signal vorliegt, kann auch M_3 keine Kaskade initiieren, da aus der Sicht von M_3 die Anzahl einer Signalart die Anzahl der anderen Signalart nicht um mehr als ein Signal übersteigen kann. Daher beträgt die Wahrscheinlichkeit, dass nach M_3 keine Kaskade existiert, auch $p - p^2$. Der Fall, dass auch M_4 keine Kaskade initiiert tritt dann ein, wenn sich der Vorgang, der dazu führt, dass M_2 keine Kaskade initiiert, bei M_3 und M_4 wiederholt. Einer der beiden Marktteilnehmer M_3 oder M_4 kauft, der andere kauft nicht. Dies ist dann der Fall, wenn entweder M_3 ein K-Signal erhält und M_4 ein N-Signal erhält und sich gegen einen Kauf entscheidet, oder wenn M_3 ein N-Signal erhält und M_4 ein K-Signal erhält und sich für einen Kauf entscheidet. Somit ergibt sich:

$$w_{M_4}(\otimes K|G) = w_{M_4}(\otimes K|V) = [w_{M_2}(\otimes K|G)]^2 = [w_{M_2}(\otimes K|V)]^2 = (p - p^2)^2$$

Auf diese Weise können auch die Wahrscheinlichkeiten berechnet werden, dass nach M_6, M_8, M_{10} usw. immer noch keine Kaskade existiert. Wie oben dargestellt, ist nur die Berechnung der Wahrscheinlichkeit keiner Kaskade nach einer geraden Anzahl von Entscheidern von Relevanz.

Die Wahrscheinlichkeit nach einer ungeraden Anzahl von Entscheidern entspricht immer der Wahrscheinlichkeit der um 1 niedrigeren, geraden Anzahl. Sei n eine gerade Anzahl von Marktteilnehmern, dann gilt:

$$w_{M_n}(\otimes K|G) = w_{M_n}(\otimes K|V) = \left(p - p^2\right)^{\frac{n}{2}}$$

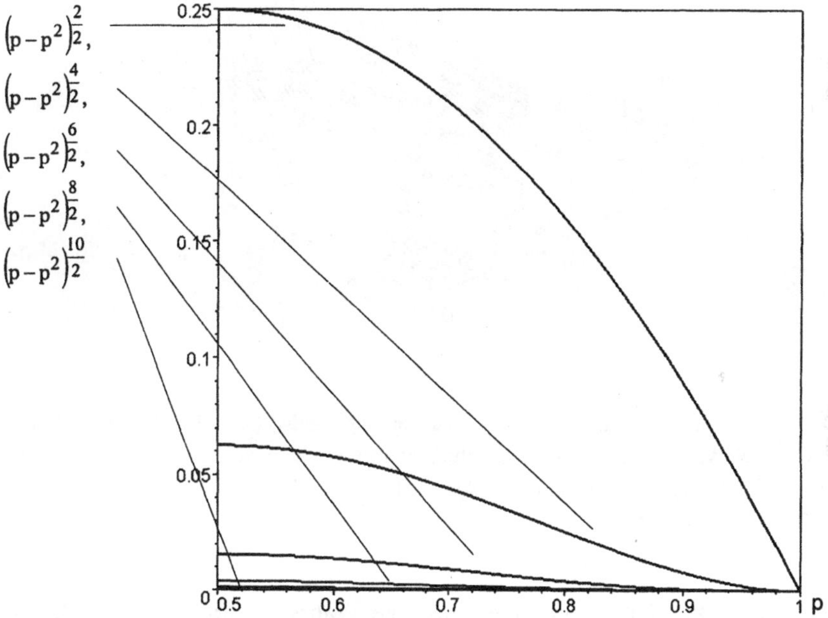

Abb. 8: Wahrscheinlichkeiten, dass nach den Entscheidungen von M_2, M_4, M_6, M_8 und M_{10} keine Kaskaden existieren in Abhängigkeit vom Niveau der Informationstransparenz
Quelle: Eigene Darstellung

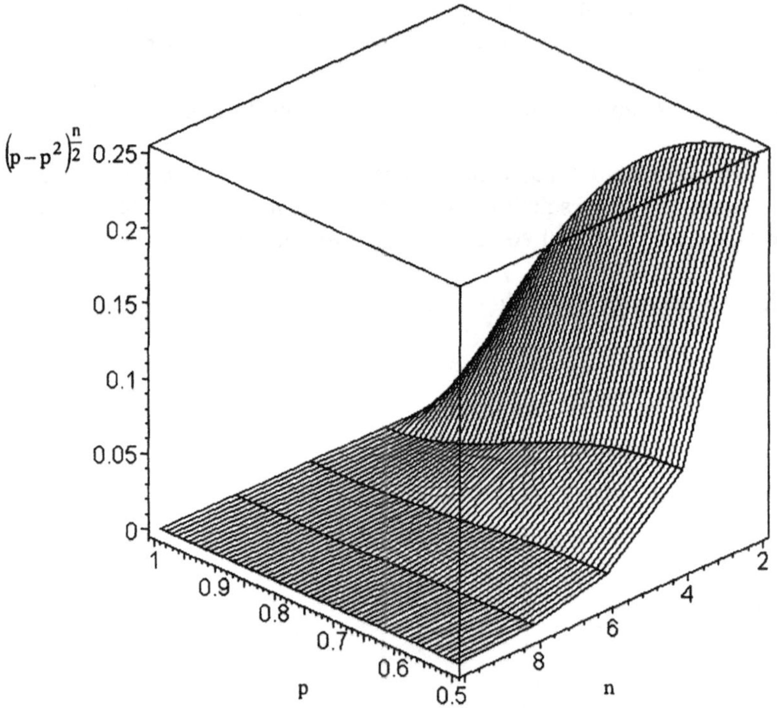

Abb. 9: Wahrscheinlichkeit, dass nach der Entscheidung von M_n keine Kaskaden existieren in Abhängigkeit vom Niveau der Informationstransparenz und von der Rangzahl in der Rangfolge der sequenziell handelnden Marktteilnehmer
Quelle: Eigene Darstellung

In den Grafiken ist zu erkennen, dass die Wahrscheinlichkeit, dass keine Kaskade existiert, mit steigender Informationstransparenz und steigender Anzahl der Marktteilnehmer abnimmt. An der unteren Grenze der Informationstransparenz geht die Wahrscheinlichkeit, dass nach M_n noch keine Kaskade existiert für M_2 gegen 0,25, für M_4 gegen 0,0625, für M_6 gegen $\approx 0{,}01563$ und für M_8 gegen $\approx 0{,}00391$. Die Wahrscheinlichkeit, dass nach M_{10} immer noch keine Kaskade existiert ist mit $\approx 0{,}00098$ nur noch verschwindend gering. Nahe der vollständigen Informationstransparenz gehen die Wahrscheinlichkeiten regelmäßig gegen 0.

Die Wahrscheinlichkeit der Existenz einer vorteilhaften Kaskade nach M_2 beträgt wie oben berechnet $\frac{p^2+p}{2}$. Analog zu den Wahrscheinlichkeiten, dass keine Kaskade besteht, gilt auch hier, dass die Wahrscheinlichkeit, dass nach einer ungeraden Anzahl von Marktteilnehmern eine Kaufkaskade existiert, identisch ist mit der Wahrscheinlichkeit, dass nach der um 1 niedrigeren, geraden Anzahl von Marktteilnehmern eine Kaufkaskade existiert: Nach M_3 etwa besteht genau dann eine Kaufkaskade, wenn entweder M_2 eine Kaufkaskade initiiert oder nach M_2 noch keine Kaufkaskade besteht und durch M_3 diese Kaskade initiiert wird. Der Fall, dass nach M_2 noch keine Kaskade beginnt und diese erst durch M_3 initiiert wird, besitzt jedoch eine Eintrittswahrscheinlichkeit von 0. Denn in dem Fall, in dem nach M_2 keine Kaskade startet, beobachtet M_3 genau ein öffentliches K-Signal und ein öffentliches N-Signal. Und dann ist es nicht möglich, dass zusammen mit dem privaten Signal von M_3 die Anzahl der Kaufsignale um mehr als 1 größer ist als die Anzahl der Unterlassenssignale. Somit ist es auch hier ausreichend, die Wahrscheinlichkeiten für eine Kaufkaskade nach einer geraden Anzahl von Marktteilnehmern zu berechnen. Die Wahrscheinlichkeit, dass nach M_4 eine Kaufkaskade besteht, entspricht der Wahrscheinlichkeit, dass nach den ersten zwei Entscheidern eine Kaufkaskade startet addiert mit der Wahrscheinlichkeit, dass nach den ersten zwei Entscheidern keine Kaskade, aber nach den nächsten zwei Entscheidern, also dann nach M_4, eine Kaufkaskade beginnt:

$$w_{M_4}(KK|G) = w_{M_2}(KK|G) + w_{M_2}(\otimes K|G) \cdot w_{M_2}(KK|G) =$$
$$= \frac{p^2+p}{2} + \left(p-p^2\right) \cdot \frac{p^2+p}{2} = \frac{-p^4+2p^2+p}{2}$$

Das gleiche Ergebnis erhält man für die zweite Möglichkeit einer vorteilhaften Kaskade, nämlich für eine Unterlassenskaskade unter der Bedingung V:

$$w_{M_4}(UK|V) = w_{M_2}(UK|V) + w_{M_2}(\otimes K|V) \cdot w_{M_2}(UK|V) =$$
$$= \frac{p^2+p}{2} + \left(p-p^2\right) \cdot \frac{p^2+p}{2} = \frac{-p^4+2p^2+p}{2}$$

Auf die gleiche Weise können die Wahrscheinlichkeiten für eine vorteilhafte Kaskade nach M_6, M_8, M_{10} usw. berechnet werden. Sei n eine gerade Anzahl von Marktteilnehmern, dann gilt:

$$w_{M_n}(KK|G) = w_{M_n}(UK|V) = \frac{p(p+1)\left[1-(p-p^2)^{\frac{n}{2}}\right]}{2(1-p+p^2)}$$

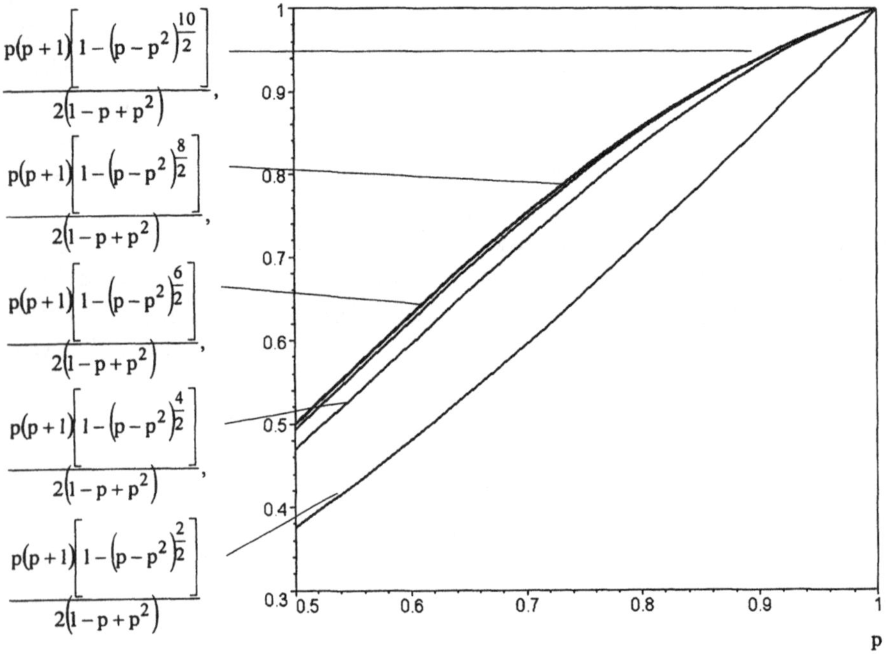

Abb. 10: Wahrscheinlichkeiten für die Existenz einer vorteilhaften Kaskade nach den Entscheidungen von M_{10}, M_8, M_6, M_4 und M_2 in Abhängigkeit vom Niveau der Informationstransparenz
Quelle: Eigene Darstellung

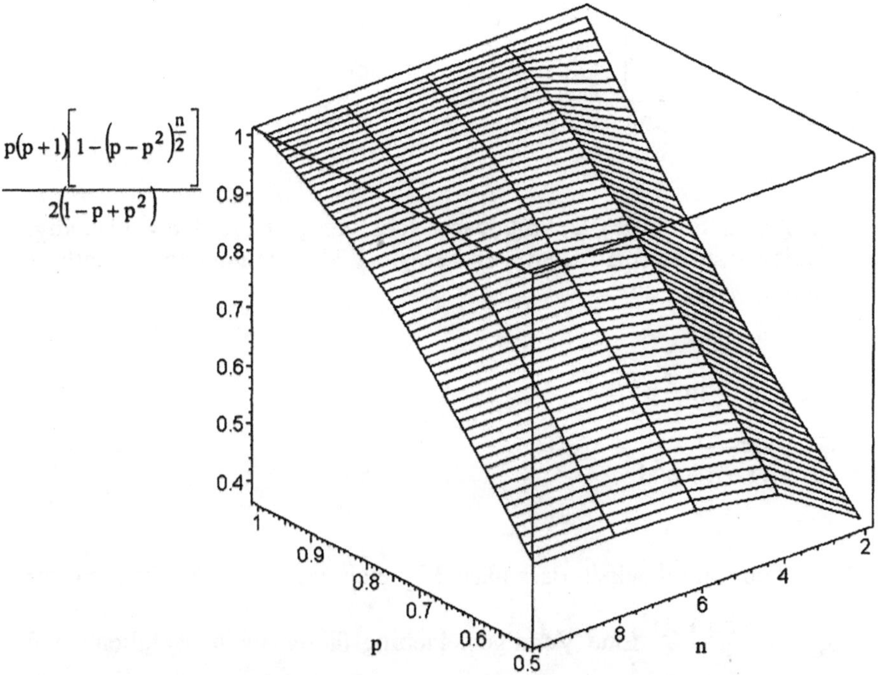

Abb. 11: Wahrscheinlichkeit für die Existenz einer vorteilhaften Kaskade nach der Entscheidung von M_n in Abhängigkeit vom Niveau der Informationstransparenz und von der Rangzahl in der Rangfolge der sequenziell handelnden Marktteilnehmer
Quelle: Eigene Darstellung

Die Wahrscheinlichkeit, dass eine vorteilhafte Kaskade nach der Entscheidung eines bestimmten Marktteilnehmers existiert, steigt sowohl mit dem Transparenzgrad als auch mit der Anzahl der Marktteilnehmer an. Eine Untersuchung der unteren Grenze des Definitionsbereichs von p zeigt, dass sich die entsprechende Wahrscheinlichkeit für M_2 dem Wert 0,375 annähert. Dieser Wert steigt für M_4 auf $\approx 0{,}46875$, für M_6 auf $\approx 0{,}49219$ und für M_8 auf $\approx 0{,}49805$. Die Wahrscheinlichkeit, dass nach M_{10} eine vorteilhafte Kaskade existiert, beträgt bereits $\approx 0{,}49951$.

Am unteren Ende des Definitionsbereichs von p nähert sich diese Wahrscheinlichkeit mit steigendem n dem Wert 0,5 an:

$$\lim_{p \to 0,5;\, n \to \infty} \frac{p(p+1)\left[1-\left(p-p^2\right)^{\frac{n}{2}}\right]}{2\left(1-p+p^2\right)} = 0,5$$

Am oberen Ende des Definitionsbereichs von p, nahe der vollständigen Informationstransparenz, nähert sich besagte Wahrscheinlichkeit für alle geraden n dem Wert 1 an:

$$\lim_{p \to 1} \frac{p(p+1)\left[1-\left(p-p^2\right)^{\frac{n}{2}}\right]}{2\left(1-p+p^2\right)} = 1$$

Die Wahrscheinlichkeit, dass nach M_2 eine nachteilige Kaskade besteht, beträgt $\frac{p^2-3p+2}{2}$. Eine Verallgemeinerung dieser Wahrscheinlichkeit für M_n erfordert auch hier nur die Berechnung für eine gerade Anzahl von Marktteilnehmern. Die Wahrscheinlichkeit, dass nach M_4 eine Kaufkaskade unter der Bedingung des Verlustereignisses besteht, entspricht der Wahrscheinlichkeit, dass nach den ersten beiden Entscheidern eine Kaufkaskade startet addiert mit der Wahrscheinlichkeit, dass nach den ersten zwei Entscheidern keine Kaufkaskade, aber nach den nächsten zwei Entscheidern, also dann nach M_4, eine Kaufkaskade beginnt:

$$w_{M_4}(KK|V) = w_{M_2}(KK|V) + w_{M_2}(\otimes K|V) \cdot w_{M_2}(KK|V) =$$
$$= \frac{p^2-3p+2}{2} + \left(p-p^2\right) \cdot \frac{p^2-3p+2}{2} = \frac{-p^4+4p^3-4p^2-p+2}{2}$$

Gleiches gilt für die zweite Möglichkeit einer für die Marktteilnehmer unvorteilhaften Kaskade, nämlich einer Unterlassenskaskade unter der Bedingung des Gewinnereignisses.

$$w_{M_4}(UK|G) = w_{M_2}(UK|G) + w_{M_2}(\otimes K|G) \cdot w_{M_2}(UK|G) =$$

$$= \frac{p^2 - 3p + 2}{2} + \left(p - p^2\right) \cdot \frac{p^2 - 3p + 2}{2} = \frac{-p^4 + 4p^3 - 4p^2 - p + 2}{2}$$

Eine Verallgemeinerung für M_n mit einer geraden Rangzahl ergibt die folgende Wahrscheinlichkeit, dass nach der Entscheidung von M_n eine unvorteilhafte Kaskade existiert:

$$w_{M_n}(KK|V) = w_{M_n}(UK|G) = \frac{(p-2)(p-1)\left[1 - \left(p - p^2\right)^{\frac{n}{2}}\right]}{2\left(1 - p + p^2\right)}$$

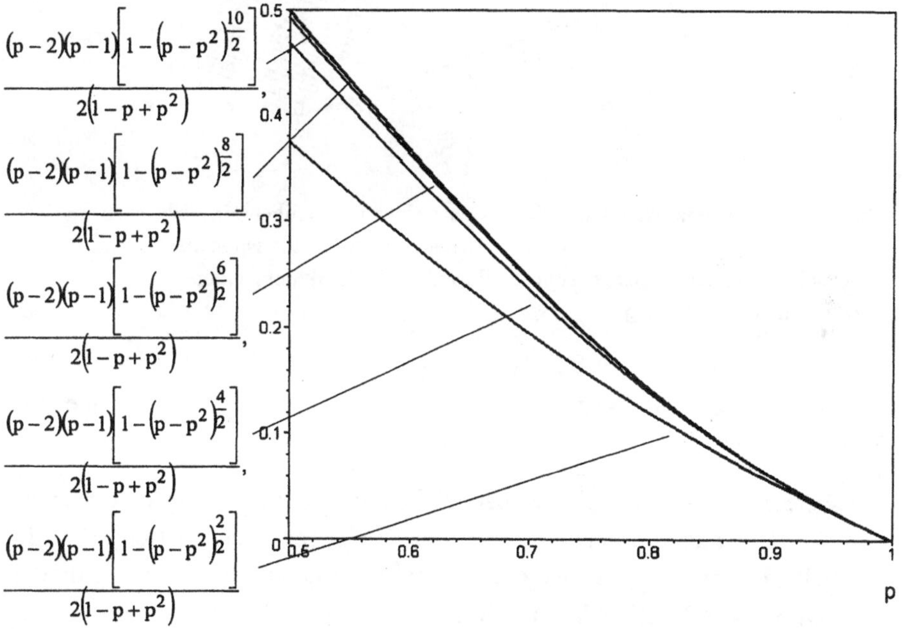

Abb. 12: Wahrscheinlichkeiten für die Existenz einer nachteiligen Kaskade nach den Entscheidungen von M_{10}, M_8, M_6, M_4 und M_2 in Abhängigkeit vom Niveau der Informationstransparenz
Quelle: Eigene Darstellung

$$\frac{(p-2)(p-1)\left[1-\left(p-p^2\right)^{\frac{n}{2}}\right]}{2\left(1-p+p^2\right)}$$

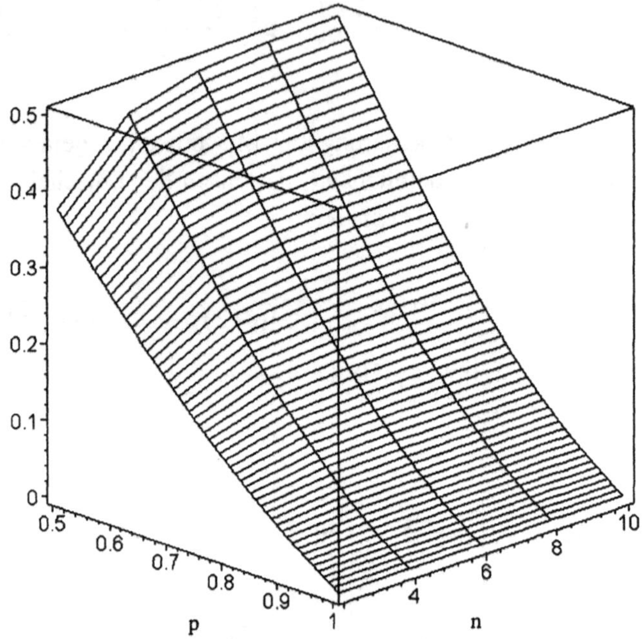

Abb. 13: Wahrscheinlichkeit für die Existenz einer nachteiligen Kaskade nach der Entscheidung von M_n in Abhängigkeit vom Niveau der Informationstransparenz und von der Rangzahl in der Rangfolge der sequenziell handelnden Marktteilnehmer
Quelle: Eigene Darstellung

Die Wahrscheinlichkeit, dass nach einem bestimmten Marktteilnehmer eine nachteilige Kaskade existiert, fällt mit steigendem Transparenzgrad und steigt mit der Anzahl der Marktteilnehmer. An der unteren Grenze des Definitionsbereichs von p geht die Wahrscheinlichkeit, dass nach M_2 eine nachteilige Kaskade existiert, gegen 0,375.[381] Die Wahrscheinlichkeit steigt für M_4 auf 0,46875, für M_6 auf $\approx 0{,}49219$ und für M_8 auf $\approx 0{,}49805$. Für den zehnten Marktteilnehmer beträgt dieser Wert $\approx 0{,}49951$. An diesem unteren Ende des Definitionsbereichs von p nähert sich die Wahrscheinlichkeit mit steigendem n dem Wert 0,5 an:

[381] Damit ist es genauso wahrscheinlich, dass zu diesem Zeitpunkt eine vorteilhafte Kaskade beginnt.

$$\lim_{p\to 0{,}5;\, n\to\infty} \frac{(p-2)(p-1)\left[1-\left(p-p^2\right)^{\frac{n}{2}}\right]}{2\left(1-p+p^2\right)} = 0{,}5$$

Dieser Grenzwert ist somit der gleiche wie im Fall der vorteilhaften Kaskade: Die Wahrscheinlichkeit, dass nach einem bestimmten Marktteilnehmer immer noch keine Kaskade existiert, nimmt mit der Anzahl der Marktteilnehmer sukzessive ab. Denn dies erfordert, dass die öffentlichen Signale sich insofern abwechseln, als dass eine Signalart die andere in Summe nie um zwei Stück übersteigen darf. Dies wird mit steigender Anzahl der Marktteilnehmer unwahrscheinlicher. Die Restwahrscheinlichkeit teilt sich jeweils gleichmäßig auf die Eintrittswahrscheinlichkeit einer vorteilhaften und einer nachteiligen Kaskade auf, da bei einem Grenzwert von $\approx 0{,}49951$ die Signale keinerlei Aussagekraft hinsichtlich des Gewinn- und Verlustereignisses haben.[382]

Am oberen Rand des Definitionsbereichs von p, nahe der vollständigen Informationstransparenz, nähert sich besagte Wahrscheinlichkeit für alle geraden n dem Wert 0 an:

$$\lim_{p\to 1} \frac{(p-2)(p-1)\left[1-\left(p-p^2\right)^{\frac{n}{2}}\right]}{2\left(1-p+p^2\right)} = 0$$

Der Start einer unvorteilhaften Kaskade setzt voraus, dass jene Signale, die in Hinblick auf das Gewinn- bzw. Verlustereignis „falsch" sind, die „korrekten" Signale überwiegen. Dies ist umso unwahrscheinlicher, je höher die Informationstransparenz und je besser daher die grundsätzliche Qualität der Signale ist. Nahe der vollkommenen Informationstransparenz werden fast nur noch korrekte Signale produziert, was die Wahrscheinlichkeit einer vorteilhaften Kaskade gegen 1 und die Wahrscheinlichkeit einer nicht vorteilhaften Kaskade gegen 0 tendieren lässt.

[382] Denn es gilt $w(B|G) = w(N|G) = w(B|V) = w(N|V) = 0{,}5$. Die Wahrscheinlichkeiten, ein korrektes und ein nicht korrektes Signal zu erhalten, sind gleich.

Zusammenfassend lässt sich feststellen, dass die Wahrscheinlichkeit, dass zum frühestmöglichen Zeitpunkt eine Kaskade beginnt, bemerkenswert hoch ist. Sie beträgt nach M_2 insgesamt je nach Informationstransparenz zwischen 0,75 und 1. Bei späteren Marktteilnehmern steigt die untere Grenze dieser Spanne kontinuierlich an. Während die Eintrittswahrscheinlichkeiten einer vorteilhaften und einer nicht vorteilhaften Kaskade bei einem p nahe 0,5 an der Grenze gleich sind, steigt die Wahrscheinlichkeit einer für die Marktteilnehmer vorteilhaften Kaskade mit dem Grad der Informationstransparenz an, die Eintrittswahrscheinlichkeit einer nachteiligen Kaskade sinkt entsprechend.

7 Einführung von Preisflexibilität

Im obigen Basismodell wird Preisrigidität angenommen. Der Preis des Wertpapiers ist auf 0 normiert und konstant, d.h. die Transaktionen der sequentiell handelnden Marktteilnehmer haben keine Auswirkung auf den Preis. Möchte man das obige Modell auf den Devisenmarkt in einem Regime flexibler Wechselkurse anwenden, so ist die Annahme einer Rigidität des Wechselkurses kaum zu rechtfertigen. Prinzipiell wirkt sich jede Transaktion auf Angebot und Nachfrage und damit auf den Wechselkurs aus. Der Wechselkurs würde sich nur dann nicht ändern, wenn die Gruppe der sequentiell handelnden Devisenmarktteilnehmer relativ zum Gesamtmarkt des betrachteten Devisenpaares hinreichend klein ist. Weshalb aber sollten die restlichen Marktteilnehmer, die in Bezug auf das Transaktionsvolumen den überwiegenden Teil des Gesamtmarktes des betrachteten Devisenpaares darstellen, nicht dem Herdentrieb unterliegen, zumal wie oben dargestellt der Herdentrieb ein typisch menschliches Verhaltensmuster darstellt? Die Ergebnisse der Umfragen unter Devisenmarktteilnehmern weisen darauf hin, dass mehr als nur ein kleiner Teil der Devisenmarktteilnehmer zu Herdenverhalten neigt.

Daraus folgt, dass Wechselkursflexibilität eine notwendige Annahme eines brauchbaren Modells zur Erklärung von Wechselkursschwankungen durch Herdenneigung der Marktteilnehmer ist. Dieser Notwendigkeit trugen BIKHCHANDANI / SHARMA (2001) Rechnung, indem sie untersuchten, welche Auswirkungen ein Übergang von Preisrigidität zu Preisflexibilität auf das obige Basismodell eines informationsbasierten Herdenverhaltens hat.[383] Diese Untersuchung soll in diesem Kapitel nachgezeichnet werden.

Im Basismodell treffen die Marktteilnehmer jene Entscheidung, die den höchsten Erwartungswert aufweist. Mögliche Handlungen sind dabei „kaufen" oder „nicht kaufen". Der Erwartungswert im Falle der Unterlassung eines Kaufes ist immer 0, so dass ein Marktteilnehmer immer dann das Engagement eingeht, wenn der Erwartungswert des Kaufs positiv ist. Ist auch dieser Erwartungswert 0, so ist die Entscheidung wie im Basismodell zufällig. Der Marktteilnehmer entscheidet sich dann mit einer Wahrscheinlichkeit von jeweils 0,5 für oder gegen einen Kauf.

---

[383] BIKHCHANDANI / SHARMA (2001) sehen ihre Erweiterung als Anwendung für den Wertpapiermarkt an. Vgl. BIKHCHANDANI / SHARMA (2001), S. 289 – 290

Wird nun Preisflexibilität im bekannten Modellrahmen des Basismodells zugelassen, dann beträgt der Wertpapierkurs nicht mehr notwendigerweise 0. Dies wirkt sich auf die Entscheidungsregel der Marktteilnehmer aus: Ein Kauf ist nur dann rational, wenn der Erwartungswert des Kaufs einerseits größer als 0 und andererseits auch größer als der aktuelle Kurs ist.[384] Die Kursveränderungen selbst sind von den Käufen der Marktteilnehmer abhängig. Dabei wird angenommen, dass ein Kauf den Kurs an den Erwartungswert des Käufers anpasst.[385]

7.1 Sequentielles Entscheidungsverhalten der Marktteilnehmer und dessen Auswirkung auf den Kursverlauf

7.1.1 Entscheidungsverhalten von M_1

Wie im Basismodell mit Preisrigidität dargestellt, berechnet sich der Erwartungswert von M_1 wie folgt, falls M_1 ein privates Kaufsignal produziert:

$$E_{M_1;|B|=1,|N|=0}\tilde{r} = w(G|B)\cdot G + w(V|B)\cdot V = p - 0{,}5 > 0$$

Vor der Entscheidung des ersten Marktteilnehmers sei der Kurs wieder auf 0 normiert. Der Erwartungswert ist höher als der aktuelle Kurs, was einen Kauf von M_1 induziert. Der Kauf führt c.p. zu einer Erhöhung der Nachfrage bei konstantem Angebot und damit zu einer Kurserhöhung. Da es für M_1 rational ist, zu jedem Kurs unterhalb von $p - 0{,}5$ zu kaufen, wird sich der Kurs durch die Kauftätigkeit von M_1 an seinen Erwartungswert $p - 0{,}5$ anpassen.

384 Sind Erwartungswert und Wertpapierkurs identisch, dann ist die Entscheidung wieder zufällig und der Marktteilnehmer entscheidet sich mit einer Wahrscheinlichkeit von jeweils 0,5 für oder gegen einen Kauf.

385 Vgl. BIKHCHANDANI / SHARMA (2001), S. 289. Von dieser Regel gibt es eine Ausnahme, wie bei der Untersuchung des Entscheidungsverhaltens späterer Marktteilnehmer noch deutlich werden wird: Unabhängig davon, wie viele öffentliche Kaufsignale bereits vorliegen ist ein Marktteilnehmer genau dann indifferent, wenn ein öffentliches Unterlassenssignal vorliegt und er selbst ein privates Kaufsignal produziert. In diesem Fall sind Erwartungswert und Kurs vor der Entscheidung identisch. Gemäß der Annahmen ist die Entscheidung zufällig. Entscheidet sich der Marktteilnehmer für einen Kauf, dann muss der Kurs steigen und sich notwendigerweise vom Erwartungswert wegbewegen. In diesem Ausnahmefall wird angenommen, dass der Kurs einen diskreten Kursschritt steigt, genau wie bei den Käufen in anderen Situationen.

Produziert M_1 dagegen ein Signal N, so ergibt sich ein negativer Erwartungswert. M_1 wird nicht kaufen und der Kurs bleibt bei 0, da die Unterlassung keinen Einfluss auf Angebot und Nachfrage ausübt:

$$E_{M_1;|B|=0,|N|=1}\tilde{r} = w(G|N)\cdot G + w(V|N)\cdot V = 0{,}5 - p < 0$$

7.1.2 Entscheidungsverhalten von M_2

In jenem Fall, in dem M_1 kauft und der Kurs dadurch auf $p - 0{,}5$ steigt, kann M_2 sowohl ein privates Kauf- als auch ein privates Unterlassenssignal produzieren. Produziert er ein Kaufsignal, dann liegt der Erwartungswert höher als der gegenwärtige Kurs und M_2 wird kaufen. Seine Kauftätigkeit erhöht den Kurs auf $\dfrac{p^2}{p^2 + (1-p)^2} - 0{,}5$:

$$E_{M_2;|B|=2,|N|=0}\tilde{r} = w(G|B \cap B_1)\cdot G + w(V|B \cap B_1)\cdot V =$$

$$= \frac{p^2}{p^2 + (1-p)^2} - 0{,}5 > p - 0{,}5$$

Produziert M_2 dagegen ein Unterlassenssignal, dann beträgt sein Erwartungswert 0. Dieser Wert ist niedriger als der gegenwärtige Wechselkurs von $p - 0{,}5$, daher wird er einen Kauf unterlassen:

$$E_{M_2;|B|=1,|N|=1}\tilde{r} = w(G|N \cap B_1)\cdot G + w(V|N \cap B_1)\cdot V = 0$$

Der Kurs bleibt bei 0, wenn M_1 einen Kauf unterlässt. Produziert M_2 daraufhin ein Kaufsignal, dann beträgt der Erwartungswert eines Kaufes für M_2 auch 0. Die Entscheidung des zweiten Marktteilnehmers ist in diesem Fall zufällig.

Produziert M_2 dagegen ein Unterlassenssignal, dann ist der Erwartungswert negativ und M_2 wird von einem Kauf absehen:

$$E_{M_2;|B|=1,|N|=1}\tilde{r} = w(G|B \cap N_1)\cdot G + w(V|B \cap N_1)\cdot V = 0$$

$$E_{M_2;|B|=0,|N|=2}\tilde{r} = w(G|N \cap N_1)\cdot G + w(V|N \cap N_1)\cdot V = \\ = \frac{(1-p)^2}{(1-p)^2 + p^2} - 0{,}5 < 0$$

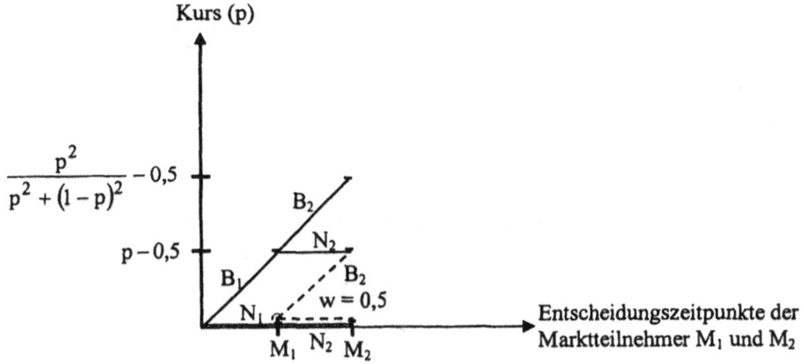

Abb. 14: Kurspfade, welche durch die Entscheidungen von M_1 und M_2 im Falle von Kauf- und Unterlassenssignalen möglich sind
Quelle: Eigene Darstellung

7.1.3 Entscheidungsverhalten von M_3

In Abhängigkeit von den Entscheidungen von M_1 und M_2 kann M_3 zum Zeitpunkt seiner Entscheidung mit drei verschiedenen Kursniveaus konfrontiert sein. Haben M_1 und M_2 gekauft, dann beträgt der Kurs $\frac{p^2}{p^2 + (1-p)^2} - 0{,}5$. Hat einer der beiden Marktteilnehmer gekauft und der andere einen Kauf unterlassen, dann stellt sich ein Kurs von $p - 0{,}5$ ein. Unterlassen M_1 und M_2 einen Kauf, so bleibt der Kurs auf seinem Ausgangsniveau von 0. In jedem der drei Fälle kann M_3 entweder ein privates Kauf- oder ein privates Verkaufsignal produzieren. Dies führt zu folgenden Entscheidungen:

Liegen zwei öffentliche Kaufsignale vor, so bedeutet dies einen Kurs von $\frac{p^2}{p^2+(1-p)^2}-0{,}5$. Unter dieser Voraussetzung handelt M_3 nach seinen privaten Signalen:

$$E_{M_3;|B|=3,|N|=0}\tilde{r} = w(G|B \cap B_1 \cap B_2)\cdot G + w(V|B \cap B_1 \cap B_2)\cdot V =$$

$$= \frac{p^3}{p^3+(1-p)^3}-0{,}5 > \frac{p^2}{p^2+(1-p)^2}-0{,}5$$

$$E_{M_3;|B|=2,|N|=1}\tilde{r} = w(G|N \cap B_1 \cap B_2)\cdot G + w(V|N \cap B_1 \cap B_2)\cdot V =$$

$$= p-0{,}5 < \frac{p^2}{p^2+(1-p)^2}-0{,}5$$

Beobachtet M_3 ein öffentliches Kauf- und ein öffentliches Verkaufsignal, dann ist für ihn der Kurs $p-0{,}5$ maßgeblich. Im Falle eines privaten Kaufsignals ist M_3 indifferent bezüglich der Handlungsalternativen, andernfalls wird er einen Kauf unterlassen:

$$\begin{aligned} E_{M_3;|B|=2,|N|=1} &= w(G|B \cap B_1 \cap N_2)\cdot G + w(V|B \cap B_1 \cap N_2)\cdot V = \\ &= w(G|B \cap N_1 \cap B_2)\cdot G + w(V|B \cap N_1 \cap B_2)\cdot V = \\ &= p-0{,}5 \end{aligned}$$

$$\begin{aligned} E_{M_3;|B|=1,|N|=2} &= w(G|N \cap B_1 \cap N_2)\cdot G + w(V|N \cap B_1 \cap N_2)\cdot V = \\ &= w(G|N \cap N_1 \cap B_2)\cdot G + w(V|N \cap N_1 \cap B_2)\cdot V = \\ &= 0{,}5-p < p-0{,}5 \end{aligned}$$

Beobachtet M_3 zwei öffentliche Unterlassenssignale, dann berechnen sich seine Erwartungswerte eines Kaufs auf Basis des Wechselkurses von 0 wie folgt:

$$E_{M_3;|B|=1,|N|=2} = w(G|B \cap N_1 \cap N_2) \cdot G + w(V|B \cap N_1 \cap N_2) \cdot V = \\ = 0{,}5 - p < 0$$

Der Erwartungswert ist kleiner als der aktuelle Kurs, daher wird M_3 einen Kauf unterlassen.

$$E_{M_3;|B|=0,|N|=3} = w(G|N \cap N_1 \cap N_2) \cdot G + w(V|N \cap N_1 \cap N_2) \cdot V = \\ = \frac{(1-p)^3}{(1-p)^3 + p^3} - 0{,}5 < 0$$

Auch hier liegt der Erwartungswert unter dem Kurs, so dass M_3 einen Kauf unterlässt. Bei diesem Pfad ist also das private Signal von M_3 nicht entscheidungsrelevant, der Marktteilnehmer entscheidet sich immer gegen einen Kauf. Er schließt sich also unabhängig von seinem privaten Signal der Entscheidung seines Vorgängers an. Damit befindet sich M_3 als erster Marktteilnehmer in einer Unterlassenskaskade. Seine Entscheidung produziert ein weiteres öffentliches Unterlassenssignal, so dass der Erwartungswert von M_4 unabhängig von dessen privatem Signal auch negativ sein muss und auch dieser angesichts eines Kurses von 0 einen Kauf unterlässt. Unter den vorliegenden Modellannahmen entscheiden sich auch alle folgenden Marktteilnehmer unabhängig von ihrem privaten Signal gegen einen Kauf.

7.1.4 Entscheidungsverhalten von M_4

Schließlich soll an dieser Stelle noch M_4 explizit betrachtet werden. Je nachdem, welcher Kurspfad durch die Entscheidungen der ersten drei Marktteilnehmer eingeschlagen wurde, können zum Zeitpunkt der Entscheidung von M_4 vier verschiedene Kursniveaus vorliegen. Trafen die ersten drei Marktteilnehmer alle Kaufentscheidungen, dann beträgt der Kurs

$\frac{p^3}{p^3+(1-p)^3}-0{,}5$. In diesem Fall wird M_4 kaufen, wenn er ein privates Kaufsignal produziert und einen Kauf unterlassen, wenn er ein privates Unterlassenssignal produziert:

$$E_{M_4;|B|=4,|N|=0}\tilde{r} = w(G|B \cap B_1 \cap B_2 \cap B_3)\cdot G + w(V|B \cap B_1 \cap B_2 \cap B_3)\cdot V = \\ = \frac{p^4}{p^4+(1-p)^4} - 0{,}5 > \frac{p^3}{p^3+(1-p)^3} - 0{,}5$$

$$E_{M_4;|B|=3,|N|=1}\tilde{r} = w(G|N \cap B_1 \cap B_2 \cap B_3)\cdot G + w(V|N \cap B_1 \cap B_2 \cap B_3)\cdot V = \\ = \frac{p^2}{p^2+(1-p)^2} - 0{,}5 < \frac{p^3}{p^3+(1-p)^3} - 0{,}5$$

Trafen die ersten drei Marktteilnehmer zwei Kauf- und eine Unterlassensentscheidung, dann liegt der Kurs bei $\frac{p^2}{p^2+(1-p)^2}-0{,}5$.

Produziert nun M_4 ein Kaufsignal, dann ist er indifferent bezüglich seiner Handlungsalternativen, andernfalls wird er einen Kauf unterlassen:

$$E_{M_4;|B|=3,|N|=1}\tilde{r} = w(G|B \cap B_1 \cap B_2 \cap N_3)\cdot G + w(V|B \cap B_1 \cap B_2 \cap N_3)\cdot V = \\ = w(G|B \cap B_1 \cap N_2 \cap B_3)\cdot G + w(V|B \cap B_1 \cap N_2 \cap B_3)\cdot V = \\ = w(G|B \cap N_1 \cap B_2 \cap B_3)\cdot G + w(V|B \cap N_1 \cap B_2 \cap B_3)\cdot V = \\ = \frac{p^2}{p^2+(1-p)^2} - 0{,}5$$

$$E_{M_4;|B|=2,|N|=2}\tilde{r} = w(G|N \cap B_1 \cap B_2 \cap N_3)\cdot G + w(V|N \cap B_1 \cap B_2 \cap N_3)\cdot V = \\ = w(G|N \cap B_1 \cap N_2 \cap B_3)\cdot G + w(V|N \cap B_1 \cap N_2 \cap B_3)\cdot V = \\ = w(G|N \cap N_1 \cap B_2 \cap B_3)\cdot G + w(V|N \cap N_1 \cap B_2 \cap B_3)\cdot V = \\ = 0 < \frac{p^2}{p^2+(1-p)^2} - 0{,}5$$

Liegen dagegen ein Kauf- und zwei Unterlassenssignale vor, dann beträgt der Kurs $p-0{,}5$. Auf diesem Pfad befindet sich M_4 in einer Unterlassenskaskade. Er wird unabhängig von seinem privaten Signal einen Kauf unterlassen:[386]

$$\begin{aligned} E_{M_4;|B|=2,|N|=2}\tilde{r} &= w\left(G|B \cap B_1 \cap N_2 \cap N_3\right)\cdot G + w\left(V|B \cap B_1 \cap N_2 \cap N_3\right)\cdot V = \\ &= w\left(G|B \cap N_1 \cap B_2 \cap N_3\right)\cdot G + w\left(V|B \cap N_1 \cap B_2 \cap N_3\right)\cdot V = \\ &= 0 < p - 0{,}5 \end{aligned}$$

$$\begin{aligned} E_{M_4;|B|=1,|N|=3}\tilde{r} &= w\left(G|N \cap B_1 \cap N_2 \cap N_3\right)\cdot G + w\left(V|N \cap B_1 \cap N_2 \cap N_3\right)\cdot V = \\ &= w\left(G|N \cap N_1 \cap B_2 \cap N_3\right)\cdot G + w\left(V|N \cap N_1 \cap B_2 \cap N_3\right)\cdot V = \\ &= \frac{(1-p)^2}{(1-p)^2 + p^2} - 0{,}5 < p - 0{,}5 \end{aligned}$$

M_4 befindet sich auch dann in einer Unterlassenskaskade, wenn alle drei Marktteilnehmer zuvor einen Kauf unterließen.[387]

7.1.5 Entscheidungsverhalten von M_n

Der Erwartungswert eines Kaufs beträgt für M_n gemäß dem Ergebnis aus Kapitel 6.2.5:

$$\begin{aligned} E_{M_n;|B|=n-m,|N|=m}\tilde{r} &= w\left(G\left|\left[\bigcap_{i=1}^{n-m} B_i\right] \cap \left[\bigcap_{j=1}^{m} N_j\right]\right.\right)\cdot G + w\left(V\left|\left[\bigcap_{i=1}^{n-m} B_i\right] \cap \left[\bigcap_{j=1}^{m} N_j\right]\right.\right)\cdot V = \\ &= \frac{p^{n-2m}}{p^{n-2m} + (1-p)^{n-2m}} - 0{,}5 \end{aligned}$$

---

386 Bezüglich der öffentlichen Signale kann die Kombination $N_1N_2B_3$ nicht auftreten, da sich M_3 nach zwei öffentlichen Unterlassenssignalen bereits in einer Unterlassenskaskade befindet und keinesfalls kaufen wird. Aus diesem Grund ist diese Signalkombination in der folgenden Berechnung der Erwartungswerte nicht angeführt.

387 Dies folgt aus der Tatsache, dass sich bereits M_3 in einer Unterlassenskaskade befand und im vorliegenden Modellrahmen Kaskaden nicht beendet werden können.

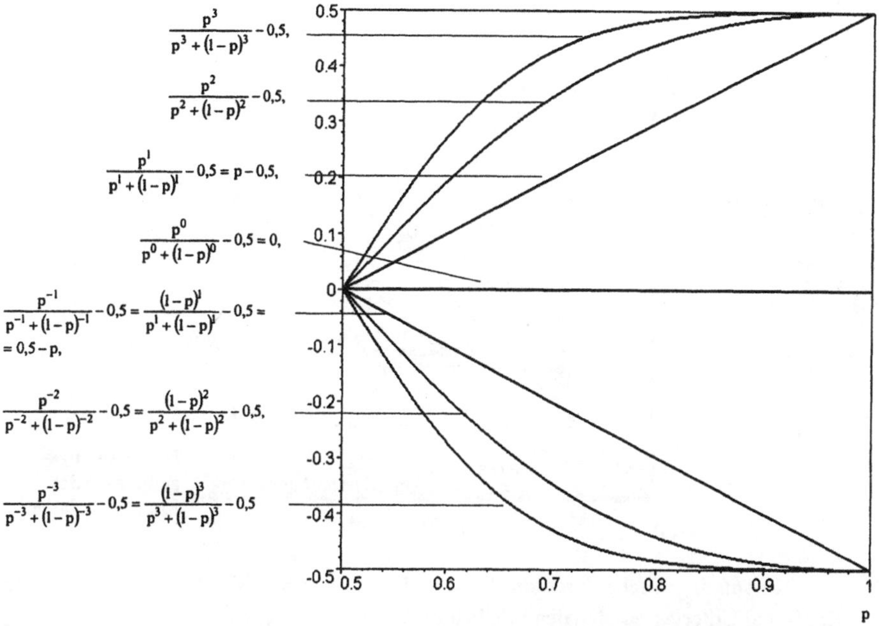

Abb. 15: Erwartungswerte eines Kaufs bei Vorliegen bestimmter Konstellationen von Kauf- und Unterlassenssignalen in Abhängigkeit vom Niveau der Informationstransparenz
Quelle: Eigene Darstellung

Um festzustellen, welche Entscheidung M_n trifft, ist zudem die Kenntnis des Kurses nötig, der bei M_n vorliegt. Der in diesem Kapitel analysierte Zusammenhang zwischen den Signalen und dem Kurs zeigt, dass sich bei k Käufen der Kurs $\frac{p^k}{p^k+(1-p)^k}-0{,}5$ einstellt.[388]

[388] Unterlässt ein Marktteilnehmer einen Kauf, dann ändert sich der Kurs nicht. Bei einem Kauf steigt der Kurs regelmäßig, einen Kursrückgang kann es in diesem Modellrahmen nicht geben. Daher ist die Anzahl der Käufe k maßgeblich für das Kursniveau. Es muss hier die neue Variable k eingeführt werden, da die Anzahl der Kaufsignale n–m nicht eindeutig auf ein bestimmtes Kursniveau schließen lässt. Dies liegt daran, dass bei bestimmten Pfaden die Entscheidung des Marktteilnehmers zufällig ist.

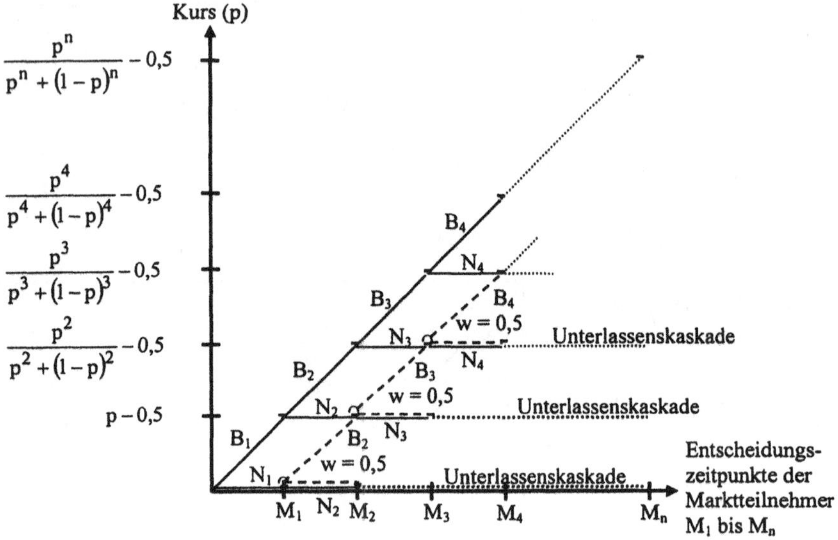

Abb. 16: Kurspfade, welche durch die Entscheidungen von M_1, M_2, M_3 und M_4 im Falle von Kauf- und Unterlassenssignalen möglich sind
Quelle: Eigene Darstellung

Somit lautet die allgemeine Entscheidungsregel: M_n wird kaufen, wenn gilt:

$$\frac{p^{n-2m}}{p^{n-2m}+(1-p)^{n-2m}}-0,5>\frac{p^k}{p^k+(1-p)^k}-0,5$$

$$\Rightarrow \frac{p^{n-2m}}{p^{n-2m}+(1-p)^{n-2m}}>\frac{p^k}{p^k+(1-p)^k}$$

Im zugelassenen Wertebereich von p ist diese Ungleichung genau dann erfüllt, wenn $n-2m>k$ gilt. $n-2m$ gibt die Anzahl der Kaufsignale abzüglich der Anzahl der Unterlassenssignale an. Sind diese überschüssigen Kaufsignale zahlreicher als die bisher getätigten Käufe, dann ist der Erwartungswert eines Kaufs für M_n höher als der aktuelle Kurs und es ist für den Marktteilnehmer rational zu kaufen. Besitzt M_n genauso viele überschüssige Kaufsignale wie er bisherige Käufe beobachtet, dann ist seine Entscheidung zufällig und er wird mit einer Wahrscheinlichkeit von jeweils 0,5 entweder einen Kauf tätigen oder den Kauf unterlassen. Besitzt er weniger überschüssige Kaufsignale oder ist dieser Wert sogar negativ, dann wird er einen Kauf unterlassen.

7.2 Bildung von Informationskaskaden

Im Basismodell mit Preisrigidität entstehen Kaufkaskaden, weil durch ein genügend großes Übergewicht von öffentlichen Kaufsignalen im Vergleich zu öffentlichen Unterlassenssignalen der Erwartungswert für einen sich in der Kaskade befindenden Marktteilnehmer selbst im Falle eines privaten Unterlassenssignals positiv ist. Dieser Marktteilnehmer wird also unabhängig von seinem privaten Signal kaufen und somit an nachfolgende Marktteilnehmer ein öffentliches Kaufsignal senden. Die Annahme der Preisflexibilität in diesem Basismodell führt nun dazu, dass niemals Kaufkaskaden entstehen können. Denn durch die Kurserhöhung nach getätigten Käufen kann der Erwartungswert eines Kaufs nie so weit über das Kursniveau steigen, dass für einen nachfolgenden Marktteilnehmer unabhängig von seinem privaten Signal ein Kauf rational wäre. Verfolgt man den Kurspfad ausschließlicher Kaufsignale, dann entspricht der Kurs in jedem Zeitpunkt dem Erwartungswert auf Basis der bis dahin verfügbaren Informationen, welche in öffentliche Signale oder in das private Signal verarbeitet wurden. Dies führt dazu, dass ein Marktteilnehmer immer dann, wenn ausschließlich öffentliche Kaufsignale vorliegen, nach seinem privaten Signal handelt.[389]

Unterlässt ein Marktteilnehmer einen Kauf, dann bleibt der Kurs unverändert. Der Erwartungswert des Marktteilnehmers entspricht somit nach dessen Entscheidung nicht notwendigerweise dem Kurs. Dies ist nur dann der Fall, wenn sich für den Marktteilnehmer auf Basis aller Signale ein Erwartungswert errechnet, der mit dem Kurs identisch ist und sich der Marktteilnehmer in dieser Indifferenzsituation gegen einen Kauf entscheidet. Der Kurs entspricht also nach der Entscheidung genau dem Erwartungswert des Marktteilnehmers und damit allen bis zu diesem Zeitpunkt verfügbaren Informationen. Ist der Erwartungswert des Kaufs dagegen niedriger als der Kurs, dann unterlässt der Marktteilnehmer mit Sicherheit einen Kauf. Der Kurs bleibt unverändert und passt sich nicht an alle verfügbaren Informationen an. Dieses Absinken des Erwartungswerts unter den Kurs ist eine notwendige Bedingung

[389] Vgl. BIKHCHANDANI / SHARMA (2001), S. 289 f.

für eine Situation, bei der ein Marktteilnehmer trotz eines privaten Kaufsignals einen Kauf unterlässt. Somit ist diese fehlende Anpassung des Kurses an niedrigere Erwartungswerte eine notwendige Bedingung für das Auftreten von Unterlassenskaskaden.

Tatsächlich können im Modell abhängig vom eingeschlagenen Pfad Unterlassenskaskaden auftreten. Liegt unter den öffentlichen Signalen eines Marktteilnehmers bereits ein Unterlassenssignal vor und unterlässt dieser Marktteilnehmer auch seinerseits einen Kauf, dann schafft er damit die Bedingungen für eine Unterlassenskaskade.[390] Der folgende Marktteilnehmer ist dann der erste, der sich in dieser Unterlassenskaskade befindet. Denn durch die mittlerweile zwei Unterlassungen ist der Erwartungswert bereits so weit unter den nach unten starren Kurs gefallen, dass selbst ein privates Kaufsignal dieses folgenden Marktteilnehmers den Erwartungswert eines Kaufs nicht mehr auf das Kursniveau anheben kann.

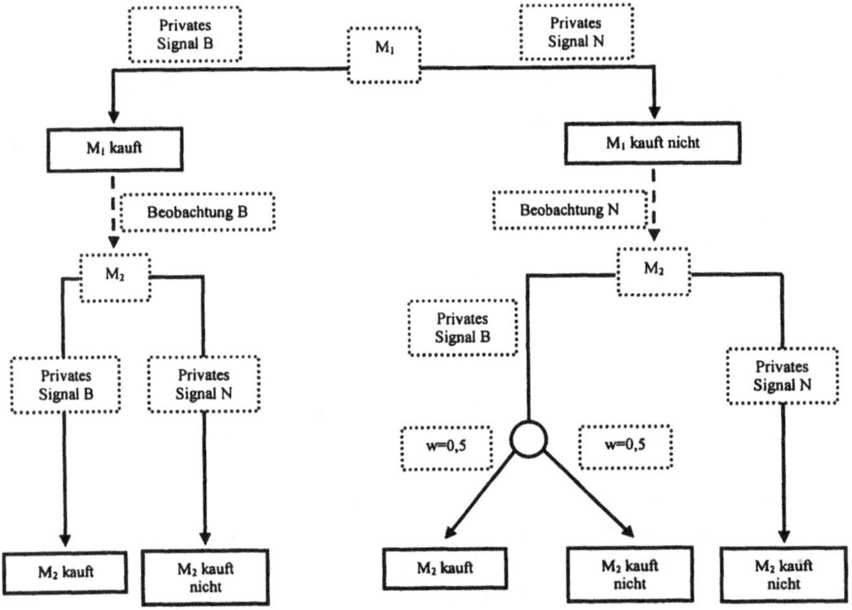

390 Dabei ist es unerheblich, wie viele öffentliche Kaufsignale neben dem öffentlichen Unterlassenssignal beobachtet werden. Der Marktteilnehmer ist im Falle eines privaten Kaufsignals indifferent und wird im Falle eines privaten Unterlassenssignals mit Sicherheit einen Kauf unterlassen.

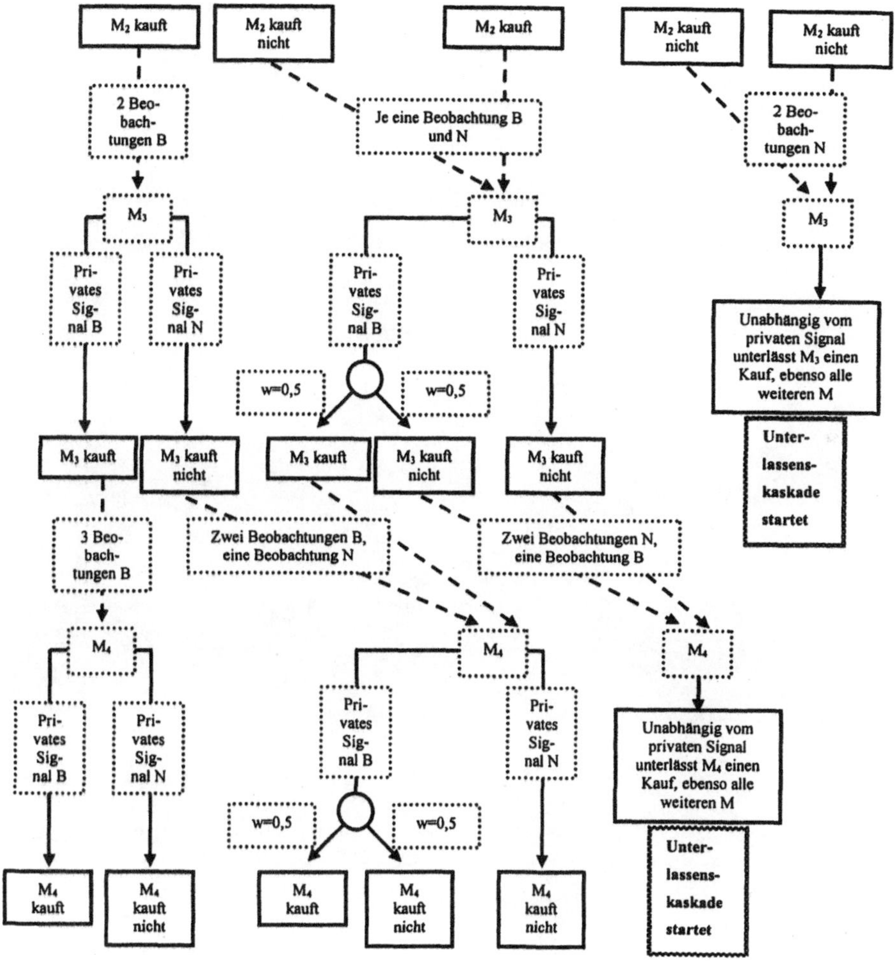

Abb. 17: Entscheidungspfade von M_1, M_2, M_3 und M_4 nach Einführung von Preisflexibilität
Quelle: Eigene Darstellung

8 Einführung von Verkaufsignalen und Verkäufen

Eine Preisflexibilisierung in der oben dargestellten Form führt auf der Grundlage der Annahmen des Basismodells zu einer asymmetrischen Kaskadenbildung: Die durch Käufe induzierte Erhöhung des Kurses hat zur Folge, dass spätere Marktteilnehmer immer entweder gemäß ihres privaten Signals handeln oder indifferent sind. Kaufkaskaden können niemals auftreten. Diese von BIKHCHANDANI / SHARMA (2001) vorgeschlagene Anwendung des Basismodells auf Aktienmärkte[391] verändert die Handlungsalternativen dabei nicht, der Marktteilnehmer wählt weiterhin zwischen einem Kauf und der Unterlassung eines Kaufs. Da eine derartige Unterlassung keine Auswirkung auf den Kurs hat, ist eine Anpassung des Kurses an einen gegebenenfalls niedrigeren Erwartungswert ausgeschlossen. Nach genau zwei öffentlichen Unterlassenssignalen ist deren Einfluss auf den Erwartungswert eines Marktteilnehmers so groß, dass selbst ein privates Kaufsignal den Erwartungswert nicht mehr auf das Kursniveau anheben kann. Im Gegensatz zu Kaufkaskaden können Unterlassenskaskaden daher nach wie vor auftreten.

Zieht man in Betracht, dass die relevanten Informationen, die ein Marktteilnehmer aufnimmt, auch zu einem vom Marktteilnehmer erwarteten Kurs führen können, der niedriger ist als der aktuelle Kurs, dann erscheint es naheliegend, anstelle von Kauf- und Unterlassenssignalen Kauf- und Verkaufsignale als mögliche Signale im Modell zuzulassen. Dies hat zur Folge, dass die beiden Handlungsalternativen Kauf und Unterlassung durch die Handlungsalternativen Kauf und Verkauf ersetzt werden. Dass BIKHCHANDANI / SHARMA (2001) in Hinblick auf den Aktienmarkt auf diese Erweiterung verzichteten, ist dennoch plausibel: Will man im Modell die Notwendigkeit vermeiden, dass ein Marktteilnehmer zum Zeitpunkt eines Verkaufs mindestens über die zu verkaufende Menge an Aktien verfügen muss, dann müssen Leerverkäufe möglich sein. In vielen Ländern ist jedoch das Eingehen einer derartigen Short-Position bei Aktien ohne Verwendung von Derivaten nicht ohne weiteres möglich.

Will man das Modell jedoch auf den Devisenmarkt anwenden, so stellt diese Modelladaption kein Problem dar: Die Aktien eines Unternehmens würden in diesem Fall durch eine Crossrate, also den Wert einer Währung ausgedrückt in Einheiten einer zweiten Währung, ersetzt werden.

---

391 Vgl. BIKHCHANDANI / SHARMA (2001), S. 289f.

Ein Kauf, also das Eingehen einer Long-Position, ist gleichbedeutend mit dem Kauf von Einheiten der ersten Währung und dem gleichzeitigen Verkauf der entsprechenden Menge an Einheiten der zweiten Währung. Ein Verkauf bei dieser Crossrate bedeutet nun einfach die zweite Währung gegen die erste zu kaufen.

Im Folgenden soll untersucht werden, welche Auswirkung diese Adaption auf das sequentielle Entscheidungsverhalten der Marktteilnehmer und den pfadabhängigen Kursverlauf hat. Die möglichen Signale sind nun B für ein Kaufsignal und S für ein Verkaufsignal:

Umweltzustand → **↓ Handlungsalternative**	**positive Rendite**	**keine positive Rendite**
Kauf	G = 0,5	V = –0,5
Verkauf	V = –0,5	G = 0,5

Tab. 9: Ergebnismatrix nach Einführung von Verkaufsignalen und Verkäufen
Quelle: Eigene Darstellung

Anstelle eines Fernbleibens vom Markt durch die Unterlassung eines Kaufs stellt nun ein Verkauf die zweite Handlungsalternative dar. Mit einem Verkauf etabliert der Marktteilnehmer eine Short-Position, welche der einem Kauf entgegengesetzten Marktseite entspricht. Dies bedeutet einen analogen Verlust bei einer positiven Rendite und einen Gewinn bei keiner positiven Rendite. Bisher war nur eine Zufallsvariable, nämlich die Konsequenz eines Kaufs $\tilde{r}$ nötig. Nun ist die Konsequenz der zweiten Handlungsalternative kein sicheres Ereignis, sondern ebenfalls eine Zufallsvariable. Um diese Modellvariante von den bisherigen abzugrenzen, soll die Konsequenz eines Kaufs nun mit der Zufallsvariablen $\tilde{\phi}$ beschrieben werden. $\tilde{\phi}$ nimmt im Umweltzustand einer positiven Rendite den Wert 0,5 an, dies ist das Gewinnereignis. Im Umweltzustand keiner positiven Rendite nimmt $\tilde{\phi}$ den Wert $-0,5$ an, dies ist das Verlustereignis. Die Konsequenz eines Verkaufs wird mit der Zufallsvariablen $\tilde{\psi}$ beschrieben. Da der Marktteilnehmer hier die entgegengesetzte Marktseite einnimmt, muss $\tilde{\psi}$ im Umweltzustand einer positiven Rendite den Wert $-0,5$ annehmen, was hier dem Verlustereignis entspricht. Im Umweltzustand keiner positiven Rendite stellt sich bei einem Verkauf mit dem Wert 0,5 das Gewinnereignis ein. Diese Veränderungen im Modell haben zur Folge, dass die Marktteilnehmer nun symmetrisch handeln können: Erwarten sie auf Basis aller ihnen vorliegenden Signale in Zukunft einen höheren Kurs bezogen auf den aktuellen Kurs, dann werden sie wie im Basismodell kaufen. Erwarten sie aber einen niedrigeren Kurs, dann sind sie nicht mehr gezwungen, sich durch eine Unterlassung eines Kaufs einfach vom Markt fernzuhalten, sondern können durch einen Verkauf eine Short-Position einnehmen. Die Wahrscheinlichkeit für ein vorteilhaftes Signal ist wieder p, wobei im Unterschied zum Basismodell das vorteilhafte Signal im Verlustfall nun S und nicht N ist:

$$w(B|G)=p \qquad \text{mit} \quad 0{,}5<p<1$$
$$w(S|G)=1-p$$
$$w(B|V)=1-p$$
$$w(S|V)=p$$

8.1 Sequentielles Entscheidungsverhalten der Marktteilnehmer und dessen Auswirkung auf den Kursverlauf

8.1.1 Entscheidungsverhalten von M_1

Es ergeben sich für M_1 unter Verwendung des Theorems von BAYES analog zum Basismodell die folgenden Wahrscheinlichkeiten, dass sich der Marktteilnehmer auf Basis eines privaten Kaufsignals in der Gewinn- bzw. Verlustsituation befindet:

$$w(G|B)=p$$
$$w(V|B)=1-p$$

M_1 generiert also ein privates Kaufsignal und muss sich nun für eine der beiden möglichen Handlungsalternativen entscheiden. Auf der Grundlage aller vorliegenden Signale berechnet M_1 die Erwartungswerte von $\tilde{\phi}$ und $\tilde{\psi}$ und wählt jene Handlungsalternative, die den höchsten Erwartungswert aufweist.

$$E_{M_1;|B|=1,|S|=0}\tilde{\phi} = w(G|B)\cdot G + w(V|B)\cdot V = p-0{,}5$$
$$E_{M_1;|B|=1,|S|=0}\tilde{\psi} = w(G|B)\cdot V + w(V|B)\cdot G = 0{,}5-p$$

$$\Rightarrow E_{M_1;|B|=1,|S|=0}\tilde{\Phi} > E_{M_1;|B|=1,|S|=0}\tilde{\Psi}$$

Der Erwartungswert eines Kaufs ist höher als der Erwartungswert eines Verkaufs, daher wird M_1 kaufen. Durch diese Kauftätigkeit steigt der Kurs auf $p-0{,}5$.

Produziert M_1 dagegen ein Verkaufsignal, dann stellen sich Wahrscheinlichkeiten und Erwartungswerte wie folgt dar:

$$w(G|S)=1-p$$
$$w(V|S)=p$$

$$E_{M_1;|B|=0,|S|=1}\tilde{\Phi} = w(G|S)\cdot G + w(V|S)\cdot V = 0{,}5-p$$
$$E_{M_1;|B|=0,|S|=1}\tilde{\Psi} = w(G|S)\cdot V + w(V|S)\cdot G = p-0{,}5$$
$$\Rightarrow E_{M_1;|B|=1,|S|=0}\tilde{\Psi} > E_{M_1;|B|=0,|S|=1}\tilde{\Phi}$$

Entwickelt M_1 ein privates Verkaufsignal, dann ist es für ihn rational, eine Short-Position einzugehen und zu verkaufen. Dieser Verkauf senkt den Kurs, wobei die Verkaufstätigkeit anhält, solange der Kurs noch über dem Erwartungswert liegt. Somit fällt der Kurs c.p. auf $0{,}5-p$.

8.1.2 Entscheidungsverhalten von M_2

Der Marktteilnehmer M_2 generiert auch entweder ein privates Kauf- oder Verkaufsignal. Zusammen mit der Entscheidung von M_1, welche M_2 als öffentliches Signal aufnimmt, ergeben sich vier mögliche Signalkombinationen. Verfügt M_2 über zwei Kaufsignale, dann entsteht die folgende Entscheidungssituation:

$$w(G|B\cap B_1)=\frac{p^2}{p^2+(1-p)^2}$$

$$w(V|B \cap B_1) = 1 - \frac{p^2}{p^2 + (1-p)^2}$$

$$E_{M_2;|B|=2,|S|=0}\,\tilde{\phi} = w(G|B \cap B_1)\cdot G + w(V|B \cap B_1)\cdot V = \frac{p^2}{p^2 + (1-p)^2} - 0{,}5$$

$$E_{M_2;|B|=2,|S|=0}\,\tilde{\psi} = w(G|B \cap B_1)\cdot V + w(V|B \cap B_1)\cdot G = 0{,}5 - \frac{p^2}{p^2 + (1-p)^2}$$

$$\Rightarrow E_{M_2;|B|=2,|S|=0}\,\tilde{\phi} > E_{M_2;|B|=2,|S|=0}\,\tilde{\psi}$$

Bei zwei Kaufsignalen und keinem Verkaufsignal ist es für M_2 rational zu kaufen. Dadurch steigt der Kurs von $p - 0{,}5$ auf $\frac{p^2}{p^2 + (1-p)^2} - 0{,}5$. Verfügt M_2 dagegen über ein Kauf- und ein Verkaufsignal, dann ergibt sich jeweils eine Wahrscheinlichkeit von 0,5 und ein Erwartungswert von 0:

$$w(G|S \cap B_1) = w(G|B \cap S_1) = 0{,}5$$
$$w(V|S \cap B_1) = w(V|B \cap S_1) = 0{,}5$$

$$E_{M_2;|B|=1,|S|=1}\,\tilde{\phi} = w(G|S \cap B_1)\cdot G + w(V|S \cap B_1)\cdot V =$$
$$= w(G|B \cap S_1)\cdot G + w(V|B \cap S_1)\cdot V = 0$$
$$E_{M_2;|B|=1,|S|=1}\,\tilde{\psi} = w(G|S \cap B_1)\cdot V + w(V|S \cap B_1)\cdot G =$$
$$= w(G|B \cap S_1)\cdot V + w(V|B \cap S_1)\cdot G = 0$$
$$\Rightarrow E_{M_2;|B|=1,|S|=1}\,\tilde{\phi} = E_{M_2;|B|=1,|S|=1}\,\tilde{\psi}$$

Beobachtet M_2 ein öffentliches Verkaufsignal, dann beträgt der aktuelle Kurs $0{,}5 - p$. Das private Kaufsignal von M_2 führt zu einem erwarteten Kurs von 0. M_2 wird in diesem Fall kaufen, so dass der Kurs wieder auf das Ausgangsniveau von 0 steigt. Nimmt M_2 jedoch ein öffentliches Kaufsignal auf und erzeugt ein privates Verkaufsignal, dann vergleicht er den Erwartungswert von 0 mit einem aktuellen Kurs von $p-0{,}5$. Rationales Handeln erfordert in diesem Fall einen Verkauf, wodurch der Kurs wieder auf 0 fällt. Liegen zwei Verkaufsignale vor, dann wird M_2 auf Basis des aktuellen Kurses von $0{,}5-p$ verkaufen und so den Kurs auf $0{,}5-\frac{p^2}{p^2+(1-p)^2}$ senken:

$$w(G|S \cap S_1) = \frac{(1-p)^2}{(1-p)^2+p^2}$$

$$w(V|S \cap S_1) = 1-\frac{(1-p)^2}{(1-p)^2+p^2}$$

$$E_{M_2;|B|=0,|S|=2}\,\tilde{\phi} = w(G|S \cap S_1)\cdot G + w(V|S \cap S_1)\cdot V = \frac{(1-p)^2}{(1-p)^2+p^2}-0{,}5$$

$$E_{M_2;|B|=0,|S|=2}\,\tilde{\psi} = w(G|S \cap S_1)\cdot V + w(V|S \cap S_1)\cdot G = 0{,}5-\frac{(1-p)^2}{(1-p)^2+p^2}$$

$$\Rightarrow E_{M_2;|B|=0,|S|=2}\tilde{\psi} > E_{M_2;|B|=0,|S|=2}\tilde{\phi}$$

8.1.3 Entscheidungsverhalten von M_n

Da sich die Erwartungswerte analog zu dem in Kapitel 7 dargelegten Modellrahmen entwickeln, soll hier auf die explizite Analyse der Entscheidungen von M_3 und M_4 verzichtet werden. Der Erwartungswert eines Kaufs auf der Basis von m Verkauf- und n-m Kaufsignalen ergibt sich für M_n wie folgt:[392]

$$E_{M_n;|B|=n-m,|S|=m}\tilde{\phi} = w\left(G\left|\left[\bigcap_{i=1}^{n-m}B_i\right]\cap\left[\bigcap_{j=1}^{m}S_j\right]\right.\right)\cdot G + w\left(V\left|\left[\bigcap_{i=1}^{n-m}B_i\right]\cap\left[\bigcap_{j=1}^{m}S_j\right]\right.\right)\cdot V =$$

$$= \frac{p^{n-2m}}{p^{n-2m}+(1-p)^{n-2m}}-0{,}5$$

392 Diese Formel wurde bereits in Kapitel 5.2.5 hergeleitet.

Der Erwartungswert eines Verkaufs auf der Basis von m Verkauf- und n-m Kaufsignalen errechnet sich dagegen folgendermaßen:

$$E_{M_n;|B|=n-m,|S|=m}\widetilde{\Psi} = w\left(G\left|\left[\bigcap_{i=1}^{n-m} B_i\right] \cap \left[\bigcap_{j=1}^{m} S_j\right]\right)\cdot V + w\left(V\left|\left[\bigcap_{i=1}^{n-m} B_i\right] \cap \left[\bigcap_{j=1}^{m} S_j\right]\right)\cdot G =$$

$$= 0{,}5 - \frac{p^{n-2m}}{p^{n-2m} + (1-p)^{n-2m}}$$

Der Marktteilnehmer wird jene Transaktion durchführen, die ihm den höchsten erwarteten Nutzen bietet. Er wird kaufen, wenn gilt:

$$E_{M_n;|B|=n-m,|N|=m}\widetilde{\Phi} > E_{M_n;|B|=n-m,|N|=m}\widetilde{\Psi}$$

$$\Rightarrow \frac{p^{n-2m}}{p^{n-2m} + (1-p)^{n-2m}} - 0{,}5 > 0{,}5 - \frac{p^{n-2m}}{p^{n-2m} + (1-p)^{n-2m}}$$

$$\Rightarrow n - 2m > 0$$

Es ergibt sich die einfache Regel, wonach M_n immer dann kauft, wenn einschließlich seines privaten Signals mehr Kauf- als Verkaufsignale vorliegen.

8.2 Bildung von Informationskaskaden

Im Modell von Kapitel 7 zeigte sich eine Asymmetrie bei der Kaskadenbildung. Kaufkaskaden konnten nie auftreten, da der von den Marktteilnehmern erwartete Kurs nie soweit über den aktuellen Kurs steigen konnte, dass selbst ein privates Unterlassenssignal zu einem Kauf geführt hätte. Genügend große Diskrepanzen zwischen Erwartungswert und aktuellem Kurs sind ausgeschlossen, vielmehr entscheidet jeder Marktteilnehmer gemäß seinem privaten Signal. Dagegen konnten Verkaufkaskaden auftreten, weil eine Unterlassensentscheidung den Kurs nicht nach unten anpasst, wenn der Marktteilnehmer einen niedrigeren Kurs als den gegenwärtigen Kurs erwartet.

Durch die Adaption der Signale und Handlungsalternativen in Kapitel 8 ist die Asymmetrie in Bezug auf die Signale und Handlungsalternativen geheilt,

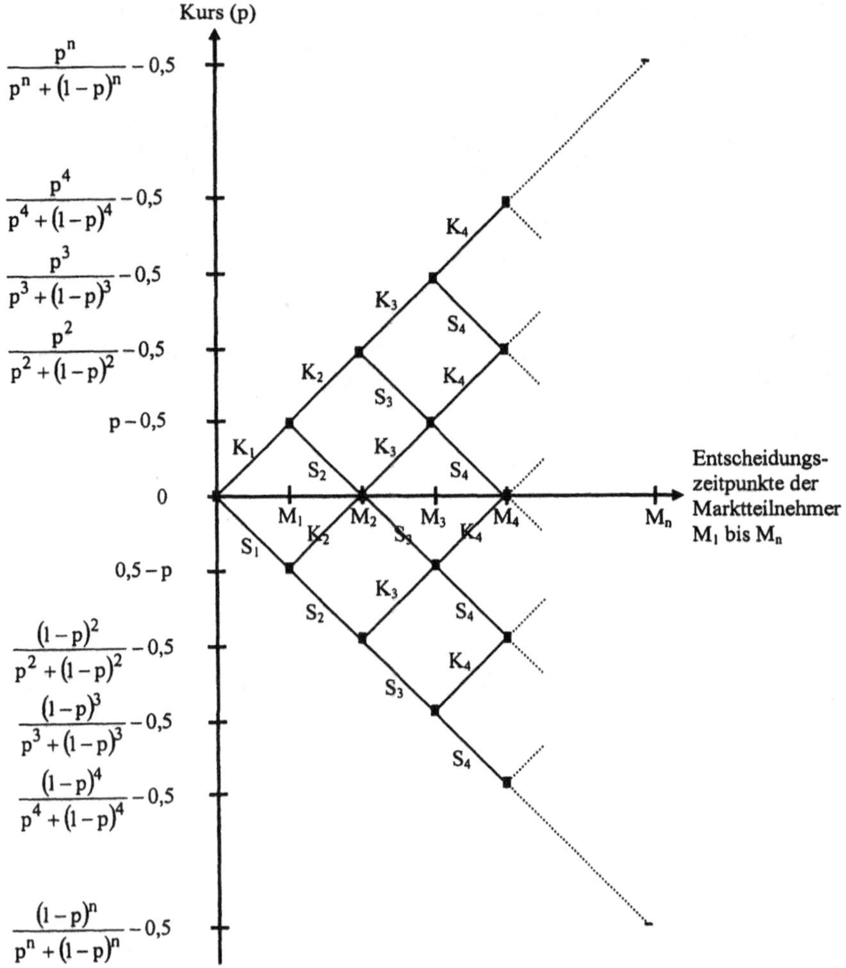

Abb. 18: Kurspfade, welche durch die Entscheidungen von M_1, M_2, M_3 und M_4 im Falle von Kauf- und Verkaufsignalen möglich sind
Quelle: Eigene Darstellung

was mit einem völligen Verschwinden von Kaskaden einhergeht. Da der Kurs zu jedem Zeitpunkt dem erwarteten Kurs und damit der gegenwärtigen Informationslage entspricht, entscheidet sich der Marktteilnehmer in jeder Entscheidungssituation gemäß seinem privaten Signal. Eine Kaskadenbildung ist somit ausgeschlossen. Der vorliegende Modellrahmen ist also nicht geeignet, Herdenverhalten in einem Umfeld flexibler Kurse abzubilden. Die Analyse der Devisenmarktumfragen zeigt jedoch, dass bei der in der Praxis existierenden Preisflexibilität dennoch ausgeprägtes Herdenverhalten existiert. Aus diesem Grund soll im folgenden Kapitel ein Modell entwickelt werden, welches durch eine realitätsnähere Gestaltung der Annahmen in einem Umfeld flexibler Kurse Herdenverhalten und die damit verbundenen Kaskaden erklärt.

9 Herdenverhalten und Kaskadenbildung bei Preisflexibilität

Vor dem Hintergrund der Analyse der Devisenmarktumfragen erscheint es angebracht, zwei wesentliche Annahmen des bisherigen Modells praxisnäher zu gestalten. Zum einen sollen die Kursveränderungen von den Erwartungswerten losgelöst werden, zum anderen werden die bisherigen Umweltzustände „positive Rendite“ und „keine positive Rendite“ durch die Umweltzustände „oberes Kursziel q_{OZ} wird erreicht werden“ und „unteres Kursziel q_{UZ} wird erreicht werden“ ersetzt. Diese Anpassungen bilden mit den unveränderten Annahmen des Modells aus Kapitel 8 den neuen Modellrahmen.

9.1 Annahmen

Angenommen werden n risikoneutrale Marktteilnehmer, die sequentiell entscheiden, eine bestimmte Währung gegen eine zweite entweder zu kaufen oder zu verkaufen. Dabei trifft jeder Marktteilnehmer genau eine Entscheidung. Die Reihenfolge, in welcher die Marktteilnehmer ihre Entscheidung treffen, ist exogen gegeben und allen Marktteilnehmern bekannt. Jeder Marktteilnehmer führt eine rationale Informationsaufnahme und -analyse mit dem Ziel durch, seinen Erwartungswert zu maximieren.[393] Das Ergebnis dieser Analyse ist ein binäres privates Signal, welches die Ausprägungen „B“ für „Kaufsignal“ und „S“ für „Verkaufsignal“ annehmen kann.

Es wird eine nicht-perfekte Informationstransparenz angenommen. D. h. jedem einzelnen Marktteilnehmer ist bewusst, dass er nicht alle relevanten Informationen in direkter Weise aufnehmen kann, um die optimale Entscheidung zu treffen. Es besteht jedoch die Möglichkeit, dass andere Marktteilnehmer jene Informationen direkt aufnehmen, die dem betrachteten Marktteilnehmer fehlen. Damit ist es für diesen Marktteilnehmer rational, die Entscheidungen der anderen Marktteilnehmer in sein Kalkül mit einzubeziehen und somit möglicherweise noch fehlende Informationen zumindest indirekt zu berücksichtigen.[394]

---

[393] Die Entscheidungsregel, die hier genauso wie in den vorherigen Modellen zur Anwendung kommt, ist also die Erwartungswertmaximierung.

[394] Da der Marktteilnehmer nicht in den Informationsaufnahme- und -verarbeitungsprozess anderer Marktteilnehmer eingebunden ist, kann er die einzelnen aufgenommenen Informationen nicht beobachten. Er kann lediglich die öffentliche Entscheidung beobachten.

Aufgrund der sequentiellen Abfolge der Entscheidungen kann ein Marktteilnehmer nur jene Entscheidungen beobachten, die zeitlich vor seiner Entscheidung getroffen wurden. Jede beobachtete Entscheidung ist ein öffentliches Signal, welches in Verbindung mit dem jeweiligen privaten Signal die Entscheidungsgrundlage für den Marktteilnehmer bildet.[395] Dabei wird angenommen, dass alle Signale mit der gleichen Gewichtung in die Entscheidungsbildung eingehen.

Angesichts der grundsätzlich hohen Liquidität am Devisenmarkt scheint die Annahme, wonach alle Marktteilnehmer den Kurs an ihren Erwartungswert anpassen, zu restriktiv zu sein. Um diese Annahme realistischer zu gestalten, sollen Entscheidungen nun diskrete, vom Erwartungswert losgelöste Kursveränderungen verursachen. Vor der Entscheidung des ersten Marktteilnehmers beträgt der Kurs q_0. Durch die folgenden Käufe bzw. Verkäufe der Marktteilnehmer kann der Kurs verschiedene diskrete Kursniveaus annehmen, wobei die Entscheidung jedes Marktteilnehmers immer eine gleich hohe Kursveränderung auslöst. Kauft beispielsweise M_1 und verkauft M_2, so steigt der Kurs zunächst auf q_1, um durch den Verkauf wieder auf q_0 zu sinken.[396] Es sei weiterhin angenommen, dass alle diskreten Kursschritte[397] gleich groß sind. D.h. es gilt $|q_a - q_b| = \text{const.}$ für beliebige benachbarte Kursniveaus a, b.

Darüber hinaus zeigen die Devisenmarktumfragen, dass Kursziele im täglichen Devisengeschäft für die Erwartungen der Marktteilnehmer eine große Rolle spielen. Daher soll der Umweltzustand "positive Rendite" durch „oberes Kursziel q_{OZ} wird erreicht werden“ (q_{OZ}) und der Umweltzustand "keine positive Rendite" durch „unteres Kursziel q_{UZ} wird erreicht werden“ (q_{UZ}) ersetzt werden. Tritt der Umweltzustand q_{OZ} ein, dann erreicht der Kurs am Ende des Anlagehorizonts der Marktteilnehmer, also nach den Entscheidungen aller im Modell vorgesehenen Marktteilnehmer den Kurs $q_{OZ} > q_0$.[398]

---

395 Es wird angenommen, dass sowohl die Aufnahme der direkt zugänglichen Informationen als auch die Beobachtung fremder Entscheidungen für alle Marktteilnehmer mit vernachlässigbaren Kosten verbunden sind.

396 Der Index des Kurses bezeichnet hier also nicht den Rang eines Marktteilnehmers in der sequentiellen Abfolge der Entscheidungen, sondern das diskrete Kursniveau. Somit nimmt der Index negative Werte an, wenn der Kurs unter das Ausgangsniveau fällt.

397 Diese diskreten Kursschritte werden im Folgenden auch als *Ticks* bezeichnet.

398 Der obere Zielkurs muss nicht notwendigerweise durch die Entscheidung des letzten im Modell vorgesehenen Marktteilnehmers erreicht werden. Es ist möglich, dass nach der

Der Umweltzustand q_{UZ} ist dadurch charakterisiert, dass der Kurs am Ende des Anlagehorizonts den Kurs $q_{UZ} < q_0$ erreicht. Ferner seien das obere und das untere Kursziel symmetrisch um den Initialkurs q_0 angeordnet. Es gelte $q_{OZ} - q_0 = q_0 - q_{UZ} \equiv x$.

Im Zeitpunkt ihrer Entscheidungen ist den Marktteilnehmern nicht bekannt, in welchem Umweltzustand sie sich befinden. Alle Marktteilnehmer wissen jedoch, dass der Kurs zu einem zukünftigen Zeitpunkt, der gleichzeitig das Ende des Anlagehorizonts aller n Marktteilnehmer darstellt, einen der beiden Werte annehmen wird. Damit lässt sich das Entscheidungsproblem für einen Marktteilnehmer M_i mit der folgenden Ergebnismatrix darstellen. Der Index t bezeichnet dabei das zum Zeitpunkt der Entscheidung von M_i herrschende Kursniveau:

Umweltzustand → **↓ Handlungsalternative**	q_{OZ}	q_{UZ}
Kauf	$q_{OZ} - q_t$	$q_{UZ} - q_t$
Verkauf	$q_t - q_{OZ}$	$q_t - q_{UZ}$

Tab. 10: Ergebnismatrix nach Einführung von Kurszielen
Quelle: Eigene Darstellung

Die Konsequenz einer Kaufentscheidung wird mit der Zufallsvariablen $\tilde{\phi}$ beschrieben. Sie nimmt im Umweltzustand q_{OZ} den Wert $q_{OZ} - q_t$ an. Der Marktteilnehmer kauft zum Kurs von q_t und am Ende des Anlagehorizonts liegt der Kurs bei q_{OZ}, so dass er $q_{OZ} - q_t$ als Gewinn verbuchen kann.[399]

letzten Entscheidung noch Kräfte auf den Kurs wirken, die durch dieses Modell nicht erklärt werden und schließlich zu dem oberen Zielkurs führen. Dies gilt analog auch für den unteren Zielkurs. Unter bestimmten Bedingungen kann ein Zielkurs schon zuvor durch die Entscheidungen der Marktteilnehmer erreicht werden. In diesem Fall ist der Betrachtungszeitraum des Modells vorzeitig beendet. Diese Variante wird in Kapitel 9.3 näher beleuchtet.

399 Da q_{oz} der höchste Kurs ist, der im Modell auftreten kann, erzielt ein Marktteilnehmer in diesem Umweltzustand bei einem Kauf immer einen Gewinn. Sobald q_{oz} erreicht wird, sind annahmegemäß die sequentiellen Entscheidungen beendet. Es kann also nicht der Fall eintreten, dass ein Marktteilnehmer noch auf der Grundlage von q_{oz} handelt $(q_{oz} \neq q_t)$.

Im Umweltzustand q_{UZ} nimmt die Zufallsvariable den Wert $q_{UZ} - q_t$ an und der Marktteilnehmer erzielt einen Verlust.[400] Die Konsequenz einer Verkaufentscheidung wird durch die Zufallsvariable $\tilde{\psi}$ ausgedrückt. Da der Marktteilnehmer bei einem Verkauf eine Short-Position aufbaut und sich damit auf der dem Käufer entgegengesetzten Marktseite positioniert, ergeben sich bei den jeweiligen Umweltzuständen die entsprechenden Realisationen mit umgekehrten Vorzeichen. $\tilde{\psi}$ nimmt bei q_{OZ} den Wert $q_t - q_{OZ}$ und bei q_{UZ} den Wert $q_t - q_{UZ}$ an. In der Short-Position erzielt der Marktteilnehmer bei steigenden Kursen einen Verlust und bei fallenden Kursen einen Gewinn.[401]

Die Wahrscheinlichkeiten der beiden Umweltzustände betragen jeweils 0,5:

$$w(q_{OZ}) = 0{,}5$$
$$w(q_{UZ}) = 0{,}5$$

Die Wahrscheinlichkeit, ein zutreffendes privates Signal zu produzieren beträgt wie im Basismodell p, wobei p das Maß für den Grad der Informationstransparenz ist:

$$w(B|q_{OZ}) = p \qquad \text{mit } 0{,}5 < p < 1$$
$$w(S|q_{OZ}) = 1 - p$$
$$w(B|q_{UZ}) = 1 - p$$
$$w(S|q_{UZ}) = p$$

9.2 Sequentielles Entscheidungsverhalten der Marktteilnehmer

Die öffentlichen und das private Signal bilden in Verbindung mit dem aktuellen Kurs die Entscheidungsgrundlage für einen Marktteilnehmer. Unter Verwendung des Theorems von BAYES lassen sich die Wahrscheinlichkeiten für die Umweltzustände unter der Bedingung der vorliegenden Signalkombination errechnen.

---

400 Analog zu q_{OZ} ist q_{UZ} der niedrigste im Modell mögliche Kurs und der Marktteilnehmer erzielt im Rahmen dieses Umweltzustands bei einem Kauf regelmäßig einen Verlust.

401 Transaktionskosten seien vernachlässigbar gering.

9.2.1 Entscheidungsverhalten von M_1

Da M_1 nur ein privates Signal besitzt und keine öffentlichen Signale erhält, ergibt sich:

$$w(q_{OZ}|B) = p$$
$$w(q_{UZ}|B) = 1 - p$$
$$w(q_{OZ}|S) = 1 - p$$
$$w(q_{UZ}|S) = p$$

Die Entscheidungsregel erfordert nun die Wahl jener Handlungsalternative, die den Erwartungswert maximiert.

$$\begin{aligned} E_{M_1;|B|=1,|S|=0}\tilde{\Phi} &= w(q_{OZ}|B)\cdot(q_{OZ} - q_0) + w(q_{UZ}|B)\cdot(q_{UZ} - q_0) = \\ &= p\cdot(q_{OZ} - q_0) + (1-p)\cdot(q_{UZ} - q_0) = \\ &= p\cdot(q_{OZ} - q_{UZ}) - (q_0 - q_{UZ}) \end{aligned}$$

Der Erwartungswert eines Kaufs entspricht der mit p gewichteten Spanne zwischen oberem und unterem Kursziel abzüglich der Spanne zwischen Kaufkurs und unterem Kursziel. Unter Berücksichtigung der symmetrischen Anordnung der Kursziele um den Initialkurs und aufgrund von $0{,}5 < p < 1$ ergibt sich der folgende, positive Erwartungswert eines Kaufs:

$$E_{M_1;|B|=1,|S|=0}\tilde{\Phi} = p\cdot 2x - x = x(2p-1) > 0$$

$$\begin{aligned} E_{M_1;|B|=1,|S|=0}\tilde{\Psi} &= w(q_{OZ}|B)\cdot(q_0 - q_{OZ}) + w(q_{UZ}|B)\cdot(q_0 - q_{UZ}) = \\ &= p\cdot(q_0 - q_{OZ}) + (1-p)\cdot(q_0 - q_{UZ}) = \\ &= -p\cdot(q_{OZ} - q_{UZ}) + (q_0 - q_{UZ}) = \\ &= -p\cdot 2x + x = -x(2p-1) < 0 \end{aligned}$$

Der Kauf weist den höheren Erwartungswert auf, daher wird M_1 kaufen. Dadurch steigt der Kurs von q_0 auf q_1. Generiert M_1 anstelle eines Kaufsignals ein Verkaufsignal, berechnen sich die Erwartungswerte wie folgt:

$$\begin{aligned} E_{M_1;|B|=0,|S|=1}\tilde{\phi} &= w(q_{OZ}|S)\cdot(q_{OZ}-q_0)+w(q_{UZ}|S)\cdot(q_{UZ}-q_0)= \\ &=(1-p)\cdot(q_{OZ}-q_0)+p\cdot(q_{UZ}-q_0)= \\ &=-p\cdot(q_{OZ}-q_{UZ})+(q_{OZ}-q_0)= \\ &=-p\cdot 2x+x=-x(2p-1)<0 \end{aligned}$$

$$\begin{aligned} E_{M_1;|B|=0,|S|=1}\tilde{\psi} &= w(q_{OZ}|S)\cdot(q_0-q_{OZ})+w(q_{UZ}|S)\cdot(q_0-q_{UZ})= \\ &=(1-p)\cdot(q_0-q_{OZ})+p\cdot(q_0-q_{UZ})= \\ &=p\cdot(q_{OZ}-q_{UZ})-(q_{OZ}-q_0)= \\ &=p\cdot 2x-x=x(2p-1)>0 \end{aligned}$$

Im Falle eines privaten Verkaufsignals wird M_1 verkaufen. Der Kurs fällt von q_0 auf q_{-1}.

9.2.2 Entscheidungsverhalten von M_2

M_2 beobachtet ein öffentliches Signal, nämlich die Entscheidung von M_1. Hinzu kommt sein privates Signal. Damit ergeben sich vier mögliche Signalkombinationen, deren bedingte Wahrscheinlichkeiten sich wie folgt berechnen:[402]

$$\begin{aligned} &w(B\cap B_1|q_{OZ})=p^2 \\ &w(B\cap S_1|q_{OZ})=w(S\cap B_1|q_{OZ})=p(1-p) \\ &w(S\cap S_1|q_{OZ})=(1-p)^2 \end{aligned}$$

402 Die Signale werden als unabhängig voneinander angenommen. Der Index der Signale kennzeichnet das öffentliche Signal, welches vom entsprechenden Marktteilnehmer in der Rangfolge ausgesendet wird. Somit stammt das Signal mit dem Index 1 von M_1 usw. Das Signal ohne Index ist das private Signal.

$$w(B \cap B_1 | q_{UZ}) = (1-p)^2$$
$$w(B \cap S_1 | q_{UZ}) = w(S \cap B_1 | q_{UZ}) = p(1-p)$$
$$w(S \cap S_1 | q_{UZ}) = p^2$$

Daraus folgt für die Wahrscheinlichkeit, sich bei Vorliegen einer bestimmten Signalkombination in einem bestimmten der beiden Umweltzustände zu befinden:

$$w(q_{OZ} | B \cap B_1) = \frac{p^2}{p^2 + (1-p)^2}$$
$$w(q_{OZ} | B \cap S_1) = w(q_{OZ} | S \cap B_1) = 0{,}5$$
$$w(q_{OZ} | S \cap S_1) = \frac{(1-p)^2}{p^2 + (1-p)^2}$$

$$w(q_{UZ} | B \cap B_1) = \frac{(1-p)^2}{p^2 + (1-p)^2}$$
$$w(q_{UZ} | B \cap S_1) = w(q_{UZ} | S \cap B_1) = 0{,}5$$
$$w(q_{UZ} | S \cap S_1) = \frac{p^2}{p^2 + (1-p)^2}$$

M_2 kann mit zwei verschiedenen Kursniveaus, nämlich q_1 oder q_{-1}, konfrontiert sein.[403] Dieses aktuelle Kursniveau beeinflusst die Ergebnisse der Ergebnismatrix des Marktteilnehmers und damit auch die Erwartungswerte.

---

[403] Da M_1 entweder kauft und damit den Kurs erhöht oder verkauft und damit den Kurs senkt, kann zum Entscheidungszeitpunkt von M_2 der Kurs nicht bei q_0 liegen.

9.2.2.1 Kursniveau q_1

Handelt M_2 auf Basis von q_1 und entwickelt dieser Marktteilnehmer ein privates Kaufsignal, dann ergeben sich die folgenden Erwartungswerte:

$$E_{M_2;|B|=2,|S|=0}\tilde{\phi} = w(q_{OZ}|B \cap B_1)\cdot(q_{OZ} - q_1) + w(q_{UZ}|B \cap B_1)\cdot(q_{UZ} - q_1) =$$
$$= \frac{p^2}{p^2 + (1-p)^2}\cdot(q_{OZ} - q_1) + \frac{(1-p)^2}{p^2 + (1-p)^2}\cdot(q_{UZ} - q_1) =$$
$$= \frac{p^2(q_{OZ} - q_1) - (1-p)^2(q_1 - q_{UZ})}{p^2 + (1-p)^2}$$

Der Erwartungswert berechnet sich aus der mit p^2 gewichteten Kursspanne zwischen oberem Kursziel und Kaufkurs abzüglich der mit $(1-p)^2$ gewichteten, ebenfalls positiven Spanne zwischen Kaufkurs und unterem Kursziel, geteilt durch $p^2 + (1-p)^2$.

Wird für die Kursspanne zwischen q_0 und den beiden Kurszielen wieder jeweils x angesetzt, dann ergibt sich:

$$E_{M_2;|B|=2,|S|=0}\tilde{\phi} = \frac{p^2(x - q_1 + q_0) - (1-p)^2(x + q_1 - q_0)}{p^2 + (1-p)^2} =$$
$$= x\frac{p^2 - (1-p)^2}{p^2 + (1-p)^2} - (q_1 - q_0)$$

Der Erwartungswert besteht aus zwei Summanden: Der erste Summand ist ein Produkt aus der positiven Spanne x und einem vom Grad der Informationstransparenz abhängigen Ausdruck. Innerhalb der für p zugelassenen Grenzen ist dieser Ausdruck und damit der erste Summand positiv. Von diesem positiven Summanden wird der positive Wert der Kurserhöhung abgezogen. Damit ist der Erwartungswert hier trotz zweier Kaufsignale nicht eindeutig positiv. Je höher der Kurs ist, zu dem M_2 handeln muss, desto geringer ist das Aufwärtspotential bis zum oberen Kursziel und desto höher ist das Abwärtspotential bis zum unteren Kursziel. Dies verringert den Erwartungswert eines Kaufs.

Der Erwartungswert eines Verkaufs berechnet sich wie folgt:

$$
\begin{aligned}
E_{M_2;|B|=2,|S|=0}\tilde{\Psi} &= w(q_{OZ}|B\cap B_1)\cdot(q_1-q_{OZ})+w(q_{UZ}|B\cap B_1)\cdot(q_1-q_{UZ})=\\
&=\frac{p^2}{p^2+(1-p)^2}\cdot(q_1-q_{OZ})+\frac{(1-p)^2}{p^2+(1-p)^2}\cdot(q_1-q_{UZ})=\\
&=\frac{-p^2(q_{OZ}-q_1)+(1-p)^2(q_1-q_{UZ})}{p^2+(1-p)^2}=\\
&=\frac{-p^2(x-q_1+q_0)+(1-p)^2(x+q_1-q_0)}{p^2+(1-p)^2}=\\
&=-x\frac{p^2-(1-p)^2}{p^2+(1-p)^2}+(q_1-q_0)
\end{aligned}
$$

Es zeigt sich, dass bei gegebenen Variablen der Betrag der Erwartungswerte gleich ist, wobei ein Erwartungswert negativ und der andere positiv ist. Die beiden Erwartungswerte sind also symmetrisch um den Nullpunkt angeordnet. Da hier die Erwartungswerte nicht eindeutig positiv oder negativ sind, stellt sich die Frage, unter welchen Bedingungen ein Erwartungswert beispielsweise einen positiven Wert annimmt:

$$
\begin{aligned}
E_{M_2;|B|=2,|S|=0}\tilde{\phi} \overset{!}{>} 0 &\Rightarrow x\frac{p^2-(1-p)^2}{p^2+(1-p)^2}-(q_1-q_0)>0\\
&\Rightarrow \frac{p^2-(1-p)^2}{p^2+(1-p)^2}>\frac{q_1-q_0}{x}
\end{aligned}
$$

Der Erwartungswert eines Kaufs ist dann positiv, wenn der von der Informationstransparenz abhängige Ausdruck größer ist als das Verhältnis zwischen vorausgegangener Kurserhöhung und der Spanne x.[404]

[404] Dies ist auch die Bedingung dafür, dass der Erwartungswert eines Verkaufs negativ ist.

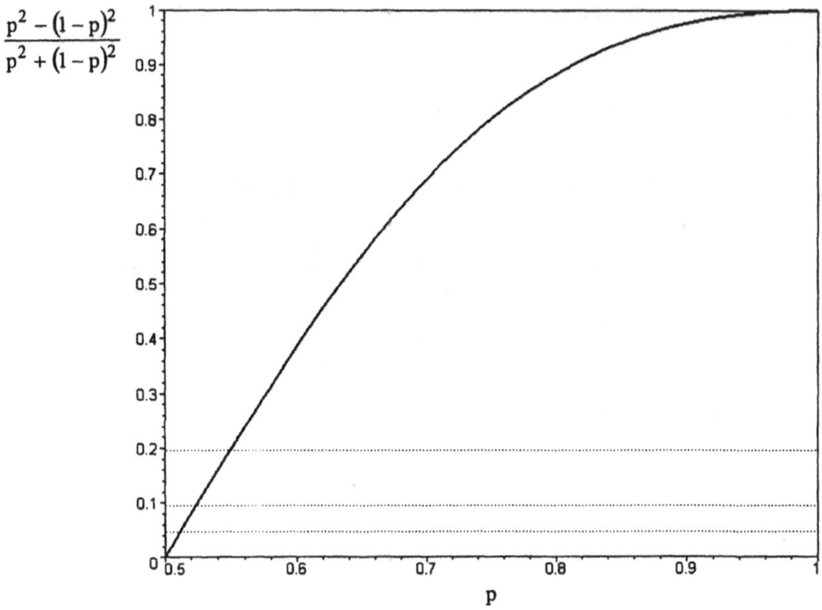

Abb. 19: Vergleich der Funktion $\frac{p^2-(1-p)^2}{p^2+(1-p)^2}$ in Abhängigkeit von p mit drei beispielhaften Niveaus von $\frac{q_1-q_0}{x}$, nämlich 0,05, 0,1 und 0,2.
Quelle: Eigene Darstellung

Je größer die Informationstransparenz ist, desto wahrscheinlicher ist es, dass die zwei der Entscheidung zugrunde liegenden Kaufsignale zutreffend sind und desto größer ist demnach der Erwartungswert des Kaufs. Je höher der Kaufkurs über dem Initialkurs liegt, desto geringer ist das Gewinnpotential bei einem Kauf und desto geringer ist der Erwartungswert. Die rechte Seite der Ungleichung zeigt, dass der Erwartungswert nicht von absoluten Größen, sondern nur vom Verhältnis der bisher eingetretenen Kursveränderung q_1-q_0 zur potentiellen maximalen Kursveränderung $q_{OZ}-q_0=q_0-q_{UZ}=x$ abhängig ist. Damit kann dieser Ausdruck Werte zwischen 0 und 1 annehmen, wobei beide Grenzen ausgeschlossen sind, wenn mit q_1 nicht bereits q_{OZ} erreicht werden kann. Dieser Ausdruck ist von p unabhängig. In der obigen Grafik sind mit 0,05, 0,1 und 0,2 drei Beispielwerte dieses Ausdrucks als Parallelen zur Abszisse eingezeichnet. Beträgt

$\frac{q_1 - q_0}{x}$ beispielsweise 0,1, dann wird M_2 genau dann kaufen, wenn $p >\approx 0{,}525$ ist.

Handelt M_2 auf Basis von q_1 und produziert er ein privates Verkaufsignal, dann ergeben sich die folgenden Erwartungswerte:

$$\begin{aligned} E_{M_2;|B|=1,|S|=1}\tilde{\phi} &= w(q_{OZ}|S \cap B_1)\cdot(q_{OZ} - q_1) + w(q_{UZ}|S \cap B_1)\cdot(q_{UZ} - q_1) = \\ &= 0{,}5\cdot(q_{OZ} - q_1) + 0{,}5\cdot(q_{UZ} - q_1) = \\ &= -(q_1 - q_0) \end{aligned}$$

$$\begin{aligned} E_{M_2;|B|=1,|S|=1}\tilde{\psi} &= w(q_{OZ}|S \cap B_1)\cdot U(q_1 - q_{OZ}) + w(q_{UZ}|S \cap B_1)\cdot U(q_1 - q_{UZ}) = \\ &= 0{,}5\cdot(q_1 - q_{OZ}) + 0{,}5\cdot(q_1 - q_{UZ}) = \\ &= q_1 - q_0 \end{aligned}$$

In diesem Fall sind die Erwartungswerte eindeutig. M_2 muss auf der Basis von einem Kauf- und einem Verkaufsignal handeln, was zu bedingten Wahrscheinlichkeiten von jeweils 0,5 für q_{OZ} und q_{UZ} führt. Entscheidend ist nun, dass der aktuelle Kurs über dem Initialkurs liegt und somit das Gewinnpotential $q_{OZ} - q_1$ kleiner ist als das Verlustpotential $q_1 - q_{UZ}$. M_2 wird verkaufen.

9.2.2.2 Kursniveau q_{-1}

Führte M_1 einen Verkauf durch, dann liegt für M_2 ein aktueller Kurs von q_{-1} vor. Generiert M_2 nun ein privates Kaufsignal, dann handelt M_2 auch hier auf der Basis von einem Kauf- und einem Verkaufsignal, was wieder zu eindeutigen Erwartungswerten führt:

$$\begin{aligned} E_{M_2;|B|=1,|S|=1}\tilde{\phi} &= w(q_{OZ}|B \cap S_1)\cdot(q_{OZ} - q_{-1}) + w(q_{UZ}|B \cap S_1)\cdot(q_{UZ} - q_{-1}) = \\ &= 0{,}5\cdot(q_{OZ} - q_{-1}) + 0{,}5\cdot(q_{UZ} - q_{-1}) = \\ &= q_0 - q_{-1} \end{aligned}$$

$$
\begin{aligned}
E_{M_2;|B|=1,|S|=1}\widetilde{\psi} &= w\left(q_{OZ}\middle|B\cap S_1\right)\cdot\left(q_{-1}-q_{OZ}\right)+w\left(q_{UZ}\middle|B\cap S_1\right)\cdot\left(q_{-1}-q_{UZ}\right)=\\
&=0{,}5\cdot\left(q_{-1}-q_{OZ}\right)+0{,}5\cdot\left(q_{-1}-q_{UZ}\right)=\\
&=-\left(q_0-q_{-1}\right)
\end{aligned}
$$

Nun liegt der aktuelle Kurs unter dem Initialkurs, das Gewinnpotential ist also größer als das Verlustpotential. M_2 wird kaufen. Ermittelt M_2 ein privates Verkaufsignal, dann basiert seine Entscheidung auf insgesamt zwei Verkaufsignalen:

$$
\begin{aligned}
E_{M_2;|B|=0,|S|=2}\widetilde{\phi} &= w\left(q_{OZ}\middle|S\cap S_1\right)\cdot\left(q_{OZ}-q_{-1}\right)+w\left(q_{UZ}\middle|S\cap S_1\right)\cdot\left(q_{UZ}-q_{-1}\right)=\\
&=\frac{(1-p)^2}{p^2+(1-p)^2}\cdot\left(q_{OZ}-q_{-1}\right)+\frac{p^2}{p^2+(1-p)^2}\cdot\left(q_{UZ}-q_{-1}\right)=\\
&=\frac{-p^2\left(q_{-1}-q_{UZ}\right)+(1-p)^2\left(q_{OZ}-q_{-1}\right)}{p^2+(1-p)^2}=\\
&=\frac{-p^2\left(x-q_0+q_{-1}\right)+(1-p)^2\left(x+q_0-q_{-1}\right)}{p^2+(1-p)^2}=\\
&=-x\frac{p^2-(1-p)^2}{p^2+(1-p)^2}+\left(q_0-q_{-1}\right)
\end{aligned}
$$

$$
\begin{aligned}
E_{M_2;|B|=0,|S|=2}\widetilde{\psi} &= w\left(q_{OZ}\middle|S\cap S_1\right)\cdot\left(q_{-1}-q_{OZ}\right)+w\left(q_{UZ}\middle|S\cap S_1\right)\cdot\left(q_{-1}-q_{UZ}\right)=\\
&=\frac{(1-p)^2}{p^2+(1-p)^2}\cdot\left(q_{-1}-q_{OZ}\right)+\frac{p^2}{p^2+(1-p)^2}\cdot\left(q_{-1}-q_{UZ}\right)=\\
&=\frac{p^2\left(q_{-1}-q_{UZ}\right)-(1-p)^2\left(q_{OZ}-q_{-1}\right)}{p^2+(1-p)^2}\\
&=\frac{p^2\left(x-q_0+q_{-1}\right)-(1-p)^2\left(x+q_0-q_{-1}\right)}{p^2+(1-p)^2}=\\
&=x\frac{p^2-(1-p)^2}{p^2+(1-p)^2}-\left(q_0-q_{-1}\right)
\end{aligned}
$$

Analog zu dem Fall, in dem M_2 mit zwei Kaufsignalen und dem Kurs q_1 konfrontiert ist, ist der Erwartungswert der beiden Handlungsalternativen auch hier nicht eindeutig positiv oder negativ. Der erste Summand besteht aus einem von der Informationstransparenz abhängigen Ausdruck, gewichtet mit der Kursspanne x. Der von der Informationstransparenz abhängige Ausdruck beinhaltet den Einfluss der vorliegenden Signale auf den Erwartungswert. Damit muss der gesamte erste Summand bei zwei Verkaufsignalen negativ auf den Erwartungswert eines Kaufs und positiv auf den Erwartungswert eines Verkaufs wirken. Mit dem zweiten Summanden wird der Einfluss des aktuellen Kurses auf die Erwartungswerte dargestellt. Da der aktuelle Kurs unterhalb des Initialkurses liegt, ist der potentielle Gewinn im Falle eines Kaufs, nämlich die Kursspanne $q_{OZ} - q_{-1}$, größer als der Betrag des potentiellen Verlusts im Falle eines Kaufs, nämlich $q_{-1} - q_{UZ}$. Damit muss dieser zweite Summand positiv auf den Erwartungswert eines Kaufs und negativ auf den Erwartungswert eines Verkaufs wirken. Die Bedingung für einen positiven Erwartungswert eines Verkaufs lautet:

$$E_{M_2;|B|=0,|S|=2}\widetilde{\psi} \overset{!}{>} 0 \Rightarrow x\frac{p^2-(1-p)^2}{p^2+(1-p)^2}-(q_0-q_{-1})>0$$

$$\Rightarrow \frac{p^2-(1-p)^2}{p^2+(1-p)^2} > \frac{q_0-q_{-1}}{x}$$

Ist die Informationstransparenz und damit die Verlässlichkeit der vorliegenden Signale höher als der bisherige Kursrückgang im Verhältnis zum maximal möglichen Kursrückgang, dann ist der Erwartungswert eines Verkaufs bei zwei Verkaufsignalen positiv und M_2 wird verkaufen. Da alle Ticks gleich groß sind, gilt $q_1 - q_0 = q_0 - q_{-1}$. Damit sind die Bedingungen dafür, dass der Erwartungswert eines Kaufs bei zwei Kaufsignalen und der Erwartungswert eines Verkaufs bei zwei Verkaufsignalen positiv sind, identisch. C.p. wird M_2 also ab einem bestimmten Grad der Informationstransparenz generell den Signalen folgen.

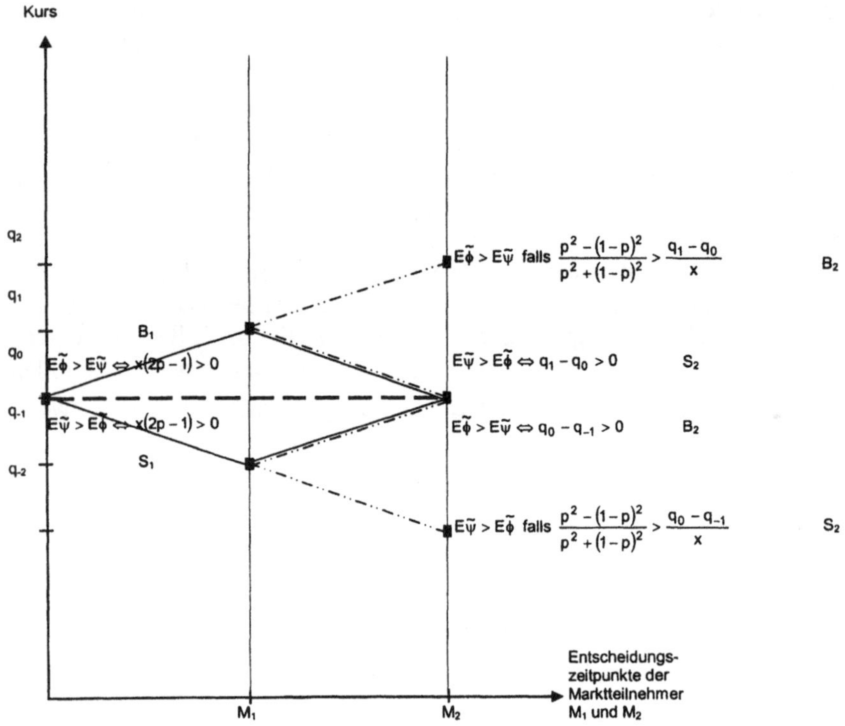

Abb. 20: Kurspfade, welche durch die Entscheidungen von M_1 und M_2 möglich sind
Quelle: Eigene Darstellung

9.2.3 Entscheidungsverhalten von M_3

M_3 beobachtet zwei Entscheidungen seiner Vorgänger und entwickelt ein privates Signal. Dies ergibt acht verschiedene Signalkombinationen. Die Eintrittswahrscheinlichkeiten der einzelnen Signalkombinationen unter der Bedingung der Kursziele lauten:

$$w\left(B \cap B_1 \cap B_2 | q_{OZ}\right) = p^3$$

$$w\left(B \cap B_1 \cap S_2 | q_{OZ}\right) = w\left(B \cap S_1 \cap B_2 | q_{OZ}\right) = w\left(S \cap B_1 \cap B_2 | q_{OZ}\right) = p^2(1-p)$$

$$w(S \cap S_1 \cap B_2 | q_{OZ}) = w(S \cap B_1 \cap S_2 | q_{OZ}) = w(B \cap S_1 \cap S_2 | q_{OZ}) = p(1-p)^2$$
$$w(S \cap S_1 \cap S_2 | q_{OZ}) = (1-p)^3$$

$$w(B \cap B_1 \cap B_2 | q_{UZ}) = (1-p)^3$$
$$w(B \cap B_1 \cap S_2 | q_{UZ}) = w(B \cap S_1 \cap B_2 | q_{UZ}) = w(S \cap B_1 \cap B_2 | q_{UZ}) = p(1-p)^2$$

$$w(S \cap S_1 \cap B_2 | q_{UZ}) = w(S \cap B_1 \cap S_2 | q_{UZ}) = w(B \cap S_1 \cap S_2 | q_{UZ}) = p^2(1-p)$$

$$w(S \cap S_1 \cap S_2 | q_{UZ}) = p^3$$

Daraus lassen sich unter Anwendung des Theorems von BAYES folgende Eintrittswahrscheinlichkeiten für die beiden Umweltzustände unter der Bedingung bestimmter Signalkombinationen errechnen:

$$w(q_{OZ} | B \cap B_1 \cap B_2) = \frac{p^3}{p^3 + (1-p)^3}$$
$$w(q_{OZ} | B \cap B_1 \cap S_2) = w(q_{OZ} | B \cap S_1 \cap B_2) = w(q_{OZ} | S \cap B_1 \cap B_2) = p$$
$$w(q_{OZ} | S \cap S_1 \cap B_2) = w(q_{OZ} | S \cap B_1 \cap S_2) = w(q_{OZ} | B \cap S_1 \cap S_2) = 1-p$$
$$w(q_{OZ} | S \cap S_1 \cap S_2) = \frac{(1-p)^3}{p^3 + (1-p)^3}$$

$$w(q_{UZ} | B \cap B_1 \cap B_2) = \frac{(1-p)^3}{p^3 + (1-p)^3}$$
$$w(q_{UZ} | B \cap B_1 \cap S_2) = w(q_{UZ} | B \cap S_1 \cap B_2) = w(q_{UZ} | S \cap B_1 \cap B_2) = 1-p$$
$$w(q_{UZ} | S \cap S_1 \cap B_2) = w(q_{UZ} | S \cap B_1 \cap S_2) = w(q_{UZ} | B \cap S_1 \cap S_2) = p$$
$$w(q_{UZ} | S \cap S_1 \cap S_2) = \frac{p^3}{p^3 + (1-p)^3}$$

Es zeigt sich, dass sich wie im Basismodell zwei unterschiedliche Signale in ihrer Wirkung gegenseitig aufheben. Beispielsweise ist die Wirkung von zwei Kaufsignalen in Verbindung mit einem Verkaufsignal einerseits und einem Kaufsignal andererseits gleich, die darauf basierenden bedingten Wahrscheinlichkeiten für einen Umweltzustand sind identisch.

Je nachdem, wie sich M_1 und M_2 entschieden haben, kann der aktuelle Kurs aus der Sicht von M_3 drei verschiedene Niveaus annehmen.

9.2.3.1 Kursniveau q_2

Das Kursniveau q_2 kann sich nur dann einstellen, wenn die ersten beiden Marktteilnehmer eine Kaufentscheidung getroffen haben. Somit nimmt M_3 in diesem Fall zwei öffentliche Kaufsignale auf. Generiert er selbst ein privates Kaufsignal, dann berechnen sich die Erwartungswerte für seine Handlungsalternativen wie folgt:

$$\begin{aligned}
E_{M_3;|B|=3,|S|=0}\tilde{\phi} &= w(q_{OZ}|B\cap B_1\cap B_2)\cdot(q_{OZ}-q_2)+w(q_{UZ}|B\cap B_1\cap B_2)\cdot(q_{UZ}-q_2)=\\
&=\frac{p^3}{p^3+(1-p)^3}\cdot(q_{OZ}-q_2)+\frac{(1-p)^3}{p^3+(1-p)^3}\cdot(q_{UZ}-q_2)=\\
&=\frac{p^3(q_{OZ}-q_2)-(1-p)^3(q_2-q_{UZ})}{p^3+(1-p)^3}=\\
&=\frac{p^3(x-q_2+q_0)-(1-p)^3(x+q_2-q_0)}{p^3+(1-p)^3}=\\
&=x\frac{p^3-(1-p)^3}{p^3+(1-p)^3}-(q_2-q_0)
\end{aligned}$$

$$\begin{aligned}
E_{M_3;|B|=3,|S|=0}\tilde{\psi} &= w(q_{OZ}|B\cap B_1\cap B_2)\cdot(q_2-q_{OZ})+w(q_{UZ}|B\cap B_1\cap B_2)\cdot(q_2-q_{UZ})=\\
&=\frac{p^3}{p^3+(1-p)^3}\cdot(q_2-q_{OZ})+\frac{(1-p)^3}{p^3+(1-p)^3}\cdot(q_2-q_{UZ})=\\
&=\frac{-p^3(q_{OZ}-q_2)+(1-p)^3(q_2-q_{UZ})}{p^3+(1-p)^3}=\\
&=\frac{-p^3(x-q_2+q_0)-(1-p)^3(x+q_2-q_0)}{p^3+(1-p)^3}=\\
&=-x\frac{p^3-(1-p)^3}{p^3+(1-p)^3}+(q_2-q_0)
\end{aligned}$$

Es gilt hier die gleiche Interpretation der Summanden wie in Kapitel 9.2.2.1 abgesehen von zwei Unterschieden: Zum einen liegen statt zwei nun drei Kaufsignale vor, daher nimmt der hier vorliegende von der Informationstransparenz abhängige Ausdruck für alle $0,5 < p < 1$ einen höheren Wert an. Zum anderen liegt der für M_3 relevante Kurs nun bei q_2.

$$E_{M_3;|B|=3,|S|=0}\tilde{\phi} \overset{!}{>} 0 \Rightarrow x\frac{p^3-(1-p)^3}{p^3+(1-p)^3}-(q_2-q_0)>0$$
$$\Rightarrow \frac{p^3-(1-p)^3}{p^3+(1-p)^3} > \frac{q_2-q_0}{x}$$

Ist die Informationstransparenz und damit die Verlässlichkeit der drei Kaufsignale größer als der Rückgang des Gewinnpotentials durch den Anstieg des Kurses auf q_2, dann wird M_3 den Signalen folgen und kaufen.

Produziert M_3 dagegen ein privates Verkaufsignal, dann ergeben sich die folgenden Erwartungswerte:

$$\begin{aligned}E_{M_3;|B|=2,|S|=1}\tilde{\phi} &= w(q_{OZ}|S\cap B_1\cap B_2)\cdot(q_{OZ}-q_2)+w(q_{UZ}|S\cap B_1\cap B_2)\cdot(q_{UZ}-q_2)=\\ &=p\cdot(q_{OZ}-q_2)+(1-p)\cdot(q_{UZ}-q_2)=\\ &=p\cdot(q_{OZ}-q_{UZ})-(q_2-q_{UZ})\\ &=p\cdot 2x-(x+q_2-q_0)=\\ &=x(2p-1)-(q_2-q_0)\end{aligned}$$

$$\begin{aligned}E_{M_3;|B|=2,|S|=1}\tilde{\psi} &= w(q_{OZ}|S\cap B_1\cap B_2)\cdot U(q_2-q_{OZ})+w(q_{UZ}|S\cap B_1\cap B_2)\cdot U(q_2-q_{UZ})=\\ &=p\cdot(q_2-q_{OZ})+(1-p)\cdot(q_2-q_{UZ})=\\ &=-p\cdot(q_{OZ}-q_{UZ})+(q_2-q_{UZ})\\ &=-p\cdot 2x+(x+q_2-q_0)=\\ &=-x(2p-1)+(q_2-q_0)\end{aligned}$$

M_3 wird trotz eines privaten Verkaufsignals kaufen, wenn gilt:

$$E_{M_3;|B|=2,|S|=1}\tilde{\phi} \overset{!}{>} 0 \Rightarrow x(2p-1)-(q_2-q_0)>0$$

$$\Rightarrow 2p-1>\frac{q_2-q_0}{x}$$

Dies ist eine striktere Bedingung als bei Vorliegen von drei Kaufsignalen, denn es gilt: $\frac{p^3-(1-p)^3}{p^3+(1-p)^3}>\frac{p-(1-p)}{p+(1-p)}=2p-1$ für alle $0{,}5<p<1$. M_3 ist hier nur bei höheren Werten für p bereit, entgegen seinem privaten Verkaufsignal zu handeln und zu kaufen. Gilt obige Bedingung, dann trifft M_3 die Kaufentscheidung sowohl bei einem privaten Kauf- als auch bei einem Verkaufsignal.

9.2.3.2 Kursniveau q_0

M_3 sieht sich genau dann einem Kursniveau q_0 gegenüber, wenn ein Vorgänger gekauft und der andere verkauft hat. Die Reihenfolge spielt dabei keine Rolle. Zum einen heben sich die beiden gegensätzlichen öffentlichen Signale auf, zum anderen ist die Spanne von q_0 zu den beiden Zielkursen identisch. Das bedeutet, dass die Entscheidungssituation von M_3 in diesem Fall mit der Entscheidungssituation von M_1 identisch ist. Ein privates Kaufsignal führt zu folgenden Erwartungswerten:

$$\begin{aligned}
E_{M_3;|B|=2,|S|=1}\widetilde{\Phi} &= w(q_{OZ}|B\cap S_1\cap B_2)\cdot(q_{OZ}-q_0)+w(q_{UZ}|B\cap S_1\cap B_2)\cdot(q_{UZ}-q_0)=\\
&= w(q_{OZ}|B\cap B_1\cap S_2)\cdot(q_{OZ}-q_0)+w(q_{UZ}|B\cap B_1\cap S_2)\cdot(q_{UZ}-q_0)=\\
&= p\cdot(q_{OZ}-q_{UZ})-(q_0-q_{UZ})=\\
&= p\cdot 2x-x=x(2p-1)>0
\end{aligned}$$

$$\begin{aligned}
E_{M_3;|B|=2,|S|=1}\widetilde{\Psi} &= w(q_{OZ}|B\cap S_1\cap B_2)\cdot(q_0-q_{OZ})+w(q_{UZ}|B\cap S_1\cap B_2)\cdot(q_0-q_{UZ})=\\
&= w(q_{OZ}|B\cap B_1\cap S_2)\cdot(q_0-q_{OZ})+w(q_{UZ}|B\cap B_1\cap S_2)\cdot(q_0-q_{UZ})=\\
&= -p\cdot(q_{OZ}-q_{UZ})+(q_0-q_{UZ})=\\
&= -p\cdot 2x+x=-x(2p-1)<0
\end{aligned}$$

Das Ergebnis ist hier eindeutig: Ein privates Kaufsignal führt zu einer Kaufhandlung von M_3.

$$
\begin{aligned}
E_{M_3;|B|=1,|S|=2}\tilde{\phi} &= w(q_{OZ}|S\cap S_1 \cap B_2)\cdot(q_{OZ}-q_0)+w(q_{UZ}|S\cap S_1\cap B_2)\cdot(q_{UZ}-q_0)=\\
&= w(q_{OZ}|S\cap B_1 \cap S_2)\cdot(q_{OZ}-q_0)+w(q_{UZ}|S\cap B_1\cap S_2)\cdot(q_{UZ}-q_0)=\\
&= -p\cdot(q_{OZ}-q_{UZ})+(q_{OZ}-q_0)=\\
&= -p\cdot 2x+x=-x(2p-1)<0
\end{aligned}
$$

$$
\begin{aligned}
E_{M_3;|B|=2,|S|=1}\tilde{\psi} &= w(q_{OZ}|B\cap S_1 \cap B_2)\cdot(q_0-q_{OZ})+w(q_{UZ}|B\cap S_1\cap B_2)\cdot(q_0-q_{UZ})=\\
&= w(q_{OZ}|B\cap B_1 \cap S_2)\cdot(q_0-q_{OZ})+w(q_{UZ}|B\cap B_1\cap S_2)\cdot(q_0-q_{UZ})=\\
&= p\cdot(q_{OZ}-q_{UZ})-(q_{OZ}-q_0)=\\
&= p\cdot 2x-x=x(2p-1)>0
\end{aligned}
$$

Auch hier muss das Ergebnis eindeutig sein. Das private Verkaufsignal führt zu einem Verkauf. M_3 folgt ebenso wie M_1 auf Basis von q_0 seinem privaten Signal.

9.2.3.3 Kursniveau q_{-2}

M_3 sieht sich genau dann mit einem Kursniveau q_{-2} konfrontiert, wenn die ersten beiden Marktteilnehmer einen Verkauf durchgeführt haben. Entwickelt M_3 hier ein privates Kaufsignal, dann ergeben sich die folgenden Wahrscheinlichkeiten:

$$
\begin{aligned}
E_{M_3;|B|=1,|S|=2}\tilde{\phi} &= w(q_{OZ}|B\cap S_1 \cap S_2)\cdot(q_{OZ}-q_{-2})+w(q_{UZ}|B\cap S_1\cap S_2)\cdot(q_{UZ}-q_{-2})=\\
&= (1-p)\cdot(q_{OZ}-q_{-2})+p\cdot(q_{UZ}-q_{-2})=\\
&= -p\cdot(q_{OZ}-q_{UZ})+(q_{OZ}-q_{-2})=\\
&= -p\cdot 2x+x+q_0-q_{-2}=\\
&= -x(2p-1)+(q_0-q_{-2})
\end{aligned}
$$

$$
\begin{aligned}
E_{M_3;|B|=1,|S|=2}\tilde{\psi} &= w(q_{OZ}|B\cap S_1 \cap S_2)\cdot(q_{-2}-q_{OZ})+w(q_{UZ}|B\cap S_1\cap S_2)\cdot(q_{-2}-q_{UZ})=\\
&= (1-p)\cdot(q_{-2}-q_{OZ})+p\cdot(q_{-2}-q_{UZ})=\\
&= p\cdot(q_{OZ}-q_{UZ})-(q_{OZ}-q_{-2})=\\
&= p\cdot 2x-x-q_0+q_{-2}=\\
&= x(2p-1)-(q_0-q_{-2})
\end{aligned}
$$

M_3 wird hier trotz eines privaten Kaufsignals verkaufen, wenn gilt:

$$E_{M_3;|B|=1,|S|=2}\widetilde{\psi} \overset{!}{>} 0 \Rightarrow x(2p-1)-(q_0-q_{-2})>0$$

$$\Rightarrow 2p-1>\frac{q_0-q_{-2}}{x}$$

Da angenommen wurde, dass alle Ticks gleich groß sind, gilt $q_0 - q_{-2} = q_2 - q_0$. Damit ist die Bedingung, unter der im vorliegenden Fall trotz eines privaten Kaufsignals verkauft wird, identisch mit der Bedingung von Kapitel 9.2.3.1, unter der M_3 bei Vorliegen zweier öffentlicher Kaufsignale trotz eines privaten Verkaufsignals kauft. Je höher die Informationstransparenz ist, desto verlässlicher sind die Signale in Hinblick auf den herrschenden Umweltzustand, desto größer ist der Einfluss des „Signalsaldos" und desto eher wird der Marktteilnehmer verkaufen. Je geringer der Abstand des aktuellen Kurses zum Initialkurs q_0 und je größer gleichzeitig die Kursspanne zwischen diesem Mittelkurs und den beiden Kurszielen ist, desto größer ist das Gewinnpotential, das im Falle eines Verkaufs auf Basis von q_{-2} und einem Kursrückgang auf q_{UZ} ausgeschöpft werden kann und desto eher wird M_3 verkaufen.

Schließlich kann M_3 auch hier ein privates Verkaufsignal entwickeln, was zu folgenden Erwartungswerten führt:

$$\begin{aligned}
E_{M_3;|B|=0,|S|=3}\widetilde{\phi} &= w(q_{OZ}|S\cap S_1\cap S_2)\cdot(q_{OZ}-q_{-2})+w(q_{UZ}|S\cap S_1\cap S_2)\cdot(q_{UZ}-q_{-2})= \\
&=\frac{(1-p)^3}{p^3+(1-p)^3}\cdot(q_{OZ}-q_{-2})+\frac{p^3}{p^3+(1-p)^3}\cdot(q_{UZ}-q_{-2})= \\
&=\frac{-p^3(q_{-2}-q_{UZ})+(1-p)^3(q_{OZ}-q_{-2})}{p^3+(1-p)^3}= \\
&=\frac{-p^3(x-q_0+q_{-2})+(1-p)^3(x+q_0-q_{-2})}{p^3+(1-p)^3}= \\
&=-x\frac{p^3-(1-p)^3}{p^3+(1-p)^3}+(q_0-q_{-2})
\end{aligned}$$

$$\begin{aligned}
E_{M_3;|B|=0,|S|=3}\widetilde{\psi} &= w(q_{OZ}|S\cap S_1\cap S_2)\cdot(q_{-2}-q_{OZ})+w(q_{UZ}|S\cap S_1\cap S_2)\cdot(q_{-2}-q_{UZ})= \\
&=\frac{(1-p)^3}{p^3+(1-p)^3}\cdot(q_{-2}-q_{OZ})+\frac{p^3}{p^3+(1-p)^3}\cdot(q_{-2}-q_{UZ})=
\end{aligned}$$

$$= \frac{p^3(q_{-2} - q_{UZ}) - (1-p)^3(q_{OZ} - q_{-2})}{p^3 + (1-p)^3} =$$

$$= \frac{p^3(x - q_0 + q_{-2}) - (1-p)^3(x + q_0 - q_{-2})}{p^3 + (1-p)^3} =$$

$$= x\frac{p^3 - (1-p)^3}{p^3 + (1-p)^3} - (q_0 - q_{-2})$$

Unter der folgenden Bedingung wird M_3 auf Basis der drei Verkaufsignale verkaufen:

$$E_{M_3;|B|=0,|S|=3}\tilde{\psi} \overset{!}{>} 0 \Rightarrow x\frac{p^3 - (1-p)^3}{p^3 + (1-p)^3} - (q_0 - q_{-2}) > 0$$

$$\Rightarrow \frac{p^3 - (1-p)^3}{p^3 + (1-p)^3} > \frac{q_0 - q_{-2}}{x}$$

Auch hier kann festgestellt werden, dass die Bedingung, unter der M_3 hier verkauft, analog ist mit der Bedingung, unter der M_3 bei Vorliegen von drei Kaufsignalen kauft.

9.2.4 Entscheidungsverhalten von M_n

Nun soll das Entscheidungsverhalten für einen beliebigen Marktteilnehmer M_n verallgemeinert werden. Der erste Schritt ist dabei die Darstellung der Wahrscheinlichkeiten für eine bestimmte Signalkombination unter der Bedingung einer der beiden möglichen Kursentwicklungen. M_n erhält regelmäßig insgesamt n Signale, nämlich $n-1$ öffentliche und ein privates Signal. Eine Unterscheidung zwischen öffentlichen Signalen und privatem Signal wird nicht vorgenommen, da öffentliche Signale und private Signale mit der gleichen Gewichtung in die Entscheidungsfindung eingehen und auch deren Reihenfolge keinen Einfluss auf die Entscheidung hat. Diese n Signale bestehen aus $n-m$ Kauf- und m Verkaufsignalen:

$$w\left(\left[\bigcap_{i=1}^{n-m} B_i\right] \cap \left[\bigcap_{j=1}^{m} S_j\right] \middle| q_{OZ}\right) = p^{n-m}(1-p)^m$$

$$w\left(\left[\bigcap_{i=1}^{n-m} B_i\right] \cap \left[\bigcap_{j=1}^{m} S_j\right] \middle| q_{UZ}\right) = p^{m}(1-p)^{n-m}$$

Mit Hilfe des Theorems von BAYES erhält man die Wahrscheinlichkeiten für eine der beiden Kursentwicklungen unter der Bedingung der jeweiligen Signalkombination:

$$w\left(q_{OZ} \middle| \left[\bigcap_{i=1}^{n-m} B_i\right] \cap \left[\bigcap_{j=1}^{m} S_j\right]\right) =$$

$$= \frac{w\left(\left[\bigcap_{i=1}^{n-m} B_i\right] \cap \left[\bigcap_{j=1}^{m} S_j\right] \middle| q_{OZ}\right) \cdot w(q_{OZ})}{w\left(\left[\bigcap_{i=1}^{n-m} B_i\right] \cap \left[\bigcap_{j=1}^{m} S_j\right] \middle| q_{OZ}\right) \cdot w(q_{OZ}) + w\left(\left[\bigcap_{i=1}^{n-m} B_i\right] \cap \left[\bigcap_{j=1}^{m} S_j\right] \middle| q_{UZ}\right) \cdot w(q_{UZ})} =$$

$$= \frac{p^{n-m}(1-p)^m \cdot 0{,}5}{p^{n-m}(1-p)^m \cdot 0{,}5 + p^m(1-p)^{n-m} \cdot 0{,}5}$$

$$= \frac{p^{n-2m}}{p^{n-2m} + (1-p)^{n-2m}}$$

$$w\left(q_{UZ} \middle| \left[\bigcap_{i=1}^{n-m} B_i\right] \cap \left[\bigcap_{j=1}^{m} S_j\right]\right) =$$

$$= 1 - \frac{p^{n-2m}}{p^{n-2m} + (1-p)^{n-2m}} = \frac{(1-p)^{n-2m}}{p^{n-2m} + (1-p)^{n-2m}}$$

Auf der Basis dieser Wahrscheinlichkeiten lassen sich nun die Erwartungswerte der beiden Handlungsalternativen berechnen, die M_n zur Verfügung stehen:

$$\begin{aligned}
E_{M_n;|B|=n-m;|S|=m}\tilde{\phi} &= w\left(q_{OZ}\left|\left[\bigcap_{i=1}^{n-m}B_i\right]\cap\left[\bigcap_{j=1}^{m}S_j\right]\right.\right)\cdot\left(q_{OZ}-q_{akt}\right)+ \\
&+w\left(q_{UZ}\left|\left[\bigcap_{i=1}^{n-m}B_i\right]\cap\left[\bigcap_{j=1}^{m}S_j\right]\right.\right)\cdot\left(q_{UZ}-q_{akt}\right)= \\
&=\frac{p^{n-2m}}{p^{n-2m}+(1-p)^{n-2m}}\cdot\left(q_{OZ}-q_{akt}\right)+\frac{(1-p)^{n-2m}}{p^{n-2m}+(1-p)^{n-2m}}\cdot\left(q_{UZ}-q_{akt}\right)= \\
&=\frac{p^{n-2m}\left(q_{OZ}-q_{UZ}\right)-p^{n-2m}\left(q_{akt}-q_{UZ}\right)-(1-p)^{n-2m}\left(q_{akt}-q_{UZ}\right)}{p^{n-2m}+(1-p)^{n-2m}}= \\
&=\frac{p^{n-2m}2x-p^{n-2m}\left(x+q_{akt}-q_0\right)-(1-p)^{n-2m}\left(x+q_{akt}-q_0\right)}{p^{n-2m}+(1-p)^{n-2m}}= \\
&=x\frac{p^{n-2m}-(1-p)^{n-2m}}{p^{n-2m}+(1-p)^{n-2m}}-\left(q_{akt}-q_0\right)
\end{aligned}$$

Auch in der allgemeinen Form müssen die bekannten Faktoren auf den Erwartungswert wirken: Dies ist zum einen ein von p abhängiger Term, welcher positiv auf den Erwartungswert eines Kaufs wirkt, wenn mehr Kauf- als Verkaufsignale vorliegen und einen negativen Einfluss hat, wenn mehr Verkauf- als Kaufsignale vorliegen. Je größer der Saldo der Kaufsignale abzüglich der Verkaufsignale ist und je höher die Informationstransparenz ist, desto größer ist der Ausdruck.[405] Liegen gleich viele Kauf- und Verkaufsignale vor, dann heben sich diese auf und haben keinen Einfluss mehr auf die Entscheidung. Der erste Summand nimmt in diesem Fall den Wert 0 an. Zum anderen wirkt ein vom aktuellen Kurs[406] abhängiger Term: Liegt dieser Kurs über dem Initialkurs, dann ist das Gewinnpotential niedriger als das Verlustpotential

[405] Dies lässt sich damit erklären, dass der Einfluss eines positiven Saldos aus Kauf- und Verkaufsignalen einen umso größeren Einfluss auf die Entscheidung hat, je verlässlicher diese Signale sind, d.h. je höher der Grad der Informationstransparenz ist.

[406] Dieser aktuelle Kurs lässt sich hier nicht in Abhängigkeit von n bzw. m darstellen. Dieser Kurs ist vom Verhalten der Vorgänger von M_n abhängig und welche Entscheidung diese treffen, ist nicht nur von den ihnen vorliegenden Signalen, sondern grundsätzlich auch vom Verhältnis zwischen dem Grad der Informationstransparenz einerseits und dem Gewinn- bzw. Verlustpotential, also dem Verhältnis der Differenz zwischen Kurs und Initialkurs zur Spanne x andererseits abhängig. Diese Zusammenhänge werden im folgenden Kapitel 9.2.5 eingehender beleuchtet.

und der Summand wirkt negativ auf den Erwartungswert eines Kaufs. Analog dazu muss er positiv auf den Erwartungswert wirken, wenn der aktuelle Kurs unter dem Initialkurs liegt.

Der Erwartungswert eines Verkaufs berechnet sich wie folgt, wobei die resultierenden Summanden analog zum Erwartungswert eines Kaufs zu interpretieren sind:

$$\begin{aligned}
E_{M_n;|B|=n-m;|S|=m}\widetilde{\Psi} &= w\left(q_{OZ}\left|\left[\bigcap_{i=1}^{n-m}B_i\right]\cap\left[\bigcap_{j=1}^{m}S_j\right]\right.\right)\cdot\left(q_{akt}-q_{OZ}\right)+\\
&+w\left(q_{UZ}\left|\left[\bigcap_{i=1}^{n-m}B_i\right]\cap\left[\bigcap_{j=1}^{m}S_j\right]\right.\right)\cdot\left(q_{akt}-q_{UZ}\right)=\\
&=\frac{p^{n-2m}}{p^{n-2m}+(1-p)^{n-2m}}\cdot\left(q_{akt}-q_{OZ}\right)+\frac{(1-p)^{n-2m}}{p^{n-2m}+(1-p)^{n-2m}}\cdot\left(q_{akt}-q_{UZ}\right)=\\
&=\frac{-p^{n-2m}\left(q_{OZ}-q_{UZ}\right)+p^{n-2m}\left(q_{akt}-q_{UZ}\right)+(1-p)^{n-2m}\left(q_{akt}-q_{UZ}\right)}{p^{n-2m}+(1-p)^{n-2m}}=\\
&=\frac{-p^{n-2m}2x+p^{n-2m}\left(x+q_{akt}-q_0\right)+(1-p)^{n-2m}\left(x+q_{akt}-q_0\right)}{p^{n-2m}+(1-p)^{n-2m}}=\\
&=-x\frac{p^{n-2m}-(1-p)^{n-2m}}{p^{n-2m}+(1-p)^{n-2m}}+\left(q_{akt}-q_0\right)
\end{aligned}$$

M_n wird sich für einen Kauf entscheiden, wenn der Erwartungswert eines Kaufs jenen eines Verkaufs übersteigt:

$$x\frac{p^{n-2m}-(1-p)^{n-2m}}{p^{n-2m}+(1-p)^{n-2m}}-\left(q_{akt}-q_0\right)>-x\frac{p^{n-2m}-(1-p)^{n-2m}}{p^{n-2m}+(1-p)^{n-2m}}+\left(q_{akt}-q_0\right)$$

$$\Rightarrow x\frac{p^{n-2m}-(1-p)^{n-2m}}{p^{n-2m}+(1-p)^{n-2m}}>q_{akt}-q_0$$

$$\Rightarrow \frac{p^{n-2m}-(1-p)^{n-2m}}{p^{n-2m}+(1-p)^{n-2m}}>\frac{q_{akt}-q_0}{x}$$

Im Falle von $\frac{p^{n-2m}-(1-p)^{n-2m}}{p^{n-2m}+(1-p)^{n-2m}}=\frac{q_{akt}-q_0}{x}$ ist M_n indifferent zwischen einem Kauf und einem Verkauf und im Falle von

$\frac{p^{n-2m}-(1-p)^{n-2m}}{p^{n-2m}+(1-p)^{n-2m}}<\frac{q_{akt}-q_0}{x}$ wird er verkaufen.

9.2.5 Bedingungen für die Entwicklung der Kurspfade

Auf der Grundlage der Erkenntnisse der vorhergehenden Kapitel lassen sich nun die Bedingungen für die Entwicklung verschiedener Kurspfade systematisch charakterisieren.

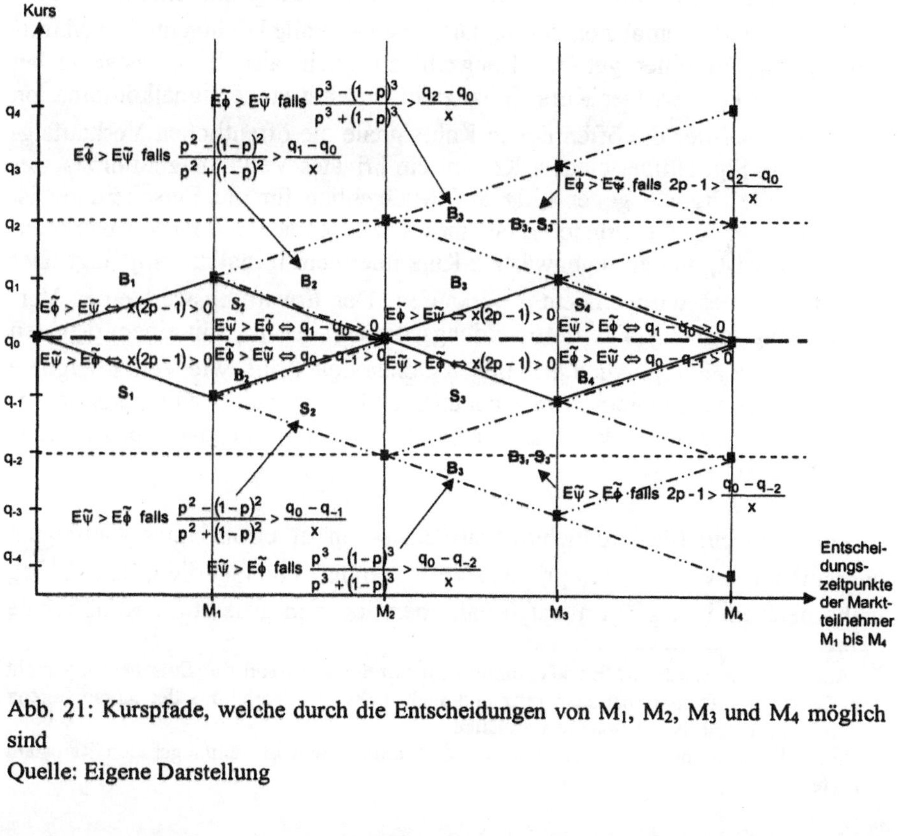

Abb. 21: Kurspfade, welche durch die Entscheidungen von M_1, M_2, M_3 und M_4 möglich sind
Quelle: Eigene Darstellung

Handelt ein Marktteilnehmer zum Kurs q_0, dann sind die Erwartungswerte eindeutig.[407] Da q_0 genau in der Mitte zwischen dem oberen und dem unteren Kursziel liegt, sind Gewinn- und Verlustpotential sowohl bei einem Kauf als auch bei einem Verkauf gleich. Der Marktteilnehmer wird jene Transaktion durchführen, auf welche die Mehrheit der Signale hindeutet. Im vorliegenden Modellrahmen kann q_0 nur bei den Marktteilnehmern mit einer ungeraden Rangzahl vorliegen, also bei M_1, M_3, M_5 usw. Daher kann nie der Fall eintreten, dass der Marktteilnehmer über gleich viele Kauf- und Verkaufsignale verfügt. Somit ist die Entscheidung auf der Basis von q_0 immer eindeutig. Darüber hinaus kann eine Signalart die andere Signalart immer nur um ein Signal überwiegen. Der Erwartungswert jener Transaktion, auf die diese Mehrheit der Signale hindeutet, ist regelmäßig $x(2p-1)$.

Die Entscheidungen zum Kurs von q_1 in Verbindung mit einem privaten Verkaufsignal und zum Kurs von q_{-1} in Verbindung mit einem privaten Kaufsignal sind ebenfalls eindeutig. Diese beiden Fälle können nur bei Marktteilnehmern mit einer geraden Rangzahl auftreten, also beispielsweise bei M_2, M_4, M_6 usw. Der Kurs q_1 ist zwingend mit einer Signalkombination verbunden, bei der die öffentlichen Kaufsignale die öffentlichen Verkaufsignale um ein Signal überwiegen. Kommt ein privates Verkaufsignal hinzu, heben sich alle Signale gegenseitig auf. Maßgeblich für die Entscheidung ist dann nur, dass das Gewinnpotential eines Kaufs gegenüber dem Verlustpotential geringer ist, da der gegenwärtige Kurs über dem Initialkurs q_0 liegt. Der Marktteilnehmer wird eindeutig verkaufen. Der Erwartungswert eines Verkaufs beträgt $q_1 - q_0$. Die Entscheidungssituation bei q_{-1} mit einem privaten Kaufsignal ist analog. Auch hier liegen gleich viele Kauf- wie Verkaufsignale vor. Der Marktteilnehmer wird eindeutig kaufen, da das Gewinnpotential eines Kaufs höher ist als das Verlustpotential. Der Erwartungswert eines Kaufs beträgt $q_0 - q_{-1}$.

Generiert ein Marktteilnehmer auf Basis von q_1 ein privates Kaufsignal oder auf Basis von q_{-1} ein privates Verkaufsignal, dann ist die Entscheidung nicht mehr eindeutig.[408] Im ersten Fall überwiegen insgesamt die Kaufsignale

407 Als eindeutig wird eine Entscheidung dann bezeichnet, wenn die Entscheidung nicht vom Grad der Informationstransparenz und auch nicht vom Verhältnis der Kursdifferenz zum Initialkurs relativ zur Spanne x abhängt.

408 Diese Fälle können wiederum nur bei Marktteilnehmern mit einer geraden Rangzahl auftreten.

die Verkaufsignale um zwei Signale, was für einen Kauf spricht. Gegen einen Kauf spricht jedoch, dass im Falle eines Kaufs das Gewinnpotential niedriger ist als das Verlustpotential. Analoges gilt für das Kursniveau q_{-1}. Entscheidend ist, welcher der beiden entgegengesetzten Effekte stärker ist. Gilt $\frac{p^2-(1-p)^2}{p^2+(1-p)^2} < \frac{q_1-q_0}{x} = \frac{q_0-q_{-1}}{x}$, dann ist die Informationstransparenz im Vergleich zum Gewinnpotential, ausgedrückt durch das Verhältnis der betragsmäßigen Kursdifferenz zwischen q_1 bzw. q_{-1} und dem Initialkurs q_0 zur Kursspanne x, zu niedrig. Auf der Basis von q_1 folgt somit ein Verkauf, auf der Basis von q_{-1} ein Kauf.[409] Da bei dieser Konstellation zu q_1 nie gekauft und zu q_{-1} nie verkauft wird, kann der Kurs nie über q_1 hinaus steigen bzw. unter q_{-1} fallen. Der Kurs bewegt sich in diesem Fall im Zeitablauf immer nur zwischen q_1 und q_{-1}. Der Wert p und damit die Verlässlichkeit der Signale insgesamt ist relativ niedrig, so dass der Überschuss der zwei Kaufsignale nur ein relativ geringes Gewicht bei der Entscheidungsfindung hat. Gilt $\frac{p^2-(1-p)^2}{p^2+(1-p)^2} > \frac{q_1-q_0}{x} = \frac{q_0-q_{-1}}{x}$, dann ist die Wirkung der überschüssigen Signale stärker als die Wirkung des Kurses. Der Marktteilnehmer wird bei einem privaten Kaufsignal trotz q_1 kaufen und bei einem privaten Verkaufsignal trotz q_{-1} verkaufen.

Bei einem Kurs von q_2 oder einem höheren Kurs und q_{-2} oder einem niedrigeren Kurs können sowohl bei einem privaten Kaufsignal als auch bei einem privaten Verkaufsignal jeweils beide Entscheidungen vorkommen. Im Falle von $\frac{p^3-(1-p)^3}{p^3+(1-p)^3} < \frac{q_2-q_0}{x} = \frac{q_0-q_{-2}}{x}$ ist die Informationstransparenz relativ zur Kursveränderung so niedrig, dass zu q_2 sogar bei einem privaten

409 Hier ist zu beachten, dass der Marktteilnehmer ein anderes öffentliches Signal aussendet als er selbst privat entwickelt hat. Damit gehen für die folgenden Entscheider Marktinformationen verloren bzw. werden verzerrt. Der Marktteilnehmer verursacht auf diese Weise für die nachfolgenden Entscheider externe Kosten, indem er individuell rational handelt.

Kaufsignal verkauft und zu q_{-2} sogar bei einem privaten Verkaufsignal gekauft wird.[410] Der Kurs kann sich immer nur zwischen q_2 und q_{-2} bewegen.

Gilt zwar $\frac{p^3-(1-p)^3}{p^3+(1-p)^3} > \frac{q_2-q_0}{x} = \frac{q_0-q_{-2}}{x}$ aber gleichzeitig $2p-1 < \frac{q_2-q_0}{x} = \frac{q_0-q_{-2}}{x}$, dann wird der Marktteilnehmer sowohl zu q_2 als auch zu q_{-2} seinem privaten Signal folgen.

Gilt sogar $2p-1 > \frac{q_2-q_0}{x} = \frac{q_0-q_{-2}}{x}$, dann ist die Informationstransparenz und damit die Verlässlichkeit der Signale so groß, dass die Wirkung eines Überschusses eines Kauf- oder Verkaufsignals um ein Signal die Wirkung der Gewinneinschränkung um zwei Kursstufen überwiegt. Generiert der Marktteilnehmer bei einem Kurs von q_2 ein Kaufsignal, wird er ohnehin kaufen, da $\frac{p^3-(1-p)^3}{p^3+(1-p)^3} > 2p-1$ für jedes $0{,}5 < p < 1$ gilt. Entwickelt er dagegen ein Verkaufsignal, dann beträgt der Überschuss der Kaufsignale anstatt drei Signale nur noch ein Signal. Jedoch ist hier p so hoch, dass der Marktteilnehmer trotzdem kauft. Dieser Fall zeigt ein Beispiel für den Start einer Informationskaskade, denn der Marktteilnehmer schließt sich hier unabhängig von seinem privaten Signal der Entscheidung seines Vorgängers an. Dieses Entscheidungsmuster gilt analog für Kurse größer als q_2 und Kurse kleiner als q_{-2}.

---

410 Dennoch muss gleichzeitig $\frac{p^2-(1-p)^2}{p^2+(1-p)^2} > \frac{q_1-q_0}{x} = \frac{q_0-q_{-1}}{x}$ gelten, denn sonst hätte der Kurs die Niveaus q_2 und q_{-2} nie erreichen können. Dieser Fall kann eintreten, weil zwar $\frac{p^3-(1-p)^3}{p^3+(1-p)^3}$ für jedes $0{,}5 < p < 1$ einen größeren Wert annimmt als $\frac{p^2-(1-p)^2}{p^2+(1-p)^2}$, dieser Wert jedoch für kein $0{,}5 < p < 1$ doppelt so groß ist. Der Wert für $\frac{q_2-q_0}{x}$ bzw. $\frac{q_0-q_{-2}}{x}$ ist jedoch annahmegemäß regelmäßig doppelt so groß wie der Wert für $\frac{q_1-q_0}{x}$ bzw. $\frac{q_0-q_{-1}}{x}$.

Im folgenden Kapitel werden das Auftreten und Verschwinden von Informationskaskaden im vorliegenden Modellrahmen ausführlich dargestellt.

9.3 Informationskaskaden

Die Entscheidung eines Marktteilnehmers innerhalb einer Informationskaskade ist dadurch gekennzeichnet, dass das private Signal des Marktteilnehmers nicht entscheidungsrelevant ist und er sich der Entscheidung seines Vorgängers anschließt.

9.3.1 Entstehung von Informationskaskaden

Es kann sich frühestens M_3 in einer Kaskade befinden, denn erst wenn mindestens zwei gleichgerichtete öffentliche Signale vorliegen, kann eine Signalart trotz eines entgegengesetzten privaten Signals die andere Signalart überwiegen.[411] Liegt bei M_3 beispielsweise der Kurs q_2 vor, dann verfügt der Marktteilnehmer über zwei öffentliche Kaufsignale und kein Verkaufsignal. Produziert er ein privates Verkaufsignal, so sind die Kaufsignale per Saldo immer noch in der Überzahl.

Jedoch führt diese Situation in dieser Modellvariante nicht notwendigerweise zu einer Kaufkaskade, denn es spielen zudem die Parameter Informationstransparenz, aktuelles Kursniveau und Kursspanne von q_0 zu den beiden Kurszielen eine Rolle. Im obigen Beispiel von M_3 spricht der per Saldo vorliegende Überschuss an Kaufsignalen selbst bei einem privaten Verkaufsignal zwar für einen Kauf, jedoch müsste M_3 dann zu q_2 kaufen. Liegt tatsächlich der Umweltzustand q_{OZ} vor, dann liegt der Kurs am Ende des Anlagehorizonts der Marktteilnehmer bei q_{OZ} und der betrachtete Marktteilnehmer kann einen Gewinn von $q_{OZ} - q_2$ vereinnahmen. Entsprechend erleidet M_3 einen Verlust in Höhe von $q_2 - q_{UZ}$, wenn der Umweltzustand q_{UZ} vorliegt. Ein Kauf zu q_2 bedeutet also, dass das Verlustpotential höher ist als das Gewinnpotential. Dies spricht für einen Verkauf. M_3 sieht sich

[411] Dies bedeutet auch, dass eine Kaufkaskade erst ab einem Kurs von q_2 und eine Verkaufkaskade erst bei q_{-2} oder einem niedrigerem Kurs beginnen kann. Bei den Kursniveaus q_1, q_0 und q_{-1} kann nie eine Kaskade beginnen.

somit zwei entgegengerichteten Effekten gegenüber. Für seine Entscheidung ist maßgeblich, welcher Effekt stärker ist. Er wird zu q_2 trotz eines privaten Verkaufsignals kaufen und damit eine Kaufkaskade initiieren, wenn $2p-1>\frac{q_2-q_0}{x}$ gilt. Analog dazu wird er zu q_{-2} trotz eines privaten Kaufsignals verkaufen, wenn $2p-1>\frac{q_0-q_{-2}}{x}$ gilt.

Der Zeitpunkt, zu dem eine Kaskade beginnt, ist also nicht wie im Basismodell bei Preisrigidität ausschließlich zufällig, sondern maßgeblich durch das Zusammenspiel zwischen Informationstransparenz und Gewinn- bzw. Verlustpotential bestimmt. Gilt $2p-1>\frac{q_2-q_0}{x}=\frac{q_0-q_{-2}}{x}$, dann beginnt mit M_3 eine Kauf- bzw. Verkaufkaskade genau dann, wenn die Kursniveaus q_2 bzw. q_{-2} vorliegen. Produzierten M_1 und M_2 dagegen ein öffentliches Kauf- und ein öffentliches Verkaufsignal, dann handelt M_3 zu q_0 und es kann noch keine Kaskade starten. Eine Kaskade beginnt erst dann, wenn der Kurs bei q_2 oder q_{-2} liegt, also in diesem Fall frühestens bei M_5.

Bei einer etwas anderen Konstellation, nämlich $2p-1<\frac{q_2-q_0}{x}=\frac{q_0-q_{-2}}{x}$ und gleichzeitig $\frac{p^2-(1-p)^2}{p^2+(1-p)^2}>\frac{q_3-q_0}{x}=\frac{q_0-q_{-3}}{x}$, kann zu den Kursen q_2 oder q_{-2} noch keine Kaskade starten. Eine Kaskade beginnt jedoch, sobald die Kurse q_3 oder q_{-3} erreicht werden. Daher kann sich frühestens M_4 in einer Kaskade befinden. Dies zeigt, dass das Erreichen eines bestimmten Kursniveaus die Grundvoraussetzung für den Beginn einer Kaskade ist. Um nun das oben erläuterte Zusammenspiel zwischen der Informationstransparenz, dem aktuellen Kursniveau und der Kursspanne von q_0 zu den beiden Kurszielen anschaulich darstellen zu können, wird im Folgenden davon ausgegangen, dass sich der Kurs ausgehend vom Initialkurs bis zum Erreichen eines Kursziels ausschließlich in eine Richtung bewegt, also entweder nur steigt oder nur fällt.

Die allgemeine Bedingung für den Start einer Kaskade lautet wie folgt: Unter der Bedingung, dass sich M_{n-1} nicht in einer Kaskade befindet, beginnt bei M_n eine Kaskade, wenn gilt:

$$\frac{p^{n-2}-(1-p)^{n-2}}{p^{n-2}+(1-p)^{n-2}} > \frac{q_{n-1}-q_0}{x} = \frac{q_0-q_{-(n-1)}}{x} \qquad \text{für } n \geq 3.$$

9.3.2 Beendigung von Informationskaskaden

Im Gegensatz zum Basismodell kann hier eine Kaskade auch beendet werden. Wird bei einem bestimmten n die obige Gleichung erstmals erfüllt, dann befindet sich M_n als erster Marktteilnehmer in einer Kaskade. Nun ist es möglich, dass bei einem Nachfolger jenes Marktteilnehmers diese Gleichung nicht mehr erfüllt ist. Befindet sich der unmittelbare Vorgänger eines Marktteilnehmers in einer Informationskaskade und gilt bei dem betrachteten Marktteilnehmer die obige Gleichung erstmals nicht mehr, dann beendet dieser Marktteilnehmer mit seiner Transaktion die Informationskaskade.[412] Die allgemeine Bedingung für die Beendigung einer Kaskade lautet

$$\frac{p^{n-2}-(1-p)^{n-2}}{p^{n-2}+(1-p)^{n-2}} < \frac{q_{n-1}-q_0}{x} = \frac{q_0-q_{-(n-1)}}{x} \qquad \text{für } n \geq 3.$$

Wie ist nun die Entscheidungssituation dieses Marktteilnehmers, der eine Kaskade beendet, charakterisiert? Der Marktteilnehmer imitiert nicht notwendigerweise die Entscheidung seines Vorgängers. Ist gleichzeitig die Gleichung $\frac{p^n-(1-p)^n}{p^n+(1-p)^n} > \frac{q_{n-1}-q_0}{x} = \frac{q_0-q_{-(n-1)}}{x}$ erfüllt, dann wird M_n seinem privaten Signal folgen. Ist die Informationstransparenz verhältnismäßig niedrig, so dass sogar $\frac{p^n-(1-p)^n}{p^n+(1-p)^n} < \frac{q_{n-1}-q_0}{x} = \frac{q_0-q_{-(n-1)}}{x}$ gilt, dann ist der Kursabstand zum Initialkurs zu groß und damit das Gewinnpotential im Verhältnis zur Verlässlichkeit der vorliegenden Signale zu klein, als dass M_n bei q_{n-1} noch kaufen bzw. bei $q_{-(n-1)}$ noch verkaufen würde. Somit wird der Marktteilnehmer unabhängig von seinem privaten Signal bei q_{n-1} verkaufen und bei $q_{-(n-1)}$ kaufen.[413]

[412] Dieser Marktteilnehmer befindet sich also als erster nicht mehr in der Kaskade.

[413] Dies bedeutet, dass das Ende einer Kaskade nicht notwendigerweise im Kursverlauf sichtbar sein muss. Liegt beispielsweise eine Kaufkaskade vor und folgt jener Marktteil-

9.3.3 Informationskaskaden bei einem spezifizierten Kursverlauf

Wie sehen nun Beginn und Ende von Informationskaskaden im Rahmen des sequentiellen Entscheidungsverhaltens der Marktteilnehmer in Abhängigkeit der Parameter Informationstransparenz, Kursniveau und Kursspanne x aus? Um dies zu illustrieren, sollen im Folgenden Kaskadenbildung und Kaskadenabbruch bei bestimmten Werten der oben genannten Parameter untersucht werden. Zunächst soll angenommen werden, dass eine Kursstufe ein Zehntel der Spanne zwischen Initialkurs und Kursziel beträgt, es gilt also $|q_a - q_b| = 0{,}1 \cdot x$ für beliebige benachbarte Kursniveaus a, b. Daraus folgt, dass eine Kursveränderung, die ein einzelner Marktteilnehmer auslöst, im Verhältnis zur Spanne x immer 0,1 beträgt. $\frac{q_1 - q_0}{x} = \frac{q_0 - q_{-1}}{x}$ beispielsweise ergibt demnach 0,1. Da der Kurs hier annahmegemäß entweder nur steigt oder nur fällt, wird durch die Entscheidung von M_{10} im Umweltzustand q_{OZ} der Wert $\frac{q_{10} - q_0}{x} = \frac{q_{OZ} - q_0}{x} = 1$ und im Umweltzustand q_{UZ} der Wert $\frac{q_0 - q_{-10}}{x} = \frac{q_0 - q_{UZ}}{x} = 1$ erreicht. Das sequenzielle Entscheidungsverhalten in diesem Modell ist also regelmäßig mit M_{10} beendet, wenn der Kurs nur entweder steigt oder nur fällt. Die allgemeine Bedingung für den Start einer Kaskade bei M_n lautet bei dieser Spezifizierung des Kursverlaufs:

$$\frac{p^{n-2} - (1-p)^{n-2}}{p^{n-2} + (1-p)^{n-2}} > 0{,}1 \cdot (n-1) \qquad \text{für } 3 \le n \le 10.$$

Der Term $0{,}1 \cdot (n-1)$, im Folgenden relative Kursfunktion genannt, drückt das Kursniveau im Verhältnis zur Spanne x aus. Da sich der Kurs nur in eine Richtung bewegt, handelt M_n immer auf Basis von q_{n-1} bzw. $q_{-(n-1)}$. Da eine einzelne Kursveränderung relativ zu x, also $\frac{|q_a - q_b|}{x}$ für beliebige benachbarte Kursniveaus a, b immer 0,1 beträgt, ergibt die kumulierte Kursveränderung vom Initialkurs bis q_{n-1} bzw. $q_{-(n-1)}$ genau $0{,}1 \cdot (n-1)$. Damit gibt

nehmer, der sich als erster nicht mehr in der Kaskade befindet, seinem privaten Kaufsignal, dann wird der durch die Kaufkaskade ausgelöste sukzessive Kursanstieg durch die Entscheidung dieses Marktteilnehmers fortgesetzt.

die relative Kursfunktion für beliebige $3 \leq n \leq 10$ an, wie stark das Gewinnpotential eines Kaufs bzw. das Gewinnpotential eines Verkaufs eingeschränkt ist. Ist der Wert des Terms $\frac{p^{n-2} - (1-p)^{n-2}}{p^{n-2} + (1-p)^{n-2}}$, im Folgenden als p-Term bezeichnet, größer, dann überwiegt bei steigenden Kursen der Überschuss an Kaufsignalen diese Einschränkung des Gewinnpotentials und M_n wird unabhängig von seinem privaten Signal der Mehrheit der Kaufsignale folgen. M_n befindet sich in einer Kaufkaskade. Entsprechend überwiegt bei fallenden Kursen der Überschuss an Verkaufsignalen die Einschränkung des Gewinnpotentials eines Verkaufs und M_n wird stets der Mehrheit der Verkaufsignale folgen. In diesem Fall befindet sich M_n in einer Verkaufkaskade.

Zunächst sollen die Ränder des Definitionsbereichs von p beleuchtet werden. Bei einer Annäherung von p gegen 0,5 geht der p-Term bei beliebigen $3 \leq n \leq 10$ gegen 0:

$$\lim_{p \to 0{,}5} \frac{p^{n-2} - (1-p)^{n-2}}{p^{n-2} + (1-p)^{n-2}} = 0 \qquad \text{für } 3 \leq n \leq 10$$

Wird nun die Bedingung für den Start einer Kaskade angewendet, dann zeigt sich, dass sich bei keinem Marktteilnehmer eine Kaskade bilden kann. Der Wert des p-Terms kann den Wert der relativen Kursfunktion nie übersteigen. Geht p dagegen gegen 1, dann geht auch der Wert des p-Terms für beliebige Marktteilnehmer gegen 1:

$$\lim_{p \to 1} \frac{p^{n-2} - (1-p)^{n-2}}{p^{n-2} + (1-p)^{n-2}} = 1 \qquad \text{für } 3 \leq n \leq 10$$

In diesem Fall übersteigt der Wert des p-Terms bei jedem n den Wert der relativen Kursfunktion. Daher bildet sich zum frühestmöglichen Zeitpunkt, nämlich durch die Entscheidung von M_3, eine Kaskade. Diese Kaskade bleibt bis zum Ende des Betrachtungszeitraums bestehen, da bei keinem späteren Marktteilnehmer die Bedingung für eine Beendigung der Kaskade, nämlich

$$\frac{p^{n-2}-(1-p)^{n-2}}{p^{n-2}+(1-p)^{n-2}} < 0{,}1\cdot(n-1) \qquad \text{für } 3 \le n \le 10,$$

erfüllt sein kann. Die folgende Grafik zeigt die relative Kursfunktion sowie die p-Terme an den Rändern des Definitionsbereichs von p jeweils in Abhängigkeit von n:[414]

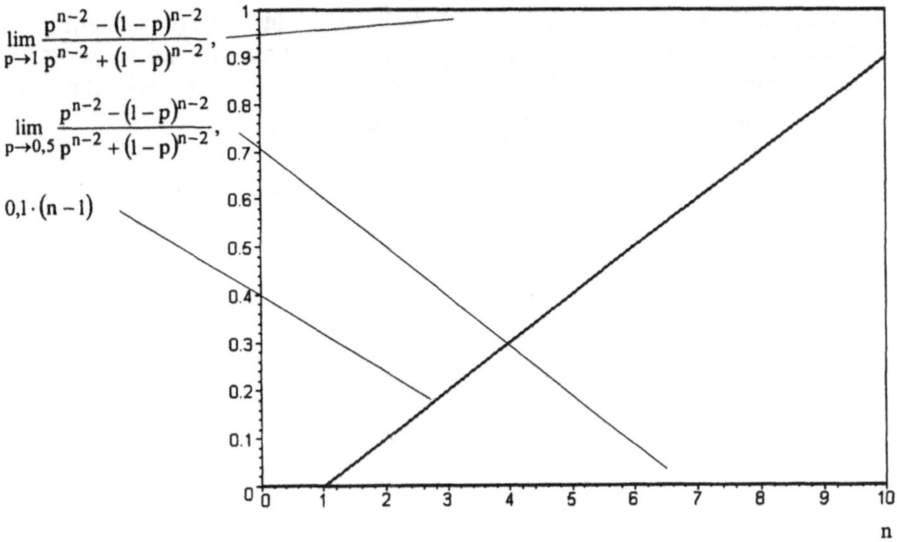

Abb. 22: Relative Kursfunktion sowie Funktionen der p-Terme an den Rändern des Definitionsbereichs von p in Abhängigkeit von der Rangzahl in der Rangfolge der sequentiell handelnden Marktteilnehmer
Quelle: Eigene Darstellung

Nach der Behandlung der Ränder soll nun dargestellt werden, wie sich der p-Term im restlichen Definitionsbereich von p verhält. Einen ersten Eindruck gewinnt man durch die Berechnung der Funktionswerte für $p = 0{,}6\,,0{,}7\,,0{,}8\,,0{,}9$:

[414] Die Variable n ist eine diskrete Variable. In dieser Grafik wie auch in den späteren Grafiken werden die Funktionen in Abhängigkeit von n jedoch als stetige Funktionen dargestellt, da so die Zusammenhänge zwischen den Funktionen klarer erkennbar sind.

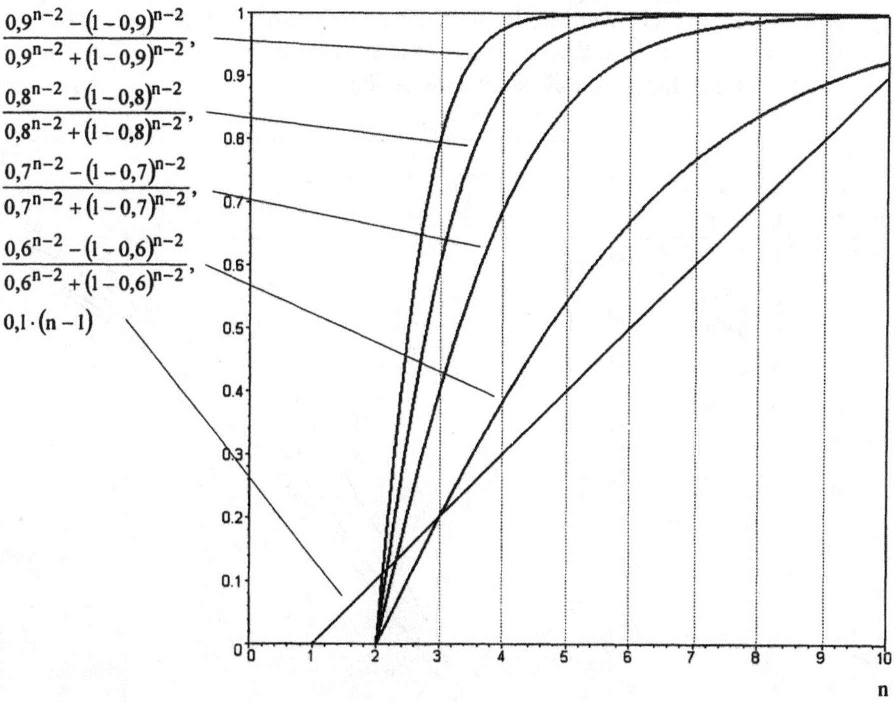

Abb. 23: Relative Kursfunktion sowie Funktionen der p-Terme für ausgewählte Werte für p in Abhängigkeit von der Rangzahl in der Rangfolge der sequentiell handelnden Marktteilnehmer
Quelle: Eigene Darstellung

Eine Anwendung der oben hergeleiteten Bedingungen für den Beginn und das Ende einer Kaskade zeigt, dass bei p = 0,7 , 0,8 und 0,9 jeweils M_3 eine Kaskade startet, welche bis zum Ende des Betrachtungszeitraums Bestand hat. Bei p = 0,6 dagegen ist M_3 indifferent gegenüber einem Kauf und einem Verkauf, wenn er bei steigenden Kursen ein privates Verkaufsignal und bei fallenden Kursen ein privates Kaufsignal produziert. Da hier die Entscheidung nicht unabhängig vom privaten Signal eindeutig determiniert ist, befindet sich M_3 noch nicht in einer Kaskade. Da zunächst davon ausgegangen wird, dass die Kurse entweder nur steigen oder nur fallen, beginnt eine Kaskade mit Sicherheit bei M_4.

Nun soll untersucht werden, in welchem Wertebereich von p ein bestimmter Marktteilnehmer eine Kaskade startet und gegebenenfalls ein Nachfolger dieses Marktteilnehmers die Kaskade wieder beendet.

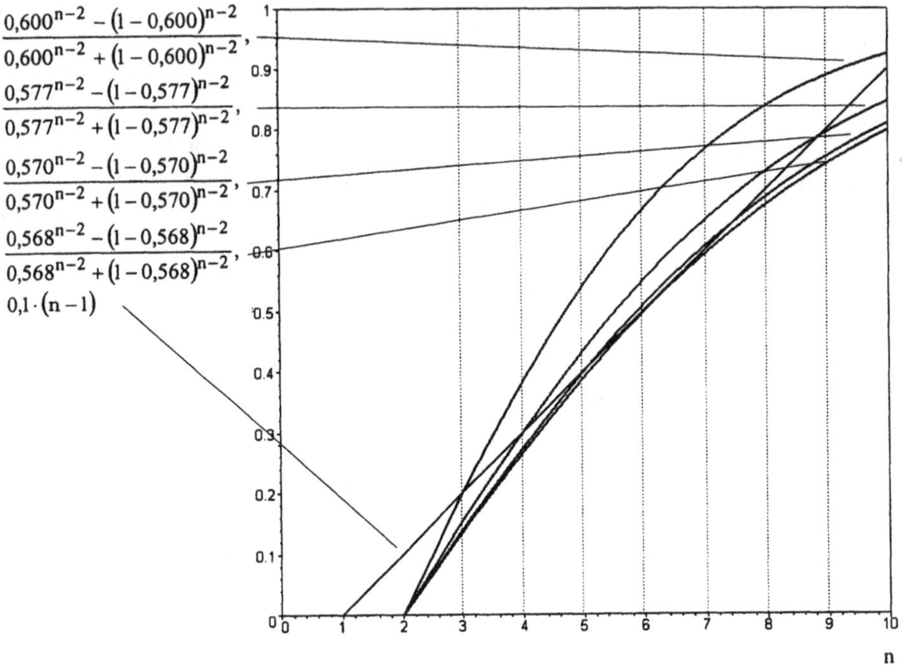

Abb. 24: Relative Kursfunktion und Funktionen der p-Terme für jene Grenzen für p, ab denen die Marktteilnehmer M_3, M_4, M_5 und M_6 Kaskaden initiieren
Quelle: Eigene Darstellung

Es beginnt bereits durch M_3 eine Informationskaskade, wenn $2p-1>0{,}2$ und damit $p>0{,}600$ gilt. Nicht durch M_3, sondern erst durch M_4 beginnt eine Kaskade, wenn zwar $p<0{,}600$, aber gleichzeitig auch $\frac{p^2-(1-p)^2}{p^2+(1-p)^2}>0{,}3$ und somit $p>\approx 0{,}577$ gilt. Das ergibt für p einen Wertebereich von gerundet $0{,}577<p<0{,}600$. Möglich ist auch der Fall, dass erst M_5 eine Kaskade initiiert. Es muss $p <\approx 0{,}577$ und gleichzeitig $\frac{p^3-(1-p)^3}{p^3+(1-p)^3} > 0{,}4$, also $p >\approx 0{,}570$ gelten. Der Fall, dass erst M_6 eine Kaskade beginnt, tritt nur in einem sehr engen Wertebereich der Informationstransparenz ein. Analog zu den obigen Fällen muss hier $p <\approx 0{,}570$ und gleichzeitig $\frac{p^4-(1-p)^4}{p^4+(1-p)^4} > 0{,}5$ und damit $p >\approx 0{,}568$ gelten.

Ein späterer Marktteilnehmer kann keine Kaskade mehr starten. Hat also auch mit M_6 noch keine Kaskade begonnen, dann kann durch folgende Marktteilnehmer trotz eines weiter steigenden bzw. fallenden Kurses keine Kaskade mehr beginnen, da für $n > 6$ nicht $\frac{p^{n-2}-(1-p)^{n-2}}{p^{n-2}+(1-p)^{n-2}} > 0{,}1 \cdot (n-1)$ und gleichzeitig $\frac{p^{n-3}-(1-p)^{n-3}}{p^{n-3}+(1-p)^{n-3}} < 0{,}1 \cdot (n-2)$ erfüllt sein kann.

Dies lässt sich in der Grafik auf der folgenden Seite veranschaulichen, indem man anstatt p die Rangfolge der Marktteilnehmer n festlegt und die entscheidungsrelevanten Funktionen in Abhängigkeit von p darstellt.

Eingezeichnet sind die Wertebereiche von p, bei denen sich durch die Entscheidung von M_n eine Kaskade unter der Voraussetzung bildet, dass bei keinem Vorgänger von M_n eine Kaskade begonnen hat. Ein Sonderfall ist M_3, denn dieser Marktteilnehmer startet genau dann eine Kaskade, wenn $0{,}6 < p < 1$ gilt. Bei einer Informationstransparenz von $p <\approx 0{,}568$ kann sich keine Kaskade mehr bilden. Die Verlässlichkeit der Signale ist in diesem Fall so gering, dass der Wert des p-Terms bei keinem $3 \leq n \leq 10$ den Wert der relativen Kursfunktion erreicht. Ein Marktteilnehmer beendet eine Kaskade, wenn er im Gegensatz zu seinem Vorgänger in Abhängigkeit von seinen Signalen zu einer der vorliegenden Kaskade entgegen gerichteten Entscheidung kommen kann. D. h. er schließt sich nicht notwendigerweise der Entscheidung seines Vorgängers an. Aufgrund des spezifizierten Kursverlaufs endet das sequentielle Entscheidungsverhalten mit M_{10}. Dies ist auch der letzte Marktteilnehmer, der eine Kaskade beenden kann. Wie in den Abbildungen 23 und 24 erkennbar ist, wird eine Kaskade nie beendet, wenn eine bestimmte

Grenze von p überschritten wird, so dass auch M_{10} die Kaskade nicht mehr beenden kann.

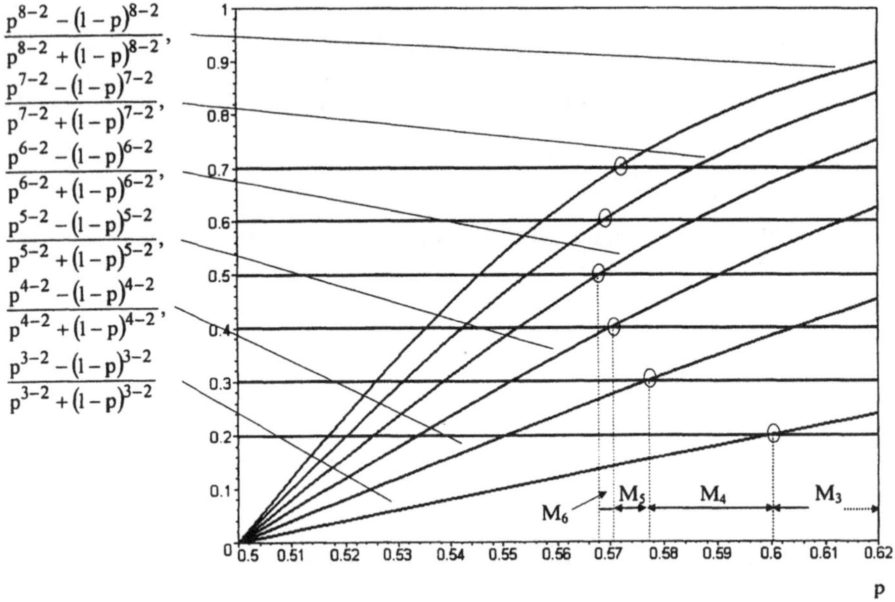

Abb. 25: Wertebereiche von p, bei denen sich durch die Entscheidung von M_3, M_4, M_5 oder M_6 eine Kaskade unter der Voraussetzung bildet, dass bei keinem Vorgänger von M_n bereits eine Kaskade begonnen hat.
Quelle: Eigene Darstellung

Der Maximalwert für p, der eine Beendigung einer Kaskade in diesem Modell möglich macht, ist also gleichzeitig die Bedingung dafür, dass M_{10} die Kaskade beendet:

$$\frac{p^{10-2}-(1-p)^{10-2}}{p^{10-2}+(1-p)^{10-2}} < 0{,}1\cdot(10-1).$$

Die Lösung für diese Ungleichung lautet $p <\approx 0{,}591$. Das bedeutet, dass eine Kaskade nur dann beendet wird, wenn die Informationstransparenz im Bereich von $0{,}5 < p <\approx 0{,}591$ liegt. Ein Vergleich mit den für einen Kaskadenstart bei M_n relevanten Wertebereichen von p zeigt, dass nur jene Kaskaden innerhalb des Betrachtungszeitraums des Modells beendet werden, die von M_4, M_5 oder M_6 initiiert wurden. Damit eine Kaskade entsteht, muss $p >\approx 0{,}568$ gelten. Daraus folgt, dass nur in dem verhältnismäßig schmalen Wertebereich von $\approx 0{,}568 < p <\approx 0{,}591$ eine Kaskade entsteht, die auch wieder beendet wird.

9.3.4 Informationskaskaden bei beliebigen Kursverläufen

Um die Bedingungen für eine Kaskadenbildung und -beendigung anschaulich zeigen zu können, wurde bisher angenommen, dass der Kurs von q_0 weg entweder nur steigt oder nur fällt. Bei der Spezifizierung $|q_a - q_b| = 0{,}1 \cdot x$ für beliebige benachbarte Kursniveaus a, b hat dies zur Folge, dass durch die Entscheidung von M_{10} regelmäßig eines der beiden Kursziele erreicht wird. Dies stellt natürlich eine starke Restriktion dar, zumal Kaskaden auf diese Weise im Kursverlauf nicht identifizierbar sind, da der Kurs ohnehin nur steigen oder fallen kann.

Wird die Annahme eines entweder nur steigenden oder nur fallenden Kurses aufgelöst, dann gelten die Bedingungen für eine Kaskadenbildung und Kaskadenbeendigung im Prinzip weiter. Jedoch können die Zeitpunkte, zu denen eine Kaskade bei bestimmten Werten von p startet, nicht eindeutig bestimmten M_n, sondern nur bestimmten Kursniveaus zugeordnet werden. Dies soll an dem auf der folgenden Seite dargestellten beispielhaften Kursverlauf verdeutlicht werden.

Eine Kaskade kann frühestens starten, sobald bei den öffentlichen Signalen eine Signalart die andere um zwei Signale übersteigt. Der Beginn einer Kaufkaskade erfordert daher einen Mindestkurs von q_2, der Beginn einer Verkaufkaskade einen Maximalkurs von q_{-2}. Ob und gegebenenfalls bei welchem Kursniveau eine Kaskade startet, wird durch die Höhe der Informationstransparenz bestimmt. Im Zuge des beispielhaften Kursverlaufs in der obigen Grafik herrsche $p = 0{,}575$. Der Kurs erreicht erstmals durch die Entscheidung von M_4 mit q_{-2} ein Niveau, bei dem sich der folgende Marktteilnehmer bei passendem p in einer Kaskade befinden könnte. Aus der Sicht von M_5 ist die Einschränkung des Gewinnpotentials eines Verkaufs mit

$\frac{q_0 - q_{-2}}{x} = 0{,}2$ jedoch größer als der Einfluss der Mehrheit der öffentlichen Verkaufsignale im Vergleich zu den öffentlichen Kaufsignalen $\left(\frac{0{,}575^1 - (1-0{,}575)^1}{0{,}575^1 + (1-0{,}575)^1} = 0{,}15 \right)$.

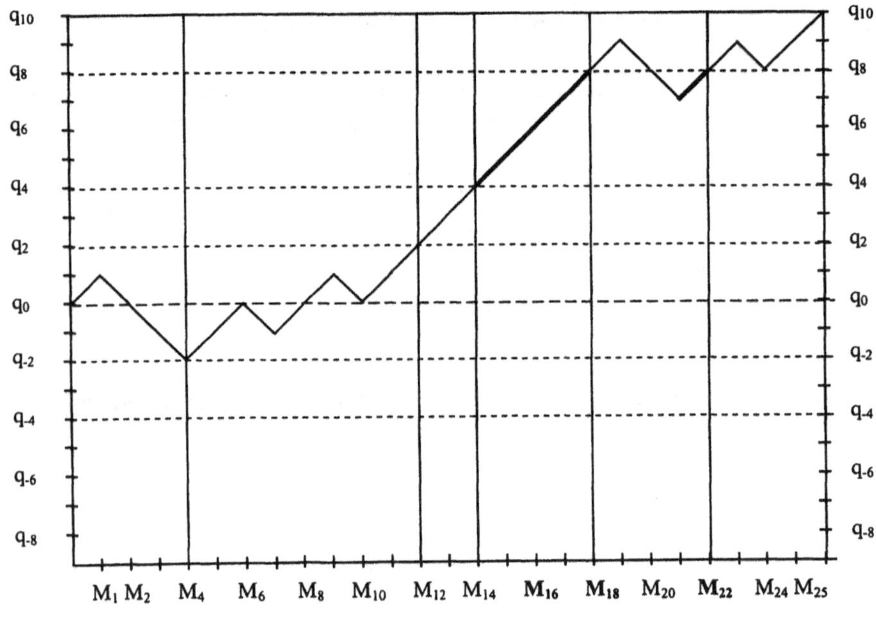

Abb. 26: Beispielhafter Kursverlauf mit Bildung und Beendigung zweier Kaufkaskaden zwischen den Kursniveaus q_4 und q_8.
Quelle: Eigene Darstellung

Daher beginnt mit M_5 keine Verkaufkaskade sondern der Marktteilnehmer wird seinem privaten Signal folgen. Im Beispiel sei dies ein Kaufsignal, so dass der Kurs im Zuge der Kaufentscheidung auf q_{-1} steigt. Danach ist der Beginn einer Kaskade erst wieder durch M_{13} möglich, da erst durch die Transaktion von M_{12} mit q_2 ein Kursniveau erreicht wird, welches einen Kaskadenbeginn erlaubt. Bei dem angenommenen Wert von $p = 0{,}575$ ist die

Bedingung für einen Kaskadenbeginn symmetrisch. D. h. startet bei q_{-2} keine Verkaufkaskade, dann startet bei q_2 auch keine Kaufkaskade. Aus der Sicht von M_{13} ist die Einschränkung des Gewinnpotentials eines Kaufs mit $\frac{q_2 - q_0}{x} = 0{,}2$ größer als der Einfluss der Mehrheit der öffentlichen Kaufsignale im Vergleich zu den öffentlichen Verkauf-signalen $\left(\frac{0{,}575^1 - (1-0{,}575)^1}{0{,}575^1 + (1-0{,}575)^1} = 0{,}15\right)$.

Bei einer Informationstransparenz von $p = 0{,}575$ startet eine Verkaufkaskade bei q_{-4} und eine Kaufkaskade bei q_4. Das Kursniveau q_4 wird durch die Entscheidung von M_{14} erreicht, so dass M_{15} eine Kaufkaskade initiiert. M_{15} kauft unabhängig von seinem privaten Signal, denn für ihn gilt:

$$\frac{0{,}575^3 - (1-0{,}575)^3}{0{,}575^3 + (1-0{,}575)^3} = 0{,}425 > \frac{q_4 - q_0}{x} = 0{,}4$$

Diese bekannte Bedingung dafür, dass sich ein Marktteilnehmer in einer Kaskade befindet, gilt auch für die unmittelbar folgenden Marktteilnehmer:

$$M_{16}: \frac{0{,}575^4 - (1-0{,}575)^4}{0{,}575^4 + (1-0{,}575)^4} \approx 0{,}540 > \frac{q_5 - q_0}{x} = 0{,}5$$

$$M_{17}: \frac{0{,}575^5 - (1-0{,}575)^5}{0{,}575^5 + (1-0{,}575)^5} \approx 0{,}639 > \frac{q_6 - q_0}{x} = 0{,}6$$

$$M_{18}: \frac{0{,}575^6 - (1-0{,}575)^6}{0{,}575^6 + (1-0{,}575)^6} \approx 0{,}720 > \frac{q_7 - q_0}{x} = 0{,}7$$

$$M_{19}: \frac{0{,}575^7 - (1-0{,}575)^7}{0{,}575^7 + (1-0{,}575)^7} \approx 0{,}785 < \frac{q_8 - q_0}{x} = 0{,}8$$

Für M_{19} ist die Bedingung schließlich nicht mehr erfüllt. Dieser Marktteilnehmer schließt sich nicht automatisch der Entscheidung seines Vorgängers an, sondern entscheidet gemäß seinem privaten Signal. Damit beendet M_{19} die Kaufkaskade auf dem Kursniveau q_8. Im Beispiel generiert M_{19} ein Kaufsignal, so dass der Kurs auf q_9 steigt. Der Kursanstieg setzt sich zwar fort, das Ende der Kaufkaskade ist somit am Kursverlauf zunächst nicht abzulesen. Entscheidend ist aber, dass das private Signal von M_{19} entscheidungsrelevant ist. Deshalb befindet sich M_{19} nicht mehr in der Kaufkaskade.

Entwickeln in der Folge M_{20} und M_{21} jeweils ein privates Verkaufsignal, dann sinkt der Kurs auf q_7. Dadurch befindet sich M_{22} exakt in der gleichen Entscheidungssituation wie M_{18}, für ihn gilt nämlich

$$M_{22}: \frac{0{,}575^6-(1-0{,}575)^6}{0{,}575^6+(1-0{,}575)^6} \approx 0{,}720 > \frac{q_7-q_0}{x} = 0{,}7.$$

Das bedeutet, dass sich M_{22} in einer Kaufkaskade befindet und unabhängig von seinem privaten Signal kaufen wird. Dieser Befund überrascht, zumal die beiden Vorgänger dieses Marktteilnehmers eine Verkaufentscheidung getroffen haben. Der Grund liegt darin, dass der Saldo der bisherigen öffentlichen Kauf- und Verkaufsignale entscheidungsrelevant ist und nicht die Aktion des unmittelbaren Vorgängers des betreffenden Marktteilnehmers. Im Beispiel beendet M_{23} die kurze zweite Kaufkaskade. Durch die Entscheidung von M_{25} wird das obere Kursziel erreicht und damit der Betrachtungszeitraum beendet.

10 Schlussbetrachtung

Die Analyse des Entscheidungsverhaltens von Devisenmarktteilnehmern auf der Grundlage von Surveys zeigt, dass am Devisenmarkt Entscheidungsmuster vorliegen, die nicht, wie von den traditionellen Wechselkursmodellen unterstellt, ausschließlich auf fundamentalen Informationen basieren. Änderungen dieser Fundamentaldaten werden also nicht auf direkte Weise in Kursänderungen umgesetzt, was ein Grund für die mangelnde Prognosekraft der traditionellen Wechselkursmodelle sein kann. Neben fundamentalen Informationen sehen die Devisenmarktteilnehmer psychologische Einflüsse als zweiten wesentlichen Einflussfaktor auf kurzfristige Wechselkursbewegungen an. Dabei sind diese psychologischen Einflüsse vielfältiger Natur. Diese äußern sich zum einen in von den Marktteilnehmern praktizierten Analysemethoden, welche nicht oder nicht nur fundamentale Informationen verarbeiten. Die Surveys zeigen, dass die Technische Analyse die bedeutendste dieser Analysemethoden ist. Dabei geht der Einfluss der Technischen Analyse auf den Wechselkursverlauf nicht nur von jenen Marktteilnehmern aus, die an eine originäre Prognosekraft dieser Analysemethode glauben, sondern auch von jenen, welche die Nutzung der Technischen Analyse am Devisenmarkt als Tatsache akzeptieren und dies in ihr Kalkül mit einbeziehen.[415] Die genannten psychologischen Einflüsse äußern sich aber auch in Form von Entscheidungsfehlern.[416] Für den Devisenmarkt sehr bedeutende Entscheidungsfehler lassen sich mit der Theorie der kognizierten Kontrolle und dem Framing-Konzept theoretisch darstellen.

Eine Sonderstellung nimmt hierbei das Herdenverhalten ein. Zum einen besteht auf Basis der Ergebnisse der Surveys Grund zur Annahme, dass das Herdenverhalten das bedeutendste Entscheidungsmuster am Devisenmarkt ist. Deshalb ist dem Herdenverhalten auch der Schwerpunkt der vorliegenden Arbeit gewidmet. Zum anderen beinhaltet Herdenverhalten aber keine Entscheidungsfehler, da es in einem Umfeld unvollkommener Informationen rational ist, die Entscheidungen anderer Marktteilnehmer zu berücksichtigen.

---

415 Diese Gruppe von Marktteilnehmern sieht die Ergebnisse einer Technischen Analyse als eine self-fulfilling prophecy an.

416 Eine Konfrontation dieser Verhaltensweisen mit den Axiomen der Erwartungsnutzentheorie zeigt, dass diese Verhaltensweisen nicht rational sind und daher Entscheidungsfehler vorliegen. Aus der Sicht der Marktteilnehmer beinhaltet dieses Verhalten Fehler, da sich die Marktteilnehmer nicht so verhalten, dass eine optimale Zielerreichung gewährleistet ist.

Somit ist das Herdenverhalten ein einflussreiches Entscheidungsmuster, welches auf rationalen Entscheidungen basiert. Dennoch steht es nicht im Einklang mit den traditionellen Wechselkursmodellen, da auch nicht-fundamentale Informationen, nämlich die Entscheidungen anderer Marktteilnehmer, genutzt werden.

Ausgangspunkt der modelltheoretischen Betrachtung des Herdenverhaltens ist ein Modell von BIKHCHANDANI / HIRSHLEIFER / WELCH (1992). In diesem Modell entscheiden Marktteilnehmer sequentiell ein Wertpapier entweder zu kaufen oder nicht zu kaufen. Entscheidungsrelevant ist für die Marktteilnehmer nicht nur das selbst entwickelte, private Signal, sondern es tragen auch öffentliche Signale in Form von Entscheidungen der Vorgänger zur Entscheidungsfindung bei. Alle Signale gehen mit der gleichen Gewichtung in die Entscheidung ein. Daraus folgt, dass das private Signal die Entscheidung nicht mehr beeinflussen kann, wenn vonseiten der öffentlichen Signale eine Signalart, also entweder Kaufsignale oder Unterlassenssignale, die jeweils andere Signalart um mehr als ein Signal überwiegt. Ist diese Bedingung gegeben, dann führt die Herdenneigung dazu, dass sich der Marktteilnehmer unabhängig von seinem privaten Signal immer der Entscheidung seines Vorgängers anschließt. Ist dies ein Kauf, dann befindet sich der Marktteilnehmer in einer Kaufkaskade, andernfalls in einer Unterlassenskaskade. Auf den Kursverlauf hat dies im genannten Basismodell jedoch keine Auswirkung, da bei einem normierten Kurs von 0 Preisrigidität angenommen wird. Diese Annahme ist jedoch zu restriktiv, wenn das Modell auf den Devisenmarkt angewendet werden soll.

BIKHCHANDANI / SHARMA (2001) untersuchten, ob die Aussagen des Modells robust in Hinblick auf eine Preisflexibilisierung sind. Dabei zeigt sich, dass keine Kaufkaskaden mehr auftreten können. Denn die Preisflexibilisierung führt dazu, dass die durch Kaufsignale ausgelösten Käufe den Kurs erhöhen und auf diese Weise an den Erwartungswert eines Kaufs anpassen. Daher ist immer das private Signal eines Marktteilnehmers das "Zünglein an der Waage", welches über einen Kauf oder eine Unterlassung entscheidet. Dies gilt jedoch nicht für Unterlassenskaskaden. Denn eine Unterlassung eines Kaufs bedeutet ein Fernbleiben vom Markt, so dass dadurch der Kurs nicht an einen niedrigeren Erwartungswert angepasst wird. Dadurch kann der Erwartungswert eines Kaufs so weit unter den Kurs fallen, dass selbst ein privates Kaufsignal den Erwartungswert nicht mehr auf das Kursniveau anheben kann. In diesem Fall entscheidet sich der Marktteilnehmer unabhängig von seinem privaten Signal wie sein Vorgänger für eine Unterlassung eines Kaufs. Dieser Marktteilnehmer befindet sich in einer Unterlassenskaskade. Bei dieser

Modellvariante tritt die Asymmetrie der Handlungsalternativen offen zutage. Ist es auf einem Markt aus bestimmten, beispielsweise rechtlichen Gründen schwierig, Leerverkäufe durchzuführen, dann ist die Annahme, auf Verkäufe zu verzichten und lediglich Käufe und Unterlassungen eines Kaufs als Handlungsalternativen zuzulassen, nicht unrealistisch. Auf dem Devisenmarkt ist es jedoch grundsätzlich niemals ein Problem, bei einer Crossrate beide Marktpositionen, also entweder eine Long- oder eine Short-Position, einzunehmen. Soll der vorliegende Modellrahmen also auf den Devisenmarkt angewendet werden, ist die Einführung von Käufen und Verkäufen als Handlungsalternativen angezeigt.

Rechnet man das Modell jedoch mit diesen Handlungsalternativen bei Preisflexibilität durch, dann ist die Asymmetrie insofern geheilt, als überhaupt keine Kaskaden mehr auftreten können. Dies liegt daran, dass sich der Kurs regelmäßig an den Erwartungswert anpasst und somit immer die privaten Signale über einen Kauf oder Verkauf entscheiden. Das Herdenverhalten, welches dem Modell durch die Berücksichtigung öffentlicher Signale zwar noch immanent ist, äußert sich weder im Entscheidungsverhalten durch Kaskaden noch im Kursverlauf.

Die Anpassung zweier weiterer Annahmen soll dafür sorgen, dass das Modell den Devisenmarkt noch realistischer abbildet, wobei das Hauptaugenmerk auf möglichen Kaskaden liegen soll. Sowohl von Analysten wie auch vonseiten der Fachpresse werden regelmäßig Kursziele für Wechselkurse veröffentlicht. Daher werden im Modell die möglichen Umweltzustände durch derartige Kursziele ersetzt. Ausgehend von einem normierten Initialkurs kann der Kurs entweder das obere oder das untere Kursziel erreichen. Zum Zweiten wird angesichts des sehr hohen Umsatzvolumens auf dem Devisenmarkt die Annahme fallengelassen, dass Marktteilnehmer den Wechselkurs an den eigenen Erwartungswert anpassen können. Stattdessen werden diskrete Kursniveaus eingeführt. Die Anpassung dieser beiden Annahmen hat einige bemerkenswerte Konsequenzen. Das Kalkül des einzelnen Marktteilnehmers wird zu einem Zusammenspiel zwischen einerseits den vorliegenden Signalen, deren Einfluss vom Niveau der Informationstransparenz abhängt, und andererseits dem Verhältnis aus Gewinn- und Verlustpotential, welches sich aus der Lage des aktuellen Kurses innerhalb der Spanne zwischen oberem und unterem Kursziel ergibt. Bei bestimmten Konstellationen dieser Einflussfaktoren können sich sowohl Kauf- als auch Verkaufkaskaden bilden. Da sich im Laufe einer Kaskade das Verhältnis aus Gewinn- und Verlustpotential verschiebt, können diese Kaskaden auch wieder beendet werden. Aufgrund der flexiblen Wechselkurse sind die Kaskaden in Form von Trends im Kursverlauf sichtbar. Diese Modellvariante ist also in der Lage, die am Devisenmarkt oft beobachtbaren Trends durch Herdenverhalten zu erklären. Außerdem beschreibt das Modell durch das Entscheidungsverhalten der Marktteilnehmer und den resultierenden Kursverlauf den mit dem Herdenverhalten verwandten Bandwagon-Effekt, welchen CHEUNG / CHINN / MARSH (2000) und CHEUNG / WONG (2000) auf dem Devisenmarkt identifizierten.[417]

Dabei steht die Technische Analyse, welche wie oben festgestellt eine bedeutende Analysemethode am Devisenmarkt ist, in engem Zusammenhang mit dem Herdenverhalten. Insbesondere die Trendfolgeindikatoren haben die Aufgabe, die im Kurs sichtbaren Konsequenzen des Herdenverhaltens, nämlich Trends, zu identifizieren. Die Nutzer dieser Indikatoren handeln daraufhin im Einklang mit dem vorliegenden Trend. D.h. sie kaufen während eines Aufwärtstrends und verkaufen während eines Abwärtstrends. Dadurch wirkt die Technische Analyse als Vehikel zur Verstärkung des Herdenverhaltens und damit zur Verstärkung von Trends.[418]

Weitere interessante Implikationen für den Kursverlauf im Allgemeinen und die Kaskadenbildung im Speziellen könnten sich ergeben, wenn davon abgesehen wird, allen Signalen die gleiche Gewichtung zuzuordnen. Beispielsweise erscheint es durchaus plausibel öffentliche Signale, die auf zeitlich weit zurückliegenden Entscheidungen von Marktteilnehmern basieren, niedriger zu gewichten als aktuellere öffentliche Signale und das private Signal eines Marktteilnehmers. In Hinblick auf das Beispiel in Kapitel 9.3.4 könnte dies dazu führen, dass ein Kursverlauf, der eine abgeschlossene Kaufkaskade aufweist, die Kursniveaus der Kaskade auch wieder unterschreitet oder sogar eine Verkaufkaskade startet.[419]

Abschließend bleibt noch anzumerken, dass in den dargestellten Modellen die Entscheidungsregel der Erwartungswertmaximierung und nicht wie in der Erwartungsnutzentheorie die Maximierung des erwarteten Nutzens angewendet wird. Auf diese Weise kann das Modell einfach gehalten werden, um die Wirkungen von Herdenverhalten auf den Kursverlauf klar herausarbeiten zu

---

[417] Vgl. Kapitel 3.1.9 und 3.1.10

[418] In gewisser Weise können die Auswertungen einer Technischen Analyse wie öffentliche Signale im vorliegenden Herdenverhalten-Modellrahmen interpretiert werden, denn die Trendfolgemodelle basieren auf dem vergangenen Kursverlauf, welcher nichts anderes als die früheren Entscheidungen der Marktteilnehmer widerspiegelt.

[419] Dies gilt natürlich auch analog für den Fall, dass sich zunächst eine Verkaufkaskade bildet.

können. Durch die Einführung von Nutzenfunktionen könnte das Modell insofern erweitert werden, als verschiedene Präferenzen der Marktteilnehmer modelliert werden könnten.

Literaturverzeichnis

ADLER, A. (1929): The science of living, New York 1929

ALLAIS, M. (1953): Le comportement de l'homme rationnel devant le risque: Critique des postulates et axiomes de l'école americaine, in: Econometrica 21 (1953), S. 503 - 546

ALLEN, H. / TAYLOR, M. (1990): Charts, noise and fundamentals in the London foreign exchange market, in: The Economic Journal 100 (1992), S. 49 - 59

BAMBERG, G. / COENENBERG, A. (1996): Betriebswirtschaftliche Entscheidungslehre, 9. Auflage, München 1996

BANDURA, A. (1977): Social learning theory, New Jersey 1977

BIKHCHANDANI, S / HIRSHLEIFER, D. / WELCH I. (1992): A theory of fads, fashion, custom, and cultural change as informational cascades, in: Journal of Political Economy 100 (1992), S. 992-1026.

BIKHCHANDANI, S. / HIRSHLEIFER, D. / WELCH, I. (1998): Learning from the behavior of others: Conformity, fads, and informational cascades, in: Journal of Economic Perspectives 12 Nr. 3 (1998), S. 151 - 170

BIKHCHANDANI, S. / SHARMA, S. (2001): Herd behavior in financial markets, in: IMF Staff Papers 47 Nr. 3 (2001), S. 279 - 310

BIS (1996): Central bank survey of foreign exchange and derivatives market activity 1995, Basel 1996

BIS (1999): Central bank survey of foreign exchange and derivatives market activity 1998, Basel 1999

BIS (2002): Foreign exchange and derivatives market activity in 2001, Triennial Central Bank Survey, Basel 2002

BIS (2005): Foreign exchange and derivatives market activity in 2004, Triennial Central Bank Survey, Basel 2005

BLACK, F. (1986): Noise, in: Journal of Finance 41 Nr. 3 (1986), S. 529 - 543

BRICKMANN, P. u.a. (1982): Models of helping and coping, in: American Psychologist 37 (1982), S. 368 - 384

CHEUNG, Y. / CHINN, M. (1999a): Traders, market microstructure and exchange rate dynamics, NBER Working Paper 7416

CHEUNG, Y. / CHINN, M. (1999b): Macroeconomic implications of the beliefs and behavior of foreign exchange traders, NBER Working Paper 7417

CHEUNG, Y. / CHINN, M. / MARSH, I. (2000): How do UK-based foreign exchange dealers think their market operates?, NBER Working Paper 7524

CHEUNG, Y. / WONG, C. (1999): Foreign exchange traders in Hong Kong, Tokyo, and Singapore - A Survey Study, in: BOS, T. / FETHERSTON, T. (Hrsg.): Advances in Pacific Basin Financial Markets, Band V, Stamford 1999, S. 111 - 134

CHEUNG, Y. / WONG, C. (2000): A survey of market practitioners' views on exchange rate dynamics, in: Journal of International Economics 51 (2000), S. 401 - 419

DE CHARMS, R. (1968): Personal causation, New York 1968

FEESS, E. (1997): Mikroökonomie - Eine spieltheoretisch- und anwendungsorientierte Einführung, Marburg 1997

FENICHEL, O. (1945): The psychoanalytic theory of neurosis, New York 1945

FISCHER-ERLACH, P. (1995): Handel und Kursbildung am Devisenmarkt, 5., überarbeitete und erweiterte Auflage, Stuttgart 1995

FRANKEL, J. / ROSE, A. (1995): Empirical research on nominal exchange rates, in: GROSSMAN, G. / ROGOFF, K. (Hrsg): Handbook of International Economics, Band III, Amsterdam u.a. 1995, S. 1690 – 1729

FREY, D. / JONAS, E. (2002): Die Theorie der kognizierten Kontrolle, in: FREY, D. / IRLE, M. (Hrsg.): Theorien der Sozialpsychologie, Band III: Motivations-, Selbst- und Informationsverarbeitungstheorien,. 2., vollständig überarbeitete und erweiterte Auflage, Bern 2002, S. 13 - 50

FRIEDMAN, M. (1953): The case for flexible exchange rates, in: FRIEDMAN, M.: Essays in Positive Economics, Chicago 1953, S. 157 - 203

GABLER (Hrsg.) (1997): Wirtschaftslexikon, Band I, 14., vollständig überarbeitete und erweiterte Auflage, Wiesbaden 1997

GEHRIG, T. / MENKHOFF, L. (2003): Technical analysis in foreign exchange - the workhorse gains further ground, Discussion paper Nr. 278, ISSN 0949-9962

GEHRIG, T. / MENKHOFF, L. (2004): The rise of fund managers in foreign exchange: Will fundamentals ultimately dominate?, Discussion paper Nr. 308, ISSN 0949-9962

GLASS, G. (1977): Integrating Findings: The Meta-Analysis of Research, in: Review of Research in Education 5 (1977), S. 351 - 379

GOODHART, C. (1988): The foreign exchange market: a random walk with a dragging anchor, in: Economica 55 (1988), S. 437 - 460

GRAHAM, J. (1999): Herding among investment newsletters: Theory and evidence, in: Journal of Finance 54 Nr. 1 (1999), S. 237 - 268

HECKHAUSEN, J. / SCHULZ, R. (1995): A life-span theory of control, in: Psychological Review 102 (1995), S. 284 - 304

HEIDER, F. (1958): The psychology of interpersonal relations, New York 1958

HENDRICK, I. (1942): Instinct and the ego during infancy, in: Psychoanalytic Quarterly 11 (1942), S. 33 - 58

HERSHEY, J. / SHOEMAKER, P. (1980): Risk taking and problem context in the domain of losses: An expected utility analysis, in: Journal of Risk and Insurance 47 Nr. 1 (1980), S. 111-132

HIRSHLEIFER, D. (2001): Investor psychology and asset pricing, in: Journal of Finance 56 Nr. 4 (2001), S. 1533 – 1597

HIRSHLEIFER, D. / TEOH, H. (2003): Herd Behaviour and cascading in capital markets: a review and synthesis, in: European Financial Management 9 Nr. 1 (2003), S. 25 - 66

KAHNEMAN, D. / TVERSKY, A. (1979): Prospect theory: An analysis of decision under risk, in: Econometrica 47 (1979), S. 263 – 291

KÜHBERGER, A. / SCHULTE-MECKLENBECK, M. / PERNER, J. (1999): The effects of framing, reflection, probability, and payoff on risk preference in choice tasks, in: Organizational Behavior and Human Decision Processes 78 (1999), S. 204 - 231

LANGER, E. (1975): The illusion of control, in: Journal of Personality and Social Psychology 32 (1975), S. 311 - 328

LAUX, Helmut (2003): Entscheidungstheorie, 5., verbesserte Auflage, Berlin 2003

LUCE, D. / RAIFFA, H. (1957): Games and decisions, New York 1957

LUI, Y. / MOLE, D. (1998): The use of fundamental and technical analyses by foreign exchange dealers: Hong Kong evidence, in: Journal of International Money and Finance 17 (1998), S. 535 - 545

MACCRIMMON, K. / LARSSON, S. (1979): Utility theory: Axioms versus paradoxes, in: ALLAIS, M. / HAGEN, O. (Hrsg.): Expected Utility Hypothesis and the Allais Paradox, Dordrecht 1979, S. 333 - 409

MAUG, E. / NAIK, N. (1996): Herding and delegated portfolio management: The impact of relative performance evaluation on asset allocation, IFA Working Paper 223

MEESE, R. / ROGOFF, K. (1983): Empirical exchange rate models of the seventies: Do they fit out of sample?, in: Journal of International Economics 14 (1983), S. 3 - 24

MENKHOFF, L. (1997): Examining the use of technical currency analysis, in: International Journal of Finance and Economics 2 (1997), S. 307 - 318

MENKHOFF, L. (1998): The noise trading approach - questionnaire evidence from foreign exchange, in: Journal of International Money and Finance 17 (1998), S. 547 - 564

MENKHOFF, L. (2001): Short-term horizons in foreign exchange? Survey evidence from dealers and fund managers, in: Kyklos 54 Nr. 1, S. 27 - 48

MILLER, P. / FAGLEY, N. (1991): The effects of framing, problem variations, and providing rationale on choice, in: Personality and Social Psychology Bulletin 17 (1991), S. 531 - 534

NEUS, W. (2001): Einführung in die Betriebswirtschaftslehre, 2., ergänzte Auflage, Tübingen 2001

NIETZSCHE, F. (1912): Der Wille zur Macht, Leipzig 1912

OBERLECHNER, T. (2001): Importance of technical and fundamental analysis in the European foreign exchange market, in: International Journal of Finance and Economics 6 (2001), S. 81 - 93

OSNABRÜGGE, G. / STAHLBERG, D. / FREY, D. (1985): Die Theorie der kognizierten Kontrolle, in: FREY, D. / IRLE, M. (Hrsg.): Theorien der Sozialpsychologie, Band III: Motivations- und Informationsverarbeitungstheorien, Bern 1985, S. 127 - 172

PRENDERGAST, C. / STOLE, L. (1996): Impetuous youngsters and jaded old-timers - Acquiring a reputation for learning, in: Journal of Political Economy 104 Nr. 4 (1996), S. 1105 - 1134

RIME, D. (2003): New electronic trading systems in foreign exchange markets, in: JONES, D (Hrsg:), New Economy Handbook. Atlanta u.a., S. 469 - 504

ROGOFF, K. (2002): The failure of empirical exchange rate models: no longer new, but still true, Economic Policy Web Essay, 2002

ROSZKOWSKI, M. / SNELBECKER, G. (1990): Effects of „Framing" on measures of risk tolerance: Financial planners are not immune, in: Journal of Behavioral Economics 19 Nr. 3 (1990) S. 237 - 246

RÜBEL, G. (2002): Grundlagen der monetären Außenwirtschaft, München 2002

SCHACHTER, S. u.a. (1986): Aggregate variables in psychology and economics: Dependence and the stock market, in : GILAD, B. / KAISH, S. (Hrsg.): Handbook of behavioral economics, Band B, London 1986, S. 237 - 272

SCHARFSTEIN, D. / STEIN, J. (1990): Herd behavior and investment, in: American Economic Review 80 Nr. 3 (1990), S. 465 - 479

SCHMOOK, R. u.a. (2002): Prospekttheorie, in: FREY, D. / IRLE, M. (Hrsg.): Theorien der Sozialpsychologie, Band III, 2., vollständig überarbeitete und erweiterte Auflage, Bern 2002, S. 279 - 311

SCHNEEWEISS, H. (1967): Entscheidungskriterien bei Risiko, Berlin 1967

SHLEIFER, A. / SUMMERS, L. (1990): The noise trader approach to finance, in: Journal of Economic Perspectives 4 (1990), S. 19 - 33

SKINNER, E. (1990): Age differences in the dimensions of perceived control during middle childhood: Implications for developmental conceptualisations and research, in: Child Development 61 (1990), S. 1882 - 1890

SKINNER, E. / CHAPMAN, M. / BALTES, P. (1988): Control, means-ends and agency beliefs: A new conceptualization and its measurements during childhood, in: Journal of Personality and Social Psychology 54 (1988), S. 117 - 133

SOORAN, C. (2005): Currency Swaps, http://www.finpipe.com/currswaps.htm

TAYLOR, M. / ALLEN, H. (1992): The use of technical analysis in the foreign exchange market, in: Journal of International Money and Finance 11 (1992), S. 304 - 314

THIESSEN, F. (2001): Der Devisenmarkt, in: HUMMEL, D. / BREUER, R. (Hrsg.): Handbuch Europäischer Kapitalmarkt, Wiesbaden 2001, S. 101 - 119

THOMPSON, S. (1981): A complex answer to a simple question: Will it hurt less if I can control it?, in: Psychological Bulletin 90 (1981), S. 89 - 101

THOMPSON, S. (1999): Illusions of control - How we overestimate our personal influence, in: Current Directions in Psychological Science 8 (1999), S. 187 - 190

TRUEMAN, B. (1994): Analyst forecasts and herding behavior, in: Review of Financial Studies 7 (1994), S. 97 - 124

TVERSKY, A. / KAHNEMAN, D. (1981): The framing of decisions and the psychology of choice, in: Science 211 (1981), S. 453 - 458

TVERSKY, A. / KAHNEMAN, D. (1986): Rational choice and the framing of decision, in: Journal of Business 59 (1986), S. 251 - 279

TVERSKY, A. / KAHNEMAN, D. (1992): Advances in prospect theory: Cumulative representation of uncertainty, in: Journal of Risk and Uncertainty 5 Nr. 4 (1992), S. 297 - 323

VON NEUMANN, J. / MORGENSTERN, O. (1944): Theory of games and economic behavior, Princeton 1944

VON NITZSCH, R. / FRIEDRICH, C. (1999): Entscheidungen in Finanzmärkten - Psychologische Grundlagen, Aachen 1999

WEISZ, J. / ROTHBAUM, F. / BLACKBURN, T. (1984): Standing out and standing in. The psychology of control in America and Japan, in: American Psychologist 39 (1984), S. 955 - 969

WHITE, R. (1959): Motivation reconsidered: The concept of competence, in: Psychological Review 66 (1959), S. 297 - 333

WOLGAST, M. (1997): Deviseneigenhandel der Geschäftsbanken, Devisenspekulation und nichtfundamentale Wechselkursbewegungen, Diss. Berlin 1997

ZWIEBEL, J. (1995): Corporate conservatism and relative compensation, in: Journal of Political Economy 103 Nr. 1 (1995), S. 1 - 25

Peter Lang · Internationaler Verlag der Wissenschaften

Clemens Reinhold

Mikrostruktur des Devisenmarktes, Auftragsfluss und Wechselkursentwicklung

Frankfurt am Main, Berlin, Bern, Bruxelles, New York, Oxford, Wien, 2006.
XXI, 233 S., 37 Abb., 37 Tab.
Europäische Hochschulschriften: Reihe 5, Volks- und Betriebswirtschaft.
Bd. 3200
ISBN 978-3-631-55410-4 · br. € 45.50*

Gegenstand der Arbeit ist der Auftragsfluss, den der Mikrostrukturansatz des Devisenmarktes als neue Wechselkursdeterminante identifiziert hat. Zuerst wird ein Überblick zur Literatur des Auftragsflusses gegeben, der durch die Auswertung einer Umfrage unter Marktteilnehmern abgerundet wird. Danach wird das Interdealermodell von Evans und Lyons (2002) theoretisch und empirisch analysiert, u. a. auf seine Prognosefähigkeit hin untersucht und zur Beurteilung von Zentralbankinterventionen herangezogen. Erstmalig wird hierbei die aus der Theorie abgeleitete Handelsregel empirisch getestet. Schließlich wird das Modell von Lyons (1995) zur Analyse des Kundenhandels angewendet und um Größeneffekte erweitert. Die empirische Überprüfung erfolgt anhand eines eigenen Datensatzes.

Aus dem Inhalt: Literaturüberblick und Auswertung eines Fragebogens · Modell zum Interdealerhandel: Theorie, Empirie, Prognosefähigkeit, Implikationen für Zentralbankinterventionen, Prüfung der optimalen Handelsstrategie · Modell zum Kundenhandel: Theorie, Empirie, Schätzung von Größeneffekten

FSC
www.fsc.org
MIX
Papier | Fördert gute Waldnutzung
FSC® C083411

Kolibri 360 GmbH
Ferdinand-Jühlke-Straße 7
99095 Erfurt, Deutschland
produktsicherheit@kolibri360.de

Druck:
CPI Druckdienstleistungen GmbH
im Auftrag der
Kolibri 360 GmbH
Ferdinand-Jühlke-Str. 7
99095 Erfurt